作者简介

曲晓辉，中国第一位经济学(会计学)女博士和第一位会计学博士生女导师。教育部跨世纪人才，享受国务院政府特殊津贴专家，美国富布莱特研究学者，全国先进女职工，入选2007年、2008年、2011年(第一、第二、第三届)中国杰出社会科学家，全国会计硕士专业学位(MPAcc)项目论证发起人。

现任国家"985工程"哲学社会科学创新基地厦门大学财务管理与会计研究院院长、教育部文科重点研究基地厦门大学会计发展研究中心主任、闽江学者特聘教授、珠江学者讲座教授、厦门大学社会科学学部委员；国家社会科学基金项目评委、教育部社会科学委员会管理学部委员、教育部长江学者评审专家、教育部中外合作办学项目评审专家、中国社会科学引文索引(CSSCI)指导委员会委员；财政部会计准则委员会咨询专家、全国会计专业学位教育指导委员会委员及学位论文指导工作分委员会主任；中国会计学会会计基础理论专业委员会主任委员、中国会计学会学术委员及理事、中国成本研究会常务理事、厦门市会计学会副会长；Accounting Education: An international journal 编辑顾问、China Accounting and Finance Review、China Journal of Accounting Research、Frontiers of Business Research in China、《中国会计评论》等学术期刊编委、《当代会计评论》(2014—2015 CSSCI集刊)主编。

主要从事财务会计和国际会计的教学和研究工作，在会计准则建设、会计准则国际协调与趋同、集团会计与财务、物价变动会计、股权投资管理等领域取得丰硕成果。已培养毕业博士生49位(含外国留学生及台湾生)、硕士生67位。先后主持国家、部级重大重点项目15项。出版研究成果(含合作)包括著作23部，国内外发表论文116篇，入选国际会议论文33篇次，部委采用咨询报告8份，企业采用咨询报告3份，省部级科研1~3等奖13项，中国会计学会优秀论文一等奖2项。

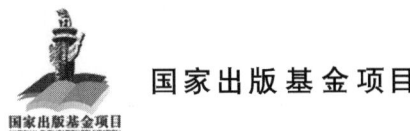

国家出版基金项目

会计准则趋同研究

曲晓辉 等著

立信会计出版社
LIXIN ACCOUNTING PUBLISHING HOUSE

图书在版编目(CIP)数据

会计准则趋同研究 / 曲晓辉等著. —上海：立信
会计出版社,2015.6
ISBN 978 - 7 - 5429 - 4517 - 4

Ⅰ.①会… Ⅱ.①曲… Ⅲ.①会计准则—研究
Ⅳ.①F233

中国版本图书馆 CIP 数据核字(2015)第 113544 号

责任编辑　　黄成艮
封面设计　　周崇文

会计准则趋同研究

出版发行	立信会计出版社			
地　　址	上海市中山西路 2230 号	邮政编码	200235	
电　　话	(021)64411389	传　　真	(021)64411325	
网　　址	www. lixinaph. com	电子邮箱	lxaph@sh163. net	
网上书店	www. shlx. net	电　　话	(021)64411071	
经　　销	各地新华书店			
印　　刷	浙江新华数码印务有限公司			
开　　本	787 毫米×1092 毫米	1/16		
印　　张	19.25	插　　页	5	
字　　数	331 千字			
版　　次	2015 年 6 月第 1 版			
印　　次	2015 年 6 月第 1 次			
书　　号	ISBN 978 - 7 - 5429 - 4517 - 4/F			
定　　价	54.00 元			

如有印订差错,请与本社联系调换

前　　言

　　随着国际会计准则委员会(IASC)实施重大改组并被国际会计准则理事会(IASB)所取代,历经30余年的会计准则国际协调进入全球趋同阶段。据统计,自欧盟要求在欧盟境内的上市公司于2005年1月1日起采用国际财务报告准则(IFRS)编制合并报表以来,世界上已经有近120个国家和地区要求或允许采用国际财务报告准则,其他国家和地区也纷纷推出了与国际财务报告准则趋同的路线图。激流涌动的会计准则国际趋同,使得会计准则趋同研究成为国际学术界的前沿和热点。国家会计准则(NAS)国际趋同效果检验是会计学科一个亟待开辟的新领域,对于会计信息质量、盈余管理、公司治理等领域研究的拓展具有重要价值,对于会计学的学术创新和会计准则理论的发展也具有重要意义。从会计信息质量、公司行为以及经济后果的角度对中国会计准则(CAS)国际趋同效果进行检验,对于评价我国企业会计准则和会计信息质量与国际资本市场发展的适应性以及我国会计准则国际趋同的后续策略至关重要,对于我国资本市场会计信息的评价和利用也具有重要的应用价值。

　　本书首先提出会计趋同化和差异化准则趋同的理论基础,并在梳理了相关领域研究的基础上,从会计信息质量、公司行为以及经济后果角度对会计准则国际趋同效果进行了实证检验和全面评价。在评价会计准则国际趋同是否提高了会计信息质量这一基本效果时,本书从整体准则和具体准则两个层面予以考虑。就整体准则对会计信息质量影响研究层面,本书分别从价值相关性、盈余管理以及损失确认及时性等方面予以实证检验和评判。就具体准则对会计信息质量影响研究层面,本书分别基于所得税准则、债务重组准则以及非货币资产交换准则分析了这些具体准则对会计信息质量的影响。在考察会计准则国际趋同对公司行为的影响时,基于公司研究与开发行为与会计准则执行密切相关却又充满争议,本书聚焦于该领域,分别对研发准则的执行动机、公司研发资本化选择动机以及研发支出的资源配置功能进行了实证检验。在评价会计准则国际趋同的经济后果时,本书又从境外投资、市场流动性、投资现金流敏感性、资本成本以及企业业绩等几个方面进行了效果检验。本书为我国会计准则国际趋同的效果评价提供了新的经验证据,丰富了该领域的相关文献,并为国家会计准则制定机构完善我国会计准则,证券和市场监管机构完善相关机制提供政策优化参考。

本书为曲晓辉教授主持的国家自然科学基金项目"会计形式趋同是否带来实质趋同?——与 IFRS 趋同的准则执行研究"(70972113)、教育部人文社科重点基地重大项目"我国会计准则国际趋同效果检验"(08JJD630010)以及教育部人文社科重点基地重大项目"会计信息定价功能研究——准则国际趋同视角"(12JJD790030)主要研究成果的汇集和提炼。本书由曲晓辉教授负责总体框架设计、写作大纲的拟订、研究工作的组织,以及部分章节撰写和总纂定稿。各章分工如下:第一章和第十六章由曲晓辉和万鹏撰写,第二章由曲晓辉撰写,第三章、第七章和第十三章由孙雪娇撰写,第四章由江笑云撰写,第五章由思斯撰写,第六章由曲晓辉、肖虹和丁芸洁撰写,第八章由吴倩倩撰写,第九章由肖虹、曲晓辉和肖静怡撰写,第十章由肖虹和曲晓辉撰写,第十一章和第十二章由李莉、曲晓辉和肖虹撰写,第十四章由高芳和傅仁辉撰写,第十五章由汪健和卢太平撰写,万鹏对全书稿件做了大量整理、校阅和补遗工作,陈旻在项目执行过程中进行了大量的协调、专题研究和文献搜集整理工作。课题组成员万鹏、陈旻、孙雪娇、李莉、高芳、肖虹、汪健、江笑云、斯思、吴倩倩、丁芸洁等为课题研究付出了大量劳动,在此对他们表示感谢。最后,还要感谢立信会计出版社窦瀚修社长对本书出版的关心、支持和督促,感谢黄成良编辑为本书出版付出的大量辛勤劳动。

限于作者水平和实务发展的不平衡,本书存在许多不足之处,敬请有关专家和广大读者批评和指正。

3

曲晓辉

2015 年 3 月于厦门大学

目　　录

第一章 绪　　论

本章概述本书的研究背景与动机、研究思路与方法、研究内容与结构安排、主要贡献。

第一节　研究背景与动机

经济全球化和资本市场国际化正在深刻地改变着当今世界的经济格局和运行规则,以国际标准为重要标志的经济领域国际化进程也正在深刻地改变着整个会计职业的理念和技术发展,由国际会计准则理事会(IASB)和美国财务会计准则委员会(FASB)主导的旨在促进财务信息[①]高质量、透明和可比的一套高质量、易理解和强制性的全球性会计准则的建设和推广近年来获得了突破性进展。迄今为止,世界上已经有近 120 个国家和地区不同程度采用国际财务报告准则(IFRS),这其中包括欧盟和澳大利亚。美国等重要经济体也对以 IFRS 编制的财务报告予以认可。会计准则趋同正在全球范围内发生着深刻的影响。目前,会计准则全球趋同作为一种趋势,无论是会计理论界、实务界,还是会计准则制定者和证券监管机构,都已达成高度共识。

中国改革开放政策实施三十余年来,经济领域发生了深刻的变化。加入 WTO 承诺的严格履行和过渡期的结束,进一步加大了中国经济的开放程度,也加快了会计准则国际协调和趋同的进程。经济全球化和资本市场国际化还在持续进行之中并且在向更深层次发展,国际关系中多极化目标还在与单极化努力相持不下,中国经济和市场的开放程度还在提高,特别是中国主权资本和社会资本正在迅速走向国际化,

---

[①]　IASB 和 FASB 及主流国际研究文献越来越多地采用"财务信息"的措辞。鉴于中文用语习惯和本领域一些文献本身的表述方式偏重"会计信息"的措词,本书采用"会计信息"措辞,但具体章节则根据研究文献基础和上下文来表达。

1

会计准则国际趋同成为促进中国开放市场和中国企业与资本走向世界的一个重要方面。我国 2006 年发布的新《企业会计准则》实现了与 IFRS 的实质性趋同,连同 2014 年发布的一批提升与 IFRS 趋同程度的会计准则,构成了我国会计的重大强制性制度变迁。随着我国参与世界经济和国际资本市场程度的进一步加深,我国会计必然面临更深程度的国际趋同问题。2007 年 1 月 1 日起,新企业会计准则体系在上市公司的实施,为检验我国会计准则国际趋同效果和发展会计准则理论提供了极好机会。

随着国际会计准则委员会(IASC)实施重大改组并由国际会计准则理事会(IASB)所取代,会计准则也由国际协调发展为全球趋同。激流涌动的会计准则国际趋同,使得会计准则趋同研究成为国际学术界的前沿和热点。国家会计准则(NAS)国际趋同效果检验是会计学科一个亟待开辟的新领域,对于会计信息质量、盈余管理、公司治理等领域研究的拓展具有重要价值,对于会计学的学术创新和会计准则理论的发展也具有重要意义。基于会计信息质量、公司行为以及会计准则经济后果的中国会计准则(CAS)国际趋同效果检验,对于评价我国企业会计准则和会计信息与国际资本市场发展的适应性以及我国会计准则国际趋同的后续策略至关重要,对于我国资本市场会计信息的评价和利用也具有重要的应用价值。

第二节　研究思路与方法

本书首先提出会计趋同化和差异化的准则趋同的理论基础,并在对相关领域的研究进行梳理的基础上,从会计信息质量、公司行为以及经济后果角度对会计准则国际趋同效果进行了实证检验和全面评价。在评价会计准则国际趋同是否提高了会计信息质量这一基本效果时,本书从整体准则和具体准则两个层面予以考虑。就整体准则对会计信息质量影响研究层面,本书分别从价值相关性、盈余管理以及损失确认及时性等方面予以实证检验和评判。就具体准则对会计信息质量影响研究层面,本书分别基于所得税准则、债务重组准则以及非货币资产交换准则分析了这些具体准则对会计信息质量的影响。在考察会计准则国际趋同对公司行为的影响时,基于公司研究与开发行为与会计准则执行密切相关却又充满争议,本书聚焦于该领域,分别对研发准则的执行动机、公司研发资本化选择动机以及研发支出的资源配置功能进行了实证检验。在评价会计准则国际趋同的经济后果时,本书又从境外投资、市场流动性、资本成本以及企业业绩等几个方面进行了效果检验。

本书综合运用规范研究和实证研究方法并以实证研究方法为主。具体来说,我们运用规范研究方法构建了会计准则趋同化和差异化的理论基础,并综述本领域的相关文献。就会计准则国际趋同对会计信息质量的影响,我们主要通过实证研究方法,运用市场和企业数据,构建了价值相关性模型、盈余管理识别模型以及损失确认及时性模型进行回归分析。此外,实证分析还包括基于 T 检验、Wilcoxon 检验和 Kruskal-Wallis 非参数检验方法等会计盈余质量指标差异显著性统计检验。本书还基于国内外文献,运用多种模型来计算资本成本以及分析市场流动性,并通过模型构建来检验准则趋同的经济后果。最后,在分析准则趋同对吸引境外投资的影响时,我们还采用了分析政策效果的差分再差分(difference-in-difference)方法,以得到更为稳健的结论。

第三节　研究内容与结构安排

本书由绪论和五篇共十六章内容组成,主要内容包括会计准则趋同理论与文献基础篇、整体准则趋同对会计信息质量的影响研究篇、具体准则趋同对会计信息质量的影响研究篇、会计准则趋同的行为研究篇以及会计准则趋同的经济后果研究篇。每篇又由不同的章节构成,具体内容和结构安排如下:

第一章,绪论。本章概述研究背景与动机、研究思路与方法、本书的内容结构安排以及本书的主要贡献。

第一篇,会计准则趋同理论与文献基础篇。由会计准则趋同的理论分析及文献回顾以及会计准则趋同效果的影响因素分析框架组成,包括第二章和第三章。

第二章,会计准则趋同的理论分析及文献回顾。本章界定了会计趋同化、差异性以及会计准则等效认证等概念,回顾了本领域现有的研究文献,并综述了会计准则国际趋同效果的相关研究,为本书研究问题的提出、理论基础的确定和学术方向的确立提供了理论准备和文献基础。

第三章,会计准则趋同效果的影响因素分析框架。本章梳理了会计准则趋同效果的影响因素研究,初步构建了会计准则趋同效果的影响因素分析框架。

第二篇,整体会计准则趋同对会计信息质量的影响研究篇。由会计准则国际趋同对会计信息价值相关性以及盈余管理和损失确认及时性的影响组成,包括第四章和第五章。

第四章,会计准则趋同对会计信息质量的影响——基于价值相关性的视角。本章从会计信息的价值相关性视角,结合报酬模型和价格模型,对我国三次重大会计制度变迁进行分时期和分年度考察,检验会计准则国际趋同的会计信息质量改进效果。

第五章,会计准则趋同对会计信息质量的影响——基于盈余管理及损失确认及时性视角。本章以盈余管理和损失确认及时性两个表征会计信息质量的变量来考量我国新会计准则(2006)与国际会计准则趋同对会计信息质量的影响。

第三篇,具体会计准则趋同对会计信息质量的影响研究篇。由所得税准则、债务重组准则以及非货币性资产交换准则三项具体会计准则对会计信息质量的影响研究组成,包括第六章、第七章、第八章和第九章。

第六章,会计准则趋同对会计信息质量的影响——基于所得税准则应计质量的经验证据。本章运用 Logistic 回归与多元线性回归分析方法,实证检验了所得税准则国际趋同对会计盈余应计质量的影响。

第七章,会计准则趋同对会计信息质量的影响——基于所得税准则价值相关性的经验证据。本章采用 Ohlson 价格模型及翁氏检验对应付税款法、利润表债务法与资产负债表债务法下会计信息的价值相关性进行了比较,然后检验了资产负债表债务法下影响价值相关性的因素以及所得税税率变化对价值相关性的影响。

第八章,会计准则趋同对会计信息质量的影响——基于债务重组准则的经验证据。本章以盈余持续性来表征会计信息质量,实证检验了我国债务重组准则国际趋同对会计信息质量的影响。

第九章,会计准则趋同对会计信息质量的影响——基于非货币性资产交换准则的经验证据。本章基于非货币性资产交换准则趋同的背景,检验了非货币性资产交换准则国际趋同进程中不同计量属性的价值相关性差异,为会计准则趋同是否会提高价值相关性提供了经验证据。

第四篇,会计准则趋同的行为研究篇。由研发会计准则的执行动机、公司研发资本化动机与影响以及研发支出的资源配置功能三章实证检验组成,包括第十章、第十一章和第十二章。

第十章,会计准则趋同的行为分析——基于 R&D 准则执行动机视角。本章基于实物期权理论和中国制度环境特点,实证检验了中国 R&D 准则国际趋同后,上市公司对该准则的执行动机及其实施后果,并考察其不同实施年度的差异性。

第十一章,会计准则趋同的行为分析——基于 R&D 资本化动机与影响因素视角。本章在考虑管理层机会主义会计选择动机之外,结合我国会计准则趋同以及经济制度背景,考察了特定公司治理因素对 R&D 会计选择的影响。

第十二章,会计准则趋同的行为分析——基于 R&D 支出资本化资源配置视角。基于资本化 R&D 信息的"两面性",本章将资本化 R&D 支出分为无形资产和开发支出"资产"两个方面,考察了我国公司 R&D 支出资本化动机及其资本市场资源配置经济后果。

第五篇,会计准则趋同的经济后果研究篇。由基于境外投资和市场流动性的经验检验和基于权益资本成本和企业价值的经验检验两个部分组成,包括第十三章和第十四章。

第十三章,会计准则趋同的经济后果——基于境外投资和市场流动性的经验证据。本章主要研究了我国新会计准则的国际趋同路径对吸引境外投资者的投资和提高市场流动性的影响。

第十四章,会计准则趋同的经济后果——基于权益资本成本和企业价值的经验证据。本章基于新会计准则国际趋同的制度变迁背景,实证检验了会计准则趋同在资本成本和企业价值两个方面的经济后果。

第十五章,会计准则趋同的经济后果——基于投资—现金流敏感性的经验证据。本章基于新会计准则国际趋同的制度变迁背景,检验采用新会计准则前后,上市公司提供的会计信息对于投资—现金流敏感性影响程度。

第十六章,结论和研究展望。本章概括本书取得的主要经验证据及形成的基本观点,并对后续研究背景进行分析,对后续研究方向进行展望。

第四节 主 要 贡 献

本书可能实现以下贡献:

第一,从新的角度尝试采用科学的研究方法对我国会计准则国际趋同效果进行了实证检验并提供相应的经验证据,系统地从会计信息质量、公司行为以及经济后果角度对我国会计准则国际趋同的效果进行检验。

第二,本书最终成果体现了会计准则国际趋同研究的前沿。在研究思路上,本书在回顾了国内外关于会计准则国际趋同效果研究的基础上,创新性地区分了具体会计准则和整体会计准则国际趋同效果,并对会计准则趋同效果从会计信息质量、经济后果以及公司行为等方面进行了综合性的研究,这样的研究思路对会计准则国际趋同的效果评价更加科学,也更为全面。

第三,本书在研究内容上,首次在国内检验了准则趋同对吸引境外投资者和市场流动性的影响,为 IFRS 在全球资本市场推进的效果提供了来自新兴经济体国家的经验证据。此外,本书首次在国内从盈余应计质量和价值相关性两个角度检验了所得税会计准则,从盈余持续性的角度检验了债务重组准则以及从价值相关性角度检验了非货币性资产交换这 3 个具体会计准则对会计信息质量的影响,更加深入地发掘了准则趋同的效果。本书首次将 R&D 资本化支出分为研发成功最终形成的无形资产价值以及增加本期盈余形成的开发支出"资产"两个部分,并就这两个部分 R&D 资产的资产配置功能进行了实证检验,丰富了资本化 R&D 支出会计准则对公司行为影响的研究文献,也有助于理解我国上市公司管理层选择资本化 R&D 会计政策的行为。本书针对采用新会计准则背景下,检验上市公司提供的会计信息对于投资—现金流敏感性影响程度获取的证据也丰富了相关文献。

第四,本书在技术路线、研究思路、研究方法和研究证据方面进行了一系列创新性尝试,希望能够丰富会计准则理论,为我国会计准则持续全面国际趋同的战略决策提供证据支持,对国家会计准则的制定与发展、资本市场涉及会计信息方面的监管以及对企业的会计准则执行及财务报告的编制和使用也具有借鉴意义。

第一篇

会计准则趋同理论与文献基础

第二章 会计准则趋同的理论分析 及文献回顾

随着经济全球化和资本市场国际化的发展,国际经济与国际资本融合与互动,使会计国际化成为各国难以回避的现实问题。会计国际协调与趋同是一个充满挑战的研究领域。国内外学者对此进行了大量的研究,并取得很多有说服力的成果。本章首先对会计趋同化、差异性以及会计准则等效认证等概念予以界定,分析了会计差异性及其存在的必然性,并回顾了本领域现有的研究文献,最后对会计准则国际趋同效果的相关研究予以梳理。

第一节 会计趋同化与差异性[①]及等效认证

会计趋同化与差异性是当今会计领域的重大难题。会计本身的技术性决定了其国际化倾向。跨国公司的迅速发展和壮大不但加速了经济全球化,而且增加了会计国际化的需求。20 世纪 70 年代以来经济全球化的迅速发展和不断加深,极大地推进了会计国际协调与趋同。跨国上市和发行证券,特别是世纪之交前夜的并购浪潮,使得资本市场国际化程度得到迅速提升,对会计准则和实务的要求也日益提高。证券委员会国际组织(IOSCO)的积极参与和推动,特别是国际会计准则委员会(IASC)的重大改组,取代 IASC 的国际会计准则理事会(IASB)的积极运作,强有力地推动了会计准则的全球趋同,并且也在一定程度上促进了会计实务的趋同。2008 年爆发的全球金融危机对虚拟经济造成了毁灭性的打击,对实体经济的负面传导作用也逐渐显现,并且导致新一轮国家保护主义的出现,成为延缓经济全球化和资本市场国际化的逆流。同时,一些发达国家金融体系的瘫痪,引发了会计准则中公

[①] 曲晓辉.论会计趋同化与差异性.上海立信会计学院学报,2009(3):3-8.

允价值规定的激烈争论和相应举措。可以认为,在刚刚经历了全球经济高涨即陷入全球金融危机的背景下,对会计趋同化与差异性从理论和现实上加以探讨,无论对于蓬勃发展时期还是重创时期的世界经济和国际资本市场的反思和解读,抑或对于虚拟经济与实体经济下企业财务状况和经营成果的正确理解和客观解读都具有重要的意义。

会计趋同化与差异性之间关系辨析的难度主要是会计本身的反映性质使然,表现为一个动态和博弈的过程。会计趋同化是一种趋势,是会计协调化发展的一个主观推进,会计趋同化表现在准则和实务两个层面。因此,早期关于会计在准则和实务方面的协调论述的关系同样适用于会计在准则和实务方面的趋同。

一般认为,会计国际协调包括形式协调(准则协调)和实质协调(实务协调)两个方面。在会计全球趋同的背景下,会计趋同①也自然可以分为形式趋同(准则趋同)和实质趋同(实务趋同)。与会计协调一样,会计趋同的最终目标也是财务会计信息的可比。形式趋同是实质趋同的基础和前提,通常可以提高实质趋同的程度。然而,高水平的形式趋同未必必然导致高水平的实质趋同。虽然财务会计信息必须以会计准则为依据来编制,但其生成过程无法避免主观判断和人为估计。在会计职业判断和估计的过程中,宏观经济形势(譬如当前的全球金融危机)和宏观政策的辐射、企业及其市场的优势或劣势、政治成本、债务契约、经理人激励契约和政府监管的要求不能不纳入考虑,因而存在会计操纵的可能。同时,由于开放的市场、多变的经营环境、企业复杂的组织结构以及经营和财务战略的调整,都可能使企业原有会计政策和估计脱离实际,如果财务报表编报人员没能及时准确地对这些方面的影响因素予以关注和理解,就可能使财务呈报误导使用者。所以,会计形式趋同与实质趋同之间在主观动机和客观存在上从来就没有办法完全摆脱差异。

客观上说,会计形式趋同与实质趋同之间也是应该存在差异的。众所周知,财务会计主要通过三大报表,向企业所有者、债权人等外部

---

① 由于会计国际化是一个渐进的过程,会计协调与趋同两者只是提出的时间和表示的程度不同,都是过程中的表现,因而准确区分会计的国际协调与全球趋同将是十分困难的。本书在大多数场合使用"趋同"一词,但涉及文献特指时则沿用引用文献中的"协调"一词。

利益关系集团定期报告其财务状况、经营业绩和现金流量。由于会计主体所处的行业及其景气程度不同,自身的经营和管理也有其固有的习惯、规律和特点,企业的产权结构、财务和经营状况、政府和行业监管要求以及契约约束各不相同,特别是会计主体的存货流动及固定资产和无形资产的使用情况不同,在现有的会计准则框架下,几乎所有的交易和事项都存在备选方案①。因此,会计主体就可以也能够对特定的交易或事项在会计政策和会计估计方面作出选择。此外,各国的政治、法律、文化和教育也存在或多或少的差异,这些差异会不同程度地反映在准则的执行中,进而反映在主体所编报的财务信息上,从而削减会计形式趋同的成果,降低会计实质趋同的程度。关于这一点,最难克服的就是法规差异导致的会计实务差异和财务会计信息的不可比。即使在会计准则没有备选方案的情况下,只要法规存在差异,那么会计处理差异几乎是必然的。关于这一点,国际会计准则理事会一直保持明确的立场。《国际会计准则第 1 号——财务报表列报》就规定了对于不同法律管辖区下的会计处理,允许适度背离。尽管在全球化的背景下,一些国家的法规相互借鉴甚至也出现在有限程度上协调的现象,但只要各个国家仍然是独立的国体和政体,各国法规的差异将是永远存在的。此外,不同国家的行业规则和商业惯例也几乎必然导致有关业务会计处理的不同。文化和教育在会计职业判断中的作用也是显而易见的。因此,可以认为,无论从主观层面上论证,还是从客观层面上阐释,会计的差异性是客观存在的,并且几乎是永远不可避免的。

由此可见,在会计趋同化的过程中,必须保持清醒的头脑,承认在求同的过程中必然存在不和谐因素,不同会计准则和实务之间某些差异的存在甚至是合理和明智的,在考虑到会计信息的信号传递作用之后更是如此,会计准则之间的差异乃至即使会计准则一致但实务差异的存在仍是不可避免的。由此,会计准则的等效认证应运而生。

会计准则等效是指不同法律管辖区的会计准则具有同等效力。目前,在会计准则全球趋同的大背景下,会计准则等效具体是指在已经实

---

① 目前我国企业会计准则、国际财务报告准则和美国会计准则对所得税业务的会计处理方法要求高度一致——只允许采用资产负债表债务法。此外,国际财务报告准则与美国会计准则在企业合并业务的会计处理上也高度一致——只允许采用购买法。

施国际财务报告准则的国家或地区上市的企业,按照本国会计准则编制的财务报告不再进行调整,即使调整也只是对于个别项目作出说明或者编制极少项目的调节表,无须再按国际财务报告准则进行全面转换。

会计准则国际趋同,只是实现会计实质国际趋同的第一步,会计准则等效则可以推进不同法律管辖区之间跨境上市和发行证券的企业编制财务报告所遵循的会计准则之间的相互认可。譬如,2007 年 12 月 6 日,财政部与香港会计师公会签署了内地与香港会计审计准则等效联合声明,宣布内地企业会计、审计准则分别与香港财务报告准则、审计准则实现等效。我国正在积极与世界已经采用国际财务报告准则的主要经济体开展会计准则等效认证,并且已经取得了与欧盟等效认证的重要进展,中美会计等效也已列为中美经济联合委员会对话的重要议题。

第二节　会计趋同化与差异性的研究进展

会计的国际协调乃至全球趋同是国内外会计界近年的热点问题。随着会计全球趋同趋势的日益明显和迅速发展,近年来这方面的研究迅速增多,并且成为当今会计国际学术论坛上的主流问题,似乎形成了主导趋势。早期的会计国际协调研究大部分属于规范研究,后来会计研究者把实证研究逐步引入国际会计领域,并取得了大量经验证据。

早期关于会计国际协调的规范性研究,主要讨论会计国际协调的成本和收益、国际协调的障碍和问题以及影响国际协调的因素、会计模式的划分、准则条款的对比。在准则比较研究方面,一般是比较国家会计准则(NAS)与国际会计准则(IAS)具体条款的异同,在理论分析、系统比较和逻辑判断的基础上得出结论。近年来,会计国际协调的研究范式基本完成了由规范研究主导向实证研究主导的转变。随着国际资本市场的发展、数据库的多方位开发和推广,更多学者利用量化方法对会计国际协调的成效进行检验,以获取经验证据。

研究文献显示,衡量实质协调的文献比衡量形式协调的文献在先前更为集中。这可能是因为当时反映实质协调的数据更易取得,有关研究对于国别或区域会计协调更有帮助。在实质协调研究方面,学者主要测量来自不同法律管辖区的不同企业对同一交易或事项采用相同会计处理方法的程度,而不考虑会计标准是否一致的问题。

在这些研究中,指数法引进较早并得到了比较多的关注。自 Van Der Tas(1988)借用 H 指数(Herfindahl Index)衡量会计实务协调并提出 C 指数和 I 指数之后,很多学者纷纷跟进,如 Archer 和 McLeay(1995)、Archer 等(1995)、Krisement(1997)、McLeay 等(1999)、Morris 和 Parker(1998)、Aisbitt(2001)、Pierce 和 Weetman(2002)等的研究都是对 I 指数和 C 指数的应用和改进。Murphy(2000)、Parker 和 Morris(2001)的研究使用了 H 指数,后来 Taplin(2004)又提出了 T 指数。运用指数法研究会计协调对制定全球统一的会计标准具有重要的参考价值,可以在众多可供选择的处理方法中,确定一种在实务中普遍认可和接受的方法作为全球公认的标准。此外,一些文献在研究实质协调或其影响的同时,还度量了形式协调对实务的影响,如 Nair & Frank(1981),Evans 和 Taylor(1982),Doupnik 和 Taylor(1985)以及 Yang 和 Lee(1994)测定了国际会计准则的影响,Emenyonu 和 Gray(1992),Van Der Tas(1992)以及 Walton(1992)研究了欧盟第四号指令的影响,Alford 等(1993),Amir 等(1993)以及 Barth 和 Clinch(1994)通过会计准则对会计数据的影响研究了某一国家会计准则对股价的影响,并由此确认了实质趋同的主要驱动因素是形式趋同。这一观点从 Alford 等(1993),Amir 等(1993)以及 Barth 和 Clinch(1994)的研究发现中得到了进一步的证实,即由于国家会计准则价值相关性的差异,不同国家准则的差异导致了股价和回报的变动。

国际会计准则的重大变动和影响的日益扩大,为形式协调研究提供了重要的机遇,研究涉及采用国际会计准则的程度检验以及采用国际会计准则是否提高了财务信息的可比性的检验。其中,对不同国家之间或国家准则与国际准则具体条款对比点赋值加以统计分析的研究较多,距离法(马氏、欧氏)和相似系数法被用来判定准则的总体协调程度。例如,Rahman 等(1996,2002)和 Garrido 等(2002)的研究。此后,Fontes 等(2005)采用 Jaccard 系数和 Spearman 相关系数度量国家准则与国际准则的趋同程度。然而,这些研究都难以从总体上检验一国准则与他国或国际准则之间的协调/趋同度。Ding 等(2005,2007)的研究较好地解决了这个问题,他通过区分两套准则中"一方无规定"和"两方虽都有规定但规定不同"这两种情形所导致的差异,分别计算出两种差异衡量指标——"缺失"（Absence）和"分歧"（Divergence），而且这种方法有利于分辨国家准则与国际准则之间差异的性质和重要程度。

我国会计形式协调的研究则主要集中于对我国同时发行 A，B 股的上市公司财务报告双重净利润差异的检验。例如，李树华(1997)、李东平(2000)、蒋义宏(2001)、潘琰等(2003)、吴溪和程璐(2003)、徐经长等(2004)、盖地和卢强(2004)、李晓强(2004)、王清刚(2005)、罗胜强(2005)等人的研究。少数研究注意到了准则协调本身的度量问题，如对国外研究方法和进展情况的介绍，如王华等(2000)、魏明海(2003)、王治安和万继峰(2004)、曲晓辉和高芳(2006)的研究。也有的研究借鉴了国外的研究方法，对我国会计形式趋同进行度量，如李静和孙美华(2003)、王治安等(2005)、王建新(2005)等。其中，王治安等(2005)在借鉴 Rahman 的马氏距离法的基础上，用平均距离法和配比率法度量了我国准则的国际趋同程度。王建新(2005)将 CAS 与 IFRS 的每一准则的对比点分级分别赋予分值，采用加权平均法对我国旧准则与国际财务报告准则的趋同度进行了度量。

现存文献大多对单一准则、准则组别进行国际协调的检验，鲜有对两套不同会计准则总体协调/趋同的检验，这主要是因为方法上的局限和数据量的庞大。杨钰和曲晓辉(2008)创新性地修订了 Jaccard 系数以使其适用于全面衡量准则趋同程度，首次在国内区别准则"缺失"和"分歧"两种情况并借助该两种趋同度指标进一步揭示了准则差异的不同成因，发现它们与修订 Jaccard 系数三者之间的逻辑关系，并以资产计价相关准则为检验对象，分阶段定量考察了 1998 年以来中国会计准则与国际财务报告准则的趋同程度及其变化趋势。张国华和曲晓辉(2009)尝试借用数学中的模糊聚类分析法，对中国会计准则与国际财务报告准则的总体、类别及对应单一准则的趋同度进行检验。

第三节　会计准则国际趋同效果文献综述

我们认为，会计准则国际趋同包括会计准则条款上的形式趋同和会计准则规范下的会计实务趋同(实质性趋同)。其中，会计准则的形式趋同旨在消除本土会计准则与国际准则之间的条款差异，其进一步发展是会计准则的全球趋同；而会计准则趋同背景下的会计实务趋同则主要表现为基于会计准则的会计信息可比性的提高。会计准则的形式趋同可以促进会计实务的趋同。基于上述分类，会计准则的国际趋同是否带来了形式趋同抑或实质趋同，也即其趋同效果如何，正是本研究的目的所在。在本章第二节，我们已经回顾了会计准则的形式趋同度和实质趋同度相关研究，诸如衡量会计准则实质趋同的指数法以及衡量会计准则形式趋同度的距离法（马氏、欧氏）和相似系数法等。本节主要从会计准则国际趋同对会计信息质量的影响和其经济后果研究两个方面来展开文献梳理。

一、会计准则国际趋同对会计信息质量的影响研究

公司交叉上市以及不同准则差异调节表的编制，使会计准则的国际协调与趋同背景下的会计信息质量研究文献的丰富成为可能。此外，一些地区的强制性制度变迁，如自 2005 年 1 月 1 日起，欧盟强制要求境内所有上市公司按照 IFRS 编制合并报表，也为丰富相关文献提供了条件。这些会计准则国际趋同的强制性制度变迁使检验会计准则趋同效果成为可能，也使从会计信息质量的角度来研究会计准则强制性制度变迁效果的文献丰富起来。本节从采纳国际会计准则对会计信息质量的影响和中国会计制度变迁对会计信息质量影响的研究两个方面对此领域的研究文献予以回顾。

（一）采纳国际会计准则对会计信息质量的影响研究

关于会计准则与会计信息质量的关系研究一直是国际会计领域的热点问题之一。在 IASB 努力促进世界各国采用国际会计准则的同时，国外大量文献讨论了从各个国家会计准则向国际会计准则转变，对会计信息质量的影响。

大部分的研究发现，采用国际会计准则有利于公司提高会计信息质量。Ashbaugh 和 Pincus（2001）研究了 1990—1993 年间由本国会计准则转为采用国际会计准则的 14 个国家的上市公司，发现会计准则变迁后分析师的预测误差减少，采用国际会计准则后会计信息的预测能力得到提高。Daske 和 Gebhardt（2006）以披露质量得分作为衡量标准，发现德国、瑞士和奥地利的上市公司在采用国际会计准则后，披露质量显著提高。Bartov 等（2005）研究在德国证券市场交易，以不同会计准则编制财务报告的公司 1998—2000 年数据的价值相关性，发现使用 US GAAP 或 IAS 的公司价值相关性比使用德国 GAAP 的公司高，

而且盈余与回报之间的联系在公司从德国会计准则转向采用 US GAAP 或 IAS 后加强了。Gassen 和 Sellhorn(2006)通过比较 1998—2004 年间采用不同准则的德国公司的会计质量,发现采用国际会计准则的公司,比相匹配的采用德国 GAAP 的公司,其盈余持续性和条件稳健性更强。Christensen 等(2007)采用事件研究法对英国上市公司强制性采用国际财务报告准则的经济后果进行研究,发现采纳 IFRS 短期的市场反应为正。Daske 等(2008)选取 2001—2005 年 26 个国家的公司数据,研究法定执行 IFRS 的经济后果,主要从市场流动性、资本成本和 Tobin Q(市值/资产重置成本)等 3 个方面考察,研究发现,采纳 IFRS 后市场流动性普遍增加,资本成本降低,权益价值增加,这些国家获得了采纳制度变迁的益处。Barth 等(2008)选取 21 个国家 1994—2003 年间采用 IAS 的 327 家公司 1 896 个样本,从较少的盈余管理、更及时的损失确认及更高的价值相关性 3 个维度,选取 7 个衡量指标作为会计质量的衡量标准,全面考察了采用 IAS 的公司是否导致更高的会计质量。作者研究发现,采用 IAS 表现出较少利润平滑、较少盈余管理、更及时的损失确认和更高的会计数据与股价和回报的相关性,说明采用高质量的会计准则 IAS 提高了会计质量。

但也有一些研究表明,资本市场完善程度、投资者保护的法律环境、准则执行机制等其他制度安排有可能阻碍国际会计准则对会计信息质量的提高。Ball 等(2003)对 4 个东亚国家 1984—1996 年的数据进行的研究发现,虽然 4 个国家会计准则质量较高,但是体制结构给管理层提供了低质量披露的动机,会计准则自身不能决定财务报告的质量。Prather-Kinsey(2006)检验了南非和墨西哥会计协调的效果,发现由于投资者法律保护较弱且存在内幕交易影响,会计信息的价值相关性和及时性都没有显著提高。Christensen 等(2008)以德国公司为样本,研究了采用国际会计准则前后会计质量的变化,发现会计质量的提高仅限于那些有动机采用国际会计准则的公司,认为在决定会计质量方面,动机比准则更重要。Soderstrom 和 Sun(2007)回顾了欧盟采用国际会计准则和会计质量关系的研究后指出,会计质量是由公司所处的制度环境决定的,包括会计准则、资本市场动机、法律和政治体制、所有权结构和税收体制。

（二）中国会计制度变迁对会计信息质量影响的研究

我国证券市场成立发展至今已经具有一定规模,其融资子市场、信息子市场、控制权转移子市场的资源配置功能也不断得到发展和完善。证券市场资源配置功能的提高是以较完备的市场信息为前提的,而财务会计信息则是证券市场信息的重要组成部分,一定程度上影响着证券市场资源配置功能的发挥。因此,以改进财务会计信息质量为目标的会计制度强制性变迁始终伴随着我国证券市场的发展,这种会计制度变迁以与国际会计准则(IAS)或国际财务报告准则(IFRS)的协调(harmonization)和趋同(convergence)为主要表现形式。一些学者从会计信息质量变化的角度,检验了我国会计制度变迁的效果,下面对有关研究进行总结。

一方面,很多研究发现,中国会计准则协调与趋同的效果初步显现,会计改革一定程度上改善了会计信息质量。徐经长等(2003)针对2001年开始实施的《企业会计制度》,对2000—2002年AB股上市公司净利润双重披露差异进行了分析研究后发现,会计标准的国际协调进程有逐年改善的趋势,尤其是2002年双重披露的净利润差异明显缩小并不再显著。Yang等(2005)以320家中国上市公司1998—2001年的数据,检验中国从1998年开始的资产减值会计改革的效果,从可靠性与相关性两个角度考察某些资产采用成本与市价孰低法(LCM)是否提高了会计信息的有用性。研究发现,中国的会计改革是有效的,但需要控制改革过程中的机会主义行为。王建新(2005)采用A,B股公司2001年会计准则改革前后的经验数据,对会计盈余质量进行研究发现,AB股公司分别在中国会计准则与在国际财务报告准则下的盈余质量不存在显著性差异,而且两种准则体系下盈余质量差异的绝对值变化显著且逐年减少,说明了我国会计准则国际化改革的形式协调促进了实质协调,提高了会计盈余质量。薛爽等(2008)利用证监会对143家上市公司和中央直接控制的29家央企,在2006年年报中公开披露的新会计准则对权益的影响数,以及未公开披露的新会计准则对盈余的影响数,采用价格模型和市场价值模型检验新旧准则下净资产和盈余的价值相关性,发现新准则提高了会计信息价值相关性,会计准则的国际趋同提高了会计信息质量。同样,罗婷等(2008)采用2004年、2005年和2007年第一季度的数据,研究了新会计准则实施前后账面净资产和会计盈余与企业市场价值的价值相关性的变化后也发现，新会计准则实施后，会计信息总体的价值相关性显著提高，并且受新会计准则影响部分的价值相关性改善程度显著高于不受影响的部分。张鸣等（2009）选取了 2006 年、2007 年 A 股上市公司数据，运用价格模型和报酬模型检验了新会计准则的实施对会计信息价值相关性的影响，研究发现，新会计准则实施显著提高了会计信息的价值相关性。

然而，王跃堂等（2001）、刘峰等（2004）、曲晓辉和邱月华（2007）以及修宗峰（2009）对 1998 年《股份有限公司会计制度》和 2001 年《企业会计制度》改革效果的检验，发现市场效率、法律风险、法律和会计制度执行机制等很多因素影响了会计制度改革效果的发挥。同样，对 2007 年开始执行的新会计准则的研究进行归纳我们也发现，存在以下因素导致会计制度改革提高会计信息质量的作用还未完全显现：

其一，会计准则改革的暂时性成本。由于会计准则变迁对投资者会计信息准确度预期和调整成本所构成的会计改革的暂时性成本的存在，使得新会计准则即使改进了会计信息质量，也未必能够及时有效地提高会计信息的价值相关性；相反，在缺乏先验信息的情况下，会计准则变迁有可能会削弱投资者已经形成的信息准确度预期，增加资本成本，从而降低了会计盈余信息的价值相关性（朱凯等，2009；欧阳爱平和徐俭，2009）。

其二，投资者的非理性行为和市场波动的影响。尽管会计准则改革明显提高了财务报告的信息质量，但这种质量的改进在市场中可能没有得到应有的反映，甚至发生扭曲，致使财务报告的价值相关性没有得到相应的提高或者说投资者没有关注财务报告。比如，边泓（2009）从投资者行为视角对上市公司年度报告披露的市场反应与会计信息的关系进行研究发现，在激进的心态下，投资者对会计信息的关注程度有所减弱，而投资者的恐慌心态使得会计信息不再具有价值相关性。我国证券市场虽然被证明是有效的，但与西方国家成熟的证券市场相比，我国证券市场的效率不高，投资者大多有投机行为。尤其是在 2006—2008 年我国股市经历了"过山车"似的暴涨暴跌，在这种市场环境下，由于投资者可能对财务报告不关注或关注度不高，进而导致财务报告质量提高的同时，其价值相关性并没有得到显著提高（欧阳爱平和徐俭，2009；赵慧芳等，2009）。

其三,准则实施周期。由于新会计准则实施时间不长,相关研究中所选取的反映新准则执行的数据,期间最长的也只有新准则执行后 2 年,而短的可能只有半年甚至一个季度,因此无法判断会计信息价值相关性和可靠性的变化是否为一个长期的趋势,或者说这只是一种暂时现象。会计准则从颁布到发挥作用要经历一个过渡阶段,包括新准则实施前、实施初期和成熟期三个阶段,各个阶段都存在着不同的制度变迁成本和收益,执行效果可能也会表现出差异(高利芳,2009)。例如,赵春光(2004)对我国现金流量的价值相关性进行过实证分析,发现现金流量表准则在 1998 年开始执行,但并没有立刻发挥应有的作用,到了 2001 年才开始发挥出提高会计信息价值相关性的作用。不能期望会计准则一颁布就发挥作用,而是要有一个过渡期。对于新会计准则,由于其改革范围之广和力度之大是前所未有的,因此投资者对其认识和熟悉将需要一个更长的过程,因此实施周期短,可能导致会计信息价值相关性还未充分体现(欧阳爱平和徐俭,2009;赵慧芳等,2009)。

其四,准则执行机制。高质量的会计信息不仅取决于会计准则本身,而且还有赖于准则执行的制度环境和执行机制的有效性。高质量的会计准则,其执行需要具有专业胜任能力的信息提供者、高质量的审计和有效的法律等制度环境加以支撑(葛家澍,2002)。漆江娜和罗佳(2009)等人的研究发现,准则的执行机制不完善影响了新会计准则的价值相关性的发挥。

二、会计准则国际趋同的经济后果研究

会计准则国际趋同的经济后果研究是新近研究的热点领域,旨在考察采用 IFRS 的实际影响或经济后果。已有的研究发现,IFRS 的实施以及通过会计信息的应用,对以下诸方面产生影响:分析师盈余预测误差、股票市场流动性、权益资本成本、公司价值、短期股价反应、长期权益成本变化、总资产、净资产/权益账面价值以及权益账面价值与净收益的方差、盈余管理、公司税负。

Prather-Kinsey 等(2008)检验了 157 家欧盟上市公司强制采用 IFRS 所产生的经济后果。他在剔除过渡期市场噪音的干扰后发现,与 2004 年相比,2006 年盈余公告的信息含量有所增加,净资产与盈余的价值相关性提高,资本成本下降。但作者也发现了法律起源对经济后果的影响,即成文法国家的公司对采用 IFRS 的反应强于普通法国家

的公司。作者认为,采用 IFRS 之前,成文法国家的财务报告质量普遍偏低,采用高质量的会计准则对其影响更为显著。而市场也相信 IFRS 下的财务报告更加透明。

Kosi 和 Florou(2009)以 2000—2007 年进行债务融资的公司为样本,检验了强制采用 IFRS 对债务市场的影响。结果发现,采用 IFRS 的公司更倾向于通过发行公开债券而不是私下借款融资,并且举债成本更低;与私有借款人相比,债券投资者从采用 IFRS 中受益更多;但 IFRS 对债务融资所带来的正面的经济后果仅发生在监管较为严格、腐败现象较少以及财务风险较低的国家。研究表明,在制度环境较为完善的国家,强制采用 IFRS 对债务市场产生了有利的影响。

Alves 等(2008)研究了欧洲 15 个国家上市公司强制采用 IFRS 对市场流动性和信息不对称的影响。结果发现,采用 IFRS 后,盈余公告前一天的异常买卖价差提高,市场表现出短期的流动效应,表明市场认为 IFRS 下的报告盈余比之前按照各国会计准则报告的盈余更具有信息含量。Beuselinck 等(2009)以 2003—2007 年欧盟 14 国 2071 家公司为样本,考察了强制采用 IFRS 与股票价格信息之间的关系。结果显示,股价波动同步性在采用 IFRS 当年(2005 年)显著下降,在随后年度又显著上升。按照 Dasgupta 等(2009)所推导的理论,这种"V 型"模式表明 IFRS 的采用使得公司披露的特质信息量显著增加,特别是在强制执行有力的国家。作者在进一步的检验中发现,对于法律执行力度较弱的国家而言,采用 IFRS 后私有信息交易的概率仍然增大,表明法律执行环境对 IFRS 增加透明度的效果影响重大。

Horton 等(2008)以 16 个欧洲国家 2003—2007 年的上市公司为样本,分析了强制采用 IFRS 对信息环境的影响。他们以分析师预测准确性、分析师跟随分歧以及分析师修正的波动性为替代变量,发现较早自愿采用 IFRS 的公司信息环境得到明显改善,表明公司和投资者对会计准则的熟悉程度会影响执行效果。Byard 等(2008)同样从分析师的角度检验了欧盟强制采用 IFRS 的市场效应。结果发现,采用 IFRS 减少了分析师的预测误差,提高了预测准确性,并且这种效应在法律执行力度强的国家更为显著。Preiato 等(2009)对欧洲 13 国 2002—2007 年间的 40 123 个公司/月观测值的研究发现,分析师预测误差和离散程度在采用 IFRS 后显著减少,强制采用 IFRS 提高了财务报告的整体质量。基于法律、法定审计和独立监督构建的会计执行力度与分析师预测误差显著负相关,表明在执行力度更强的国家,分析师预测准确性更高。

Hail 和 Leuz(2007)对 2005 年首次强制采用 IFRS 的欧盟公司研究发现,与没有采用 IFRS 的公司相比,采用 IFRS 的公司权益资本成本显著下降,股票流动性显著提高。Daske 等(2008b)分析了 26 个国家强制采用 IFRS 后的资本市场效应。检验结果显示,采用 IFRS 提高了资本市场流动性,降低了公司的资本成本,增加了公司价值(Tobin's Q)。但是这些来自资本市场的好处仅存在于那些严格监督 IFRS 执行、具有强大的法律执行环境和有动力提供高透明度财务报告的国家。同时他们也发现,由于欧盟成员国为有效执行 IFRS 作出了提高治理和监管水平的努力,这些国家的市场效应更为显著。Pae 等(2007)发现,代理成本高的公司在强制采用 IFRS 后公司价值有所增加。作者认为,IFRS 对信息披露的要求提高,有利于改善信息环境,降低信息不对称性,从而减少资本成本。Lee 等(2008)对欧洲 17 国强制采用 IFRS 前后资本成本的变化进行研究后发现,只有在那些原本采用高质量会计准则、资本市场发达、财务报告质量较高和法律执行严格的国家,资本成本才有显著下降。类似地,Li(2010)以 1995—2006 年间 1 084 家欧盟公司为样本,考察了欧盟强制采用 IFRS 对资本成本的影响。研究发现,采用 IFRS 通过增加披露和提高信息可比性这两种途径减少了资本成本,但这一好处只出现在具有严格的法律执行环境的国家。Florou 和 Pope(2009)研究了强制采用 IFRS 对机构投资者资产配置决策的影响,发现在采用 IFRS 当年和次年,股权投资有所增加,但这种正相关关系只在法律执行严格、腐败和盈余管理程度较低的国家才显著。因此,在采用 IFRS 产生资本市场效应的过程中,国家制度因素的结构和变化发挥着重要作用。在其他条件相同的情况下,法律执行严格、制度基础完善的国家更可能随着 IFRS 的采用产生正面的资本市场效应。

Brüggemann 等(2009)以全球 31 个国家 4 869 家公司为样本,检验了个人投资者对财务报告全球化的反应。研究发现,强制采用 IFRS 后,德国开放市场(Open Market)的股票交易活动显著增加,会计准则全球化对个人投资者的跨国投资产生了积极的推动作用。而 DeFond

等(2009)以 2005 年欧盟强制采用 IFRS 为背景,通过比较美国共同基金对欧盟 14 国与其他 9 个没有采用 IFRS 的国家公司股份的投资比例,从机构投资者角度检验了强制采用 IFRS 是否可以提高财务报告的可比性从而增加跨国投资。研究发现,当强制采用 IFRS 大幅度提高可比性时,美国共同基金的投资比例在准则执行有力的国家有所上升;但当强制采用 IFRS 小幅度提高可比性时,美国共同基金的投资比例在准则执行较弱的国家有所下降。这表明会影响 IFRS 执行效果的制度因素也会影响提高可比性的市场效应。

但也有研究表明,会计准则国际趋同并没有取得预期效果,如 Muller 等(2009)检验了欧洲大陆的房地产公司对投资性房地产项目采用公允价值计量的经济后果。结果发现,在自愿采用 IFRS 期间,选择公允价值计量显著降低了信息不对称程度;但在强制采用 IFRS 后,公允价值计量并没有降低信息不对称程度,表明投资者对各国制度背景差异可能引发的公允价值应用的多样性存在担忧。

22

参 考 文 献

边泓. 2009. 行为因素对会计信息价值相关性的折射效应研究[J]. 证券市场导报,(8):64-71.

盖地,卢强. 2004. 中国会计准则、制度与国际财务报告准则下利润报告的差异研究——对 B 股上市公司 2002 年年报的分析[J]. 财经论丛,(4):41-47.

高利芳. 2009. 基于趋同的会计准则变迁与会计准则执行研究[D]. 厦门大学博士学位论文,2009.

葛家澍. 2002. 关于高质量会计准则的几个问题[J]. 会计研究,(10):1-5.

蒋义宏. 2001. 深沪 B 股上市公司净利润双重披露差异比较[J]. 证券市场导报,(1):36-39.

李东平. 2000. B 股公司境内外报告净利润之差异研究[J]. 中国会计与财务研究,2(3):126-146.

李静,孙美华. 2003. 我国会计准则的国际协调度研究[C]. 中国会计学会"中国会计国际化"专题研讨会,122-131.

李树华.1997.上市公司境内外审计报告税后净利差异之实证分析[J].会计研究,(12):18-23.

李晓强.2004.国际会计准则和中国会计准则下的价值相关性比较[J].会计研究,(7):15-23.

刘峰,吴风,钟瑞庆.2004.会计准则能提高会计信息质量吗[J].会计研究,(5):8-19.

罗胜强.2005.会计实务国际协调实证研究综述[J].财经理论与实践,26(135):76-81.

罗婷,等.2008.解析新会计准则对会计信息价值相关性的影响[J].中国会计评论,(6):129-140.

欧阳爱平,徐俭.2009.企业会计准则实施后的相关性质量分析——沪市A股2007年报数据检验[J].北京工商大学学报,(5):77-81.

潘琰,陈凌云,林丽花.2003.会计准则的信息含量:中国会计准则与IFRS之比[J].会计研究,(7):7-15.

漆江娜,罗佳.2009.会计准则变迁对会计信息价值相关性的影响研究——来自中国证券市场1993-2007年的经验证据[J].当代财经,(5):103-109.

曲晓辉.2009.论会计趋同化与差异性.上海立信会计学院学报.(3):3-8.

曲晓辉,高芳.2006.我国会计准则国际协调效果量化研究评述[J].会计研究,(2):14-18.

曲晓辉,邱月华.2007.强制性制度变迁与盈余稳健性——来自沪深证券市场的经验证据[J].会计研究,(7):20-28.

王华,丁友刚,赖红宁.2007.财务报告实务协调化的衡量[J].会计研究,2000(4):63-65.

王建新.我国会计准则制定及其效果评价[M].北京:中国财政经济出版社,2005.

王清刚.中国会计标准与国际会计标准的差异研究[J].山西财经大学学报,2005(4):125-131.

王跃堂,孙铮,陈世敏.2001.会计改革与会计信息质量——来自中国证券市场的经验证据[J].会计研究,(7):16-26.

王治安,万继峰.2004.会计国际协调的衡量[J].经济观察,(6):104-

107.

王治安,万继峰,李静. 2005.会计准则国际协调度测量研究[J]. 当代经济科学, 27 (5):89-112.

魏明海. 2003.会计协调的测定方法[J]. 中国注册会计师, (4):20-24.

吴溪,程璐. 2003.会计双重披露差异与中国会计标准的国际协调研究述评[J]. 中国注册会计师, (10):20-23.

徐经长,姚淑瑜,毛新述. 2004.国际协调:一个新的分析视角[J]. 会计研究, (4):41-46.

徐经长,姚淑瑜、毛新述. 2003.中国会计标准的国际协调——《企业会计制度》实施前后上市公司净利润双重披露的实证研究[J]. 会计研究, (12):8-13.

薛爽,赵立新,肖泽忠,程绪兰. 2008.会计准则国际趋同是否提高了会计信息的价值相关性?——基于新老会计准则的比较研究[J]. 财贸经济, (9):62-67.

杨钰,曲晓辉. 2008.中国会计准则与国际财务报告准则趋同程度——资产计价准则的经验检验[J]. 中国会计评论, (4):18-33.

张国华,曲晓辉. 2009.会计准则国际趋同度量方法拓展——模糊聚类分析法初探[J]. 南开管理评论, (1):102-109.

张鸣,等. 2009.新会计准则实施的经济后果研究——来自会计信息价值相关性的经验证据[C]. 会计理论专题学术研讨会论文集. 265-275.

赵春光. 2004.现金流量价值相关性的实证研究[J]. 会计研究, (2):29-35.

赵惠芳,等. 2009.会计信息对投资决策有用性的实证研究[J]. 山西财经大学学报, (2):119-124.

朱凯,赵旭颖,孙红. 2009.会计准则改革、信息准确度与价值相关性——基于中国会计准则改革的经验证据[J]. 管理世界, (4):47-54.

ADHIKARI A, TONDKAR R H. 1992. Environmental factors influencing accounting disclosure requirements of global stock exchanges [J]. Journal of International Management and

Accounting，4(2)：75-105.

AISBITT S. 2001. Measurement of harmony of financial reporting within and between countries：the case of the Nordic countries [J]. European Accounting Review，10(1)：51-72.

ALFORD A，JONES J，LEFTWICH R，ZMIJEWSKI M. 1993. The relative Informativeness of accounting disclosures in different countries[J]. Journal of Accounting Research，31：183-229.

ALVES P，BRÜGGEMANN U，POPE P. 2008. Mandatory IFRS adoption，information and market liquidity around earnings announcements[J]. Working paper，Lancaster University.

AMIR E，HARRIS T，VENUTI E. 1993. A comparison of the value relevance of US versus non-US GAAP accounting measures using Form 20 – f Reconciliations [J]. Journal of Accounting Research，31：230-264.

ARCHER G S H，DELVAILLE P，MCLEAY S J. 1995. The measurement of harmonization and the comparability of financial statement items：within-country and between-country effects [J]. Accounting and Business Research，25：67-80.

ARCHER G S H，MCLEAY S J. 1995. On measuring the harmonization of accounting practices. Paper presented at the Workshop on International Accounting，Geneva.

ASHBAUGH H，PINCUS M. 2001. Domestic accounting standards，international accounting standards，and the predictability of earnings [J]. Journal of Accounting Research，39：417-434.

BALL R，ROBIN A，WU J S. 2003. Incentives versus standards：properties of accounting income in four East Asian countries [J]. Journal of Accounting and Economics，36 (1-3)：235-270.

BARTH M E，CLINCH G. 1994. International accounting differences and their relation to share prices：Evidence for UK，Australian and Canadian firms. A Harvard Business School working paper，May.

BARTH M E，LANDSMAN W R，LANG M H. 2008. International

accounting standards and accounting quality [J]. Journal of Accounting Research, 46 (3):467-498.

BARTOV E, GOLDBERG KIM, S M. 2005. Comparative value relevance among German, US, and International Accounting Standards: A German stock market perspective[J]. Journal of Accounting, Auditing, and Finance, 20(2):95-119.

BEUSELINCK C, JOOS P, KHURANA I K, VAN DER MEULEN S. 2009. Mandatory IFRS reporting and stock price informativeness. Working paper, Tilburg University and University of Missouri at Columbia.

BRÜGGEMANN U, DASKE H, HOMBURG C, POPE P F. 2009. How do individual investors react to global IFRS adoption? Working paper, Lancaster University, University of Mannheim, University of Cologne.

BYARD D, LI Y, YU Y. 2008. The effect of mandated IFRS adoption on analyst' forecast errors. Working paper, Baruch College-CUNY.

CHRISTENSEN H B, LEE E, WALKER M. 2007. Cross-sectional variation in the economic consequences of international accounting harmonization: The case of mandatory IFRS adoption in the UK[J]. The International Journal of Accounting, 42 (4): 341-379.

CHRISTENSEN H B, LEE E, WALKER M. 2008. Incentives or standards: What determines accounting quality changes around IFRS adoption? [Z] Working paper. SSRN eLibrary.

DASGUPTA S, GAN J, GAO N. 2009. Transparency, stock return synchronicity, and the informativeness of stock prices: Theory and evidence [J]. Journal of Financial and Quantitative Analysis, 45(5):1189-1220.

DASKE H, GEBHARDT G. 2006. International financial reporting standards and experts' perceptions of disclosure quality [J]. Abacus, 42(3/4):461-498.

DASKE H, HAIL L, LEUZ C, VERDI R. 2008. Mandatory IFRS reporting around the world: early evidence on the economic consequences[J]. Journal of Accounting Research, 46 (5):1085–1142.

DASKE H, HAIL L, LEUZ C, VERDI R. 2008b. Mandatory IFRS reporting around the world: Early evidence on the economic consequences [J]. Journal of Accounting Research, 46, 1085–1142.

DEFOND M, HU X, HUNG M, LI S. 2009. The impact of IFRS adoption on US mutual fund ownership: The role of comparability. Working paper, University of Southern California, University of Oregon, Santa Clara University.

DING Y, HOPE O, JEANJEAN T, STOLOWY H. 2007. Differences between domestic accounting and IAS: measurement, determinants and implications [J]. Journal of Accounting and Public Policy, 26:1–38.

DING Y, JEANJEAN T, STOLOWY H. 2005. Why do national GAAP differ from IAS? The role of culture [J]. The International Journal of Accounting, 40(4):325–350.

DOUPNIK S, TAYLOR M E. 1985. An empirical investigation of the observance of IASC standards in western Europe [J]. Management International Review, 25(1): 27–33.

EMENYONU E N, GRAY S J. 1992. EC Harmonisation: An empirical study of measurement practices in France, Germany and the UK[J]. Accounting and Business Research, 23(89): 49–58.

EVANS T G, TAYLOR M E. 1982. Bottom-line Compliance with the IASC: A Comparative Analysis[J]. International Journal of Accounting, 18(1): 115–128.

FLOROU A, POPEP F. 2009. Mandatory IFRS adoption and investor asset allocation decisions, Working paper, University of Macedonia and Lancaster University.

FONTES A, RODRIGUES L, CRAIG R. 2005. Measuring convergence of national accounting standards with International Financial Reporting Standards [J]. Accounting Forum, 29: 415-436.

GARRIDO P, LEON A, ZORIO A. 2002. Measurement of formal harmonization progress: The IASC experience [J]. The International Journal of Accounting, 37: 1-26.

GASSEN J, SELLHORN T. 2006. Applying IFRS in Germany: determinants and consequences [Z]. Working paper, SSRN eLibrary.

HAIL L, LEUZ C. 2007. Capital market effects of mandatory IFRS reporting in the EU: Empirical evidence. Working paper, University of Pennsylvania and University of Chicago.

HORTON J, SERAFEIM G, SERAFEIM I. 2008. Does mandatory IFRS adoption improve the information environment? Working paper, London School of Economics, Harvard University, and University of Piraeus.

KRISEMENT V. 1997. An approach for measuring the degree of comparability of financial accounting infomation [J]. The European Accounting Review, 6(3): 465-485.

KOSI U, FLOROU A. 2009. The economic consequences of mandatory IFRS adoption for debt financing. Working paper, University of Macedonia, and Lancaster University.

LAI'NEZ GADEA J A, CALLAO GASTO'N S, JARNE JARNE J I. 1996. International harmonization of reporting required by stock markets[J]. The International Journal of Accounting, 31: 405-418.

LEE E, WALKER M, CHRISTENSEN H B. 2008. Mandating IFRS: Its impact on the cost of equity capital in Europe, Working Paper, Manchester Business School and University of Chicago.

LI S. 2010. Does mandatory adoption of International Financial Reporting Standards in the European Union reduce the cost of equity capital? [J] The Accounting Review, 85(2):607-636.

MCLEAY S, NEAL D, TOLLINGTON T. 1999. International standardization and harmonization: a new measurement technique[J]. Journal of International Financial Management and Accounting, 10(1): 42-70.

MORRIS R D, PARKER R H. 1998. International harmony measures of accounting policy: comparative statistical properties [J]. Accounting and Business Research, 29 (1):73-86.

MULLER K, RIEDL E , SELLHORN T. 2009. Consequences of voluntary and mandatory fair value accounting: Evidence surrounding IFRS adoption in the EU real estate industry, Working paper, Pennsylvania State University and Harvard University.

MURPHY A B. 2000. The Impact of Adopting International Accounting Standards on the Harmonization of Accounting Practices[J]. The International Journal of Accounting, 35(4): 471-493.

NAIR R D, FRANK W G. 1981. The harmonization of International Accounting Standards 1973-1979[J]. International Journal of Accounting, 17(1): 61-77.

PARKER R H, MORRIS R D. 2001. The Influence of U. S. GAAP on the harmony of accounting measurement policies of large companies in the U. K. and Australia[J]. Abacus, 37 (3): 297-328.

PEASNELL K, POPE P, YOUNG S. 2005. Board monitoring and earnings management: Do outside directors influence abnormal accruals? [J] Journal of Business Finance and Accounting, 32: 1311-1346.

PIERCE A, WEETMAN P. 2002. Measurement of de facto harmonization: implications of non-disclosure for research planning and interpretation [J]. Accounting and Business Research, 32(4): 259-273.

PRATHER-KINSEY J. 2006. Developing countries converging with developed-country accounting standards: Evidence from South Africa and Mexico[J]. The International Journal of Accounting, 41:141-162.

PREIATO J, BROWM P, TARCA A. 2009. Mandatory IFRS and properties of analysts' forecasts: How much does enforcement matter? Working Paper, University of Western Australia.

RAHMAN A R, PERERA M H B, GANESHANANDAM S. 1996. Measurement of formal harmonization in accounting: An exploratory study[J]. Accounting and Business Research, 26 (4): 325-339.

SODERSTROM N S, SUN, JIALIN K. 2007. IFRS adoption and accounting quality: A review [J]. European Accounting Review, 16 (4):675-702.

TAPLIN R H. 2004. A unified approach to the measurement of international accounting harmony[J]. Accounting and Business Research, 34(1): 57-73.

VAN DER TAS L G. 1992. Evidence of EC financial reporting practice harmonisation: The case of deferred taxation [J]. European Accounting Review, 1(1): 69-104.

VAN DER TAS L G. 1988. Measuring harmonisation of financial reporting practice[J]. Accounting and Business Research, 18 (70): 157-169.

WALTON P. 1992. Harmonization of accounting in France and Britain: Some evidence[J]. Abacus, 28(2): 186-199.

YANG D C, LEE C M. 1994. An empirical analysis of Pan-Pacific accounting practices in the 1970s[J]. Advances in International Accounting, 6: 133-145.

YANG ZIYUN, ROHRBACH K, CHEN S. 2005. The impact of standard setting on relevance and reliability of accounting information: Lower of cost or market accounting reforms in China[J]. Journal of International Financial Management and Accounting, 16(3):194-228.

30

第三章 会计准则趋同效果的影响因素分析框架①

国际财务报告准则(以下简称 IFRS)在全球推广已经取得了丰硕的成果,已有近 120 个国家不同程度采用或逐步与 IFRS 实现了趋同,也有一些国家承诺将在未来几年内采用 IFRS 或实现趋同。最值得一提的是,欧盟已要求其成员国的上市公司合并报表从 2005 年起强制采用 IFRS,并鼓励提前采用;美国证券交易委员会(SEC)2008 年 11 月也发布了一份与 IFRS 趋同的路线图(roadmap)征求意见稿,计划于 2011 年强制执行 IFRS,并且采取主动姿态与国际会计准则理事会(IASB)开展联合项目,共同制定国际财务报告准则。我国 2006 年发布的《企业会计准则》实现了与 IFRS 的实质性趋同。虽然 IFRS 标榜是高质量的会计准则,但会计准则是信息质量的必要而非充分条件,IFRS 的执行效果将受到一国诸多制度因素和非制度因素的制约。Ball 等(2003)提出想提高财务报告质量必须考虑改变经理人和审计师动机及其他制度因素,这比强制使用高质量准则更重要。目前,已经有一些文献研究了法律制度及法律外制度对财务报告体系的影响。本章将更加具体地从会计准则变迁的财务信息质量出发,较为系统地对其影响因素展开分析。

第一节 会计准则趋同效果的影响因素研究综述

总体上说,会计准则趋同效果的影响因素,包括宏观和微观两个方面。本节在从宏观和微观两个层面讨论会计准则趋同效果的影响因素的基础上,探讨本领域现有文献的缺陷。

---

① 孙雪娇. 会计准则国际趋同效果的影响因素及研究框架探讨[J]. 现代财经(天津财经大学学报),2012(2):88-96.

一、宏观层面

对于会计准则趋同效果的影响因素在宏观层面的分析,我们主要从法律因素和法律外因素两个方面展开。

(一)法律因素

La porta 等(简称 LLSV,1997,1998)的文章《法与金融》(*Law and Finance*)开法律制度与金融发展关系研究之先河,阐述了投资者法律保护程度及其实施力度在不同国家呈现的显著差异。紧接着 LLSV(2000,2002,2006)、Demirguc-Kunt 等(1998)和 Leuz(2003)的一系列研究都表明,如果法律保护投资者权利不受公司内部人侵害,则盈余质量相对较高,这对金融市场的发展和经济绩效都有重大影响。DeFond 等(2007,2007)研究发现,强投资者保护的国家,财务报告的信息含量会相对较多;弱投资者保护的国家,分析师更愿意较多提供对现金流的预测。Ball 等(2000,2003)、Jaggi 和 Low(2000)、Barniv 等(2005)、Bushman 等(2006)、Burgstahler(2006)研究了法律渊源对盈余质量和财务报告信息质量的影响,得出普通法国家优于成文法国家的结论。这些文献的共同特点是,强调法律在金融市场发展中的作用。法律对投资者保护程度的差异,造成了不同的金融发展水平,以及不同的国家治理模式。

(二)法律外因素

LLSV(1997,1998)等文献确实显示了法律对投资者权利的保护作用和对完善公司治理的作用。但是,由于这种作用的实现既需要时间也面临诸多困难,法律外的制度因素及非制度因素遂受到研究者的关注。例如,Zarzeski(1996)、Jaggi 和 Low(2000)研究发现文化因素对财务报告实务存在显著影响。Leuz 等(2003)研究发现政府的清廉度与治理效率与一国的财务信息报告的盈余质量成正相关关系。Ali 等(2000)研究发现一国的准则制定部门的性质、税务规则、花在外部审计上的费用、会计模式都会影响会计数据的价值相关性。Burgstahler 等(2006)提出法律制度和资本市场的动力可以互相补充,且影响盈余质量和经济业绩。Francis 等(2008)发现会计实务受审计质量的影响。最值得一提的是,Dyck 和 Zingales(2004)进行了公司治理法律外制度因素的研究,他们发现法律外制度非常重要,跨国研究中加入法律外制度(产品市场的竞争度、媒体的压力、道德规范的约束度、对劳动者的保护实现的监督、政府通过税务执行实现的监督),法律制度的解释能力则大打折扣。Bushman 和 Smith(2001)还提出,财务会计制度与其他制度间可能存在强大的相互作用,这些制度特征包括审计制度、沟通的基础设施、跟进的分析师、金融架构、法律环境、除投资者权利法律保护之外的公司控制机制、行业集中度、政治对商业活动的影响及人力资本。

二、微观层面

国家层面的财务报告信息是由企业层面的信息特征构成的,因此,企业层面的特征因素对一国准则趋同效果的影响也需予以考虑。LLSV 等"法与金融"学派的一系列研究都是以国家为基本样本单位(country-level)的,存在样本小、自由度低及丢失企业层信息的缺点。为克服这个缺点,一些学者以公司为最小样本单位(firm-level)进行跨国研究,这样也可以控制企业层的特征因素。一些研究发现,规模大的公司(Gray 等,1995)、所有者权益分散的公司(Rahman 等,2002)和公司权益比率高的公司倾向于披露更多的信息。Street 和 Bryant 的(2000)研究发现在美国上市的公司执行国际会计准则的水平更高。Ali 等(2004)研究了 14 个国家执行 IAS 的情况,发现公司规模、利润率、是否跨国、权益债务比及审计质量都与执行效果相关。DeFond 等(2007)在做投资者保护与盈余质量关系的跨国研究时控制了企业层特征因素,发现企业规模、市值是否排名前 20、是否跨美国上市、追随的分析师数量等因素都与盈余质量有关。Street 和 Gray(2002)对公司遵循国际会计准则的程度(即财务报告实务)的影响因素做过一个综述研究,得出企业规模、上市地点、盈利能力、所处行业、审计师类型、权益市场规模都会对财务报告遵循程度产生影响。

三、现有文献的缺陷

综观会计准则趋同效果在法律因素、非法律因素的宏观层面和企业的微观层面等方面的影响的研究文献,我们发现现有研究存在以下缺陷:法律外的制度因素和非制度因素缺少理论支持和分析;缺少对影响因素尤其是制度因素的分层和分类;忽略了制度因素、非制度因素间的互补性和替代性;对效果的界定比较模糊。

(一)法律外的制度因素和非制度因素缺少理论支持和分析

除了"法与金融"学派的国别制度因素(主要是法律来源因素)差异

研究框架较为成熟外,其他因素尚缺乏系统的理论分析支持,尤其是对法律源泉外非正式制度、制度安排与非制度因素的理论分析。Dyck 和 Zingales(2004)的研究给出了一个重要的结论,即当把法律外制度作为控制变量后,法律源泉因素不再显著,这既是对 LLSV 一系列文章的一个质疑,也为我们的研究提供了新的思路,即其他非正式制度、制度安排和非制度因素可能对财务报告信息效果产生重大影响,也为我们实现财务报告效果的改善提供了新的途径。正式制度的研究相当重要,但非正式制度乃至非制度因素的研究也同样重要。诺思(1994)提出过,非正式规则对于良好的经济运行来说是必要的,正式的规则可以一夜改变,但非正式规则是渐进改变的。因此,不同国家执行同样的正式规则时得到的绩效与预期会不同,这是因为它们的非正式制度和实施机制不同。既然法律外制度因素如此重要,那么应该给予系统的分析,并在研究模型中加以控制。

（二）缺少对影响因素尤其是制度因素的分层和分类

对影响因素尤其是制度因素的分层和分类有助于探索影响因素间的关系,对这种关系的探寻有助于判别制度间的因果关系而在模型中对制度间的关系加以控制。制度环境通常指非正式制度,在研究时被看做是外生的,制度安排被看做是内生的。制度环境可能会影响制度安排。Gray(1988)的会计文化影响模型阐述了一国的生态环境影响了其文化价值,而文化价值又影响了具体的制度安排。本书理解的制度安排包含两个部分:正式制度和执行机制。执行机制是正式制度的补充机制,没有良好的执行机制,再完美的制度也难以奏效。

（三）忽略了制度因素、非制度因素间的互补性和替代性

制度间可能存在互补性,Francis 等(2008)研究发现,投资者保护制度是审计质量得以发挥效力的补充因素,只有在投资者保护健全的情况下,"四大"会计师事务所所审计的客户的盈余质量才会比非"四大"会计师事务所高。诺思(1994)曾写到:"非正式约束的主要作用是修改、补充或扩展正式规则。"制度间可能存在替代性,Kwon 等(2007)发现审计行业质量可以作为法律体系的替代因素,在弱法律环境下,审计行业的质量对盈余质量的提高效用更加显著。林毅夫(1989)认为,"正式制度的缺陷至少还可以部分地通过非正式制度的运行得到弥补"。Bushman 和 Smith(2001)认为,"为提高经济效率,高质量财务会计信息和高质量控制

机制之间存在互补关系"。这些研究只是对制度间互补或替代的一个初探,制度间乃至与非制度间的互补性或替代性对于实证研究的稳健性(避免因素变量间的多重共线性)或实践中的可行性(如可以用易改变的制度安排代替不易改变的制度环境)都有重要意义。

（四）对效果的界定比较模糊

现有的对财务报告效果研究的切入点不同,有的用会计准则的质量,有的用会计实务执行的差异度,有的用财务报告信息质量,有的用财务报告的经济后果。总体来说,对财务报告效果的研究缺乏系统性,且对制度和控制变量的选择也存在随意性。Rahman等(2002)提出会计协调包括四个方面:会计准则和其他因素(环境因素和公司特征)的协调、会计实务的协调、更好的会计信息可比性的输出、更好的资本市场决策的协调效果。会计准则国际趋同效果实际上只包含后三个层次,即会计实务执行效果、准则趋同后的财务报告信息质量改进和准则趋同的经济后果。因此,在研究会计准则国际趋同效果的影响因素时,要根据不同方面效果的切入点选择影响因素和控制变量。

第二节 会计准则趋同效果影响因素的基本理论研究

本节首先探讨诺斯的制度变迁理论,在此基础上探讨博弈论框架下的制度变迁理论,进而探讨两种理论整合的可能性。

一、诺思的制度变迁理论

诺思(1994)认为:"制度是一系列被制定出来的规则、守法程序和行为的道德伦理规范,它旨在约束追求主体福利或效用最大化的个人行为。"制度决定了经济绩效,要追求制度最优状态就要进行制度变迁。诺思的制度变迁理论就是一系列规则、规范的改变,是理性经济主体追逐最大利益的结果。制度可以分为两个层次:制度环境和制度安排。"制度环境是一系列用来建立生产、交换和分配基础的基本的政治、社会和法律基础规则。"制度环境改变得相对缓慢。在研究制度变迁时,一般假说其为不变的,视其为外生变量。制度环境是一系列制度安排的总和,制度安排是我们最通常意义上的"制度",我们所研究的制度变迁一般指制度安排的变迁,制度变迁既消耗资源又影响资源的使用效率,所以在研究经济绩效时,需要把制度变迁作为一个内生变量来研究。会计准则国际趋同的过程实际上是制度变迁的过程。但我们不妨

35

考虑一个问题,既然制度对经济绩效如此重要,那为什么其他国家不能学习和采用在经济绩效较好的国家中运用的最佳制度呢?(诺思,1994)。诺思用"路径依赖"理论阐释了经济制度的演进:即使能从国外借鉴良好的正式规则,如果本土的非正式规则因为惰性而一时难以变化,新借鉴来的正式规则和旧的非正式规则势必产生冲突。其结果是,借鉴来的制度可能既无法实施又难以奏效。因此,这可以解释为什么会计准则国际趋同的过程是一个艰难的政治过程。但是制度决定经济绩效,这便为那些经济绩效较差的经济体改变其现存制度提供了强有力的激励。

二、博弈论框架下的制度变迁理论

青木昌彦将诺思的制度变迁理论和路径依赖理论大大推进,更好地解释了"无效率的制度变迁"问题。青木昌彦(2001)认为:"制度是一种社会构建,在同一域还可能存在其他社会建构的情况下,它代表参与人内生的、自我实施的行动决策规则的基本特征,因而制约着参与人在重复博弈中的策略互动。"即制度是社会制度博弈的参与人之间的策略互动并最后成为自我实施的结果。青木昌彦由博弈关联提出制度关联,即制度间的耦合可以理解为在经济不同域个人策略之间所产生的类似于一般均衡的反馈作用(博弈关联),经济作为一个整体可以被看做是相互依赖的制度之间稳固而连贯的整体性安排(制度关联)。因此,政府引进一项新"制度"而颁布法令,法令的实施在一定的经济、政治和社会背景下经常会产生意想不到的后果。比如在一些发展中国家,政府为模仿发达国家的公司控制权市场,颁布私有化法令,其中的一个意想不到的后果是公司控制权普遍被内部人掠取。主要原因是理想计划和现存制度环境之间缺乏必要的"耦合"。只有相互一致和相互扶持的制度安排才是富有生命力和可维系的。一项政策若与其他域的现存制度不相耦合,或人才积累不足,均可能产生政治家意想之外的结果。因此,由于制度互补性的存在,人们无法单独评价一项制度变迁方式的优劣。

三、两种理论的结合

制度互补性的存在以及之后诺思提出的"路径依赖"都很好地解释了无效率的制度变迁问题的存在。尽管有些规则可以即时改变,但个人对规则变化的反应却是一个极其复杂和缓慢的适应过程,规则的变化要求规范、惯例和非正式准则的演进。我们在研究制度变迁时,要根据研究的对象时间长短确定制度变迁的性质,就如会计准则国际趋同的过程,改变一国的会计准则可以在很短的时间内完成,但是否能有效执行,能产生什么样的经济后果,能否为经济带来好处,还要看一国的制度环境和其他配套制度安排是否与之协调。这也是为什么有些国家采用了"好"的会计准则,财务报告质量却没有得到提高的原因。如果想让该项制度变迁运行得有效率,这就需要一段时间让其他制度安排与之相耦合,每一个制度安排都作为制度环境的一部分而影响下一个新制度安排的出现,一系列制度变迁使得制度环境不断完善,制度环境的改变是一个漫长、艰难的过程。

第三节　研究框架的探讨

关于会计准则国际趋同效果的研究框架,本书认为首先需要进行效果的界定和分层,进而进行影响因素的分类,包括制度因素(制度环境和制度安排)和非制度因素、财务会计制度与其他制度特征之间的相互作用。在此基础上,进行不同层次效果的影响因素选择,运用适当的研究方法进行检验,并对一些影响因素进行跨国检验。

一、对效果的界定和分层

会计准则国际趋同的效果包含三个层次:会计实务执行效果、准则趋同后的财务报告信息质量和准则趋同后的经济后果。这三个层次呈递进关系,会计实务执行的效果会影响准则趋同后财务报告信息的质量,财务报告信息的质量又影响准则趋同后的经济后果。因此,会计准则国际趋同的效果既会产生直接的效果,又会产生间接的效果。如图 3-1 所示。

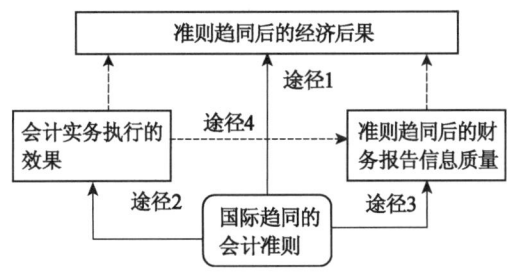

图 3-1　会计准则国际趋同的效果分层

不同效果会对应不同的制度和非制度因素,或者说,不同的制度或非制度因素对不同效果层的影响程度不同。

二、影响因素的分类

(一)制度因素

从 LLSV(1997,1998,2000,2002,2006)为代表的一系列"法与金融"的文献中,我们确实看到了法律对投资者权利保护以及对公司治理健全的作用。但是学者们也发现其政策含义在实施中会遇到很大困难,需要漫长的改革过程。一些学者便开始把目光转向法律外因素。诺思将制度一般分为两个层次:制度环境和制度安排。制度环境在研究中通常被看做是不变的,称为外生因素;制度变迁通常指制度安排的变迁,称为内生因素。青木昌彦将制度分为三个部分:非正式制度、正式制度和执行机制。两种分类方法的对应关系如图 3-2 所示。

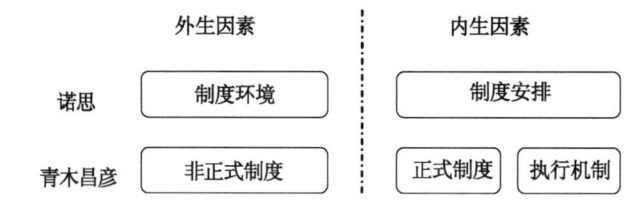

图 3-2　不同制度分类的对应关系

制度环境指不易受到其他因素影响的,会在很长一段时间保持基本不变的制度因素,如法律起源、文化、习俗、政治环境、经济环境(通常是非正式制度)。LLSV 等的一系列研究基本把目光放在制度环境的层次上,但我们知道,制度环境很难改变,起码要经历漫长的时间过程,其实用性不足。而制度安排是我们最通常意义上的"制度",也是我们在短时期内有能力改善或改变的"制度"。因此,研究者开始把目光逐渐转移到制度安排的设计上。制度安排受制度环境的影响,又逐渐反作用于制度环境,制度安排通常是被人为创造的(正式制度和实施机制),因此某项制度可以瞬间改变。但在前面的理论部分我们也分析过:即使能从国外借鉴良好的正式规则,如果本土的非正式规则因为惰性而一时难以变化,新借鉴来的正式规则和旧有的非正式规则势必产生冲突。其结果是,借鉴来的制度可能既无法实施又难以奏效。因此,应当深入探究制度间的耦合关系,以期通过相对简便、可行的途径进行制度变迁，追求利益最大化。

1. 制度环境

制度环境主要指非正式制度，除法律起源外，还包括价值信念、道德伦理、风俗习惯和意识形态等因素。Zarzeski(1996)、Jaggi 和 Low(2000)、Archambault 等(2003)、Ole-Kristian Hope(2003b)研究发现文化因素对财务报告实务及财务报告信息质量都有显著影响。Sultz 和 Williamson(2003)研究发现文化因素对公司治理、金融发展有显著作用。Leuz 等(2003)、Bushman 和 Piotroski(2006)研究发现一国政府的清廉程度和政府效率越高，盈余质量也越高。Dyck 和 Zingales(2004)研究发现产品市场的竞争度（用一国竞争法对不公平竞争的抵御效力代表）、道德规范（用犯罪率作为代表）约束了公司内部人对私有利益的攫取。

2. 制度安排

正式制度是人们有意识创造出来的政策法规。与财务报告有关的正式制度安排主要包括：会计准则、审计准则、信息披露制度、投资者保护制度、证券监管制度、公司治理制度、税收制度。Hail 和 Leuz(2006)发现严格的证券法可以降低企业的资本成本；Bushman 和 Piotroski(2006)、Reverte(2008)研究发现严格的证券法会提高盈余质量；Stulz(2009)指出严格的证券法和可靠的披露制度对降低代理成本起重要作用。Choi 和 Wong(2007)发现在差的法律环境中，审计师扮演重要的治理角色，并且在差的法律环境下，那些有改善公司治理动机的企业会雇佣知名的会计师事务所。

执行机制是制度得以有效执行的保障机制，没有有效的执行机制，再完美的制度也是纸上谈兵。Dyck 和 Zingales(2004)研究发现高效的法律执行、高的税务遵从率实现的监督抑制了公司内部人的私利行为。Reverte(2008)发现严格的证券法执行机制影响盈余质量。Ole-Kristian Hope(2003a)发现会计准则执行效率越高，分析师的预测越准确。

（二）非制度因素

无论是国内还是国外，有关财务报告效果与非制度因素关系的研究都还很不够。原因可能是学者们刚把目光转移到法律外制度因素，对于非制度因素的研究还需要一个过程。另外，非制度因素涉及的面非常广,具体有哪些方面是对财务报告体系造成影响的,还需要有一段时间的工作去深度甄选,变量的指代和数据的可获得性都还存在一定的困难。Dyck 和 Zingales(2004)研究了法律外的因素对公司私有利益攫取的影响,发现公共舆论的压力(用媒体的传播水平作为代表)约束了公司内部人对私有利益的获得。与财务会计信息可能有关的非制度因素包括公司治理机制以外的公司层特征因素,如管理层动机、融资偏好、规模、员工的素质等;还包括一国的人力资本(Bushman 和 Smith 把人力资本归类于制度),如人口的教育水平;还包括信息、技术的发展程度,这都可能对国家间、区域间的经济发展造成影响。而上述因素中哪些与财务会计制度变迁的效果更相关,还需要进一步研究。

（三）财务会计制度与其他制度特征之间的相互作用

注重分析财务会计制度与其他制度特征之间的相互作用以及制度因素、非制度因素间的互补性和替代性,对研究财务报告效果起着很重要的作用。因为如果考虑不到这种关系,可能对研究结论的稳健性造成影响,而注意到这个关系则可能给政策上带来可行的建议。在前面的文献讨论中,已经列举了一些制度因素间互补性与替代性的实证研究。另外,Ali 和 Hwang(2000)研究发现一国的税法如果与财务报告联系越紧密,那么财务报告编制者越易受税法影响,从而降低了财务报告的信息质量。Bushman 和 Smith(2001)在《财务会计信息与公司治理》的评论中,预期财务会计制度与其他制度特征之间存在强大的相互作用,这些制度特征包括审计制度、沟通的基础设施、金融分析师团体、金融系统架构、法律环境、其他公司控制机制、行业集中度、对商业活动的政策影响及人力资本,这些预期还有待于我们去进一步检验。

三、研究方法

（一）不同层次效果的因素选择

如前所述,会计准则国际趋同效果包含三个层次。在这里,财务会计准则因素已经被固定,即国际财务报告准则,接下来的研究应该是根据不同的效果层次,甄选可能对其产生影响的因素进行控制。在研究模型的设计上建议采用基于财务报告信息的模型,如对于财务报告信息质量的模型为 $Y_3 = f(Y_1, Y_2, \sum X_i)$,其中 Y_1 为财务报告准则,Y_2

为财务报告准则执行效果，Y_3 为财务报告信息质量，X_i 为影响因素的集合。而对于会计准则国际趋同后经济后果的模型最好为 $Y_4 = f(Y_1, Y_2, Y_3, \sum X_i)$，其中 Y_4 为会计准则国际趋同的经济后果。这样的设计可以将与财务报告系统的因素与其他因素放在同等重要的位置上进行研究，可以有效地控制财务会计制度变迁带来的影响。

（二）跨国研究

Bushman 和 Smith(2001)在《财务会计信息与公司治理》的评论中建议采用跨国研究，这个建议对本书也同样适用，原因是大量文献已表明制度因素、非制度因素存在着大量的跨国差异，并且已有一些研究成果（尤其是世界银行的一些年度报告）对这些因素进行了量化。在以往的跨国研究中，基本以一国所有企业某因素的中位数或均值（如所有企业规模的中位数）作为对企业特征的控制，这个过程略去了大量的企业层特征，尤其是公司治理的特征，这对研究结果也许会造成较大的负面影响。从技术角度看，纳入企业层特征，实质上也扩大了模型的样本，增大了自由度，会使结果更加稳健。

第四节　研究的政策意义

以 LLSV 为代表的"法与金融"学派研究发现，法律对投资者的保护程度（尤其是法律渊源是造成各国投资者保护差异的重要影响因素）是影响金融发展的最重要因素之一。但学者们也意识到，一国的法律变革是漫长而又艰难的，尤其是法律渊源是根本不可能改变的。Dyck 和 Zingales(2004)把目光着眼于法律外的制度因素，研究发现，媒体、税务实施效果在公司治理中都发挥了重要角色，而这些制度都较法律更易变革，具有较大的实际意义。但目前这些研究还存在以上提出的种种问题。本书在这些研究的基础上提出了应当对制度因素、非制度因素，尤其是对制度因素、非制度因素间的互补或替代关系进行较为系统的分析，主要是因为现有文献比较缺乏对制度安排和非制度因素的理论研究，以及对与财务会计制度有关的制度因素、非制度因素间的关系分析。打开法律外影响财务报告效果因素的"黑箱"，在较短期内对提高财务报告信息质量及其带来的经济后果具有一定的政策意义。

参 考 文 献

边泓. 2009.行为因素对会计信息价值相关性的折射效应研究[J].证券市场导报，(8):64-71.

盖地,卢强. 2004.中国会计准则、制度与国际财务报告准则下利润报告的差异研究——对 B 股上市公司 2002 年年报的分析[J]. 财经论丛，(4)：41-47.

高利芳. 2009.基于趋同的会计准则变迁与会计准则执行研究[D].厦门大学博士学位论文.

葛家澍.2002. 关于高质量会计准则的几个问题[J].会计研究，(10)：1-5.

蒋义宏. 2001.深沪 B 股上市公司净利润双重披露差异比较[J]. 证券市场导报，(1)：36-39.

李东平. 2000.B 股公司境内外报告净利润之差异研究[J]. 中国会计与财务研究，2(3)：126-146.

李静,孙美华. 2003.我国会计准则的国际协调度研究. 中国会计学会"中国会计国际化"专题研讨会[C]. 122-131.

李树华. 1997.上市公司境内外审计报告税后净利差异之实证分析[J]. 会计研究，(12)：18-23.

李晓强. 2004.国际会计准则和中国会计准则下的价值相关性比较[J]. 会计研究，(7)：15-23.

刘峰,吴风,钟瑞庆. 2004.会计准则能提高会计信息质量吗[J].会计研究，(5):8-19.

罗胜强. 2005. 会计实务国际协调实证研究综述[J]. 财经理论与实践，26(135)：76-81.

罗婷,薛健,张海燕. 2008.解析新会计准则对会计信息价值相关性的影响 [J].中国会计评论，2008(6):129-140.

欧阳爱平,徐俭. 2009.企业会计准则实施后的相关性质量分析——沪市 A 股 2007 年报数据检验[J].北京工商大学学报，(5):77-81.

潘琰,陈凌云,林丽花. 2003.会计准则的信息含量:中国会计准则与IFRS 之比较[J]. 会计研究，2008(7)：7-15.

漆江娜,罗佳. 2009. 会计准则变迁对会计信息价值相关性的影响研究——来自中国证券市场 1993—2007 的经验证据[J]. 当代财经,(5):103-109.

曲晓辉,高芳. 2006. 我国会计准则国际协调效果量化研究评述[J]. 会计研究,(2):14-18.

曲晓辉,邱月华. 2007. 强制性制度变迁与盈余稳健性——来自沪深证券市场的经验证据[J]. 会计研究,(7):20-28.

孙雪娇. 2012. 会计准则国际趋同效果的影响因素及研究框架探讨[J]. 现代财经(天津财经大学学报),(2):88-96.

王华,丁友刚,赖红宁. 2000. 财务报告实务协调化的衡量[J]. 会计研究,(4):63-65.

王建新. 2005. 我国会计准则制定及其效果评价[M]. 北京:中国财政经济出版社.

王清刚. 2005. 中国会计标准与国际会计标准的差异研究[J]. 山西财经大学学报,(4):125-131.

王跃堂,孙铮,陈世敏. 2001. 《会计改革与会计信息质量——来自中国证券市场的经验证据》[J]. 会计研究,(7):16-26.

王治安,万继峰. 2004. 会计国际协调的衡量[J]. 经济观察,(6):104-107.

王治安,万继峰,李静. 2005. 会计准则国际协调度测量研究[J]. 当代经济科学,27(5):89-112.

魏明海. 2003. 会计协调的测定方法[J]. 中国注册会计师,(4):20-24.

吴溪,程璐. 2003. 会计双重披露差异与中国会计标准的国际协调研究述评[J]. 中国注册会计师,(10):20-23.

徐经长,姚淑瑜,毛新述. 2004. 国际协调:一个新的分析视角[J]. 会计研究,(4):41-46.

徐经长,姚淑瑜,毛新述. 2003. 中国会计标准的国际协调——《企业会计制度》实施前后上市公司净利润双重披露的实证研究[J]. 会计研究,(12):8-13.

修宗峰.2009.制度环境,制度变迁与决策有用性[D].厦门大学.

薛爽,赵立新,肖泽忠,等. 2008. 会计准则国际趋同是否提高了会计信息的价值相关性?——基于新老会计准则的比较研究[J].财贸经济,(9):62-67.

杨钰,曲晓辉.2008.中国会计准则与国际财务报告准则趋同程度——资产计价准则的经验检验[J].中国会计评论,(4):18-33.

张国华,曲晓辉.2009.会计准则国际趋同度量方法拓展——模糊聚类分析法初探[J].南开管理评论,(1):102-109.

张鸣,等.2009.新会计准则实施的经济后果研究——来自会计信息价值相关性的经验证据[C].2009年会计理论专题学术研讨会论文集.265-275.

赵春光.2004.现金流量价值相关性的实证研究[J].会计研究,(2):29-35.

赵惠芳,翟晓蕾,潘立生.2009.会计信息对投资决策有用性的实证研究[J].山西财经大学学报,(2):119-124.

朱凯,赵旭颖,孙红.2009.会计准则改革、信息准确度与价值相关性——基于中国会计准则改革的经验证据[J].管理世界,(4):47-54.

ADHIKARI A, TONDKAR R H. 1992. Environmental factors influencing accounting disclosure requirements of global stock exchanges [J]. Journal of International Management and Accounting, 4(2): 75-105.

AISBITT S. 2001. Measurement of harmony of financial reporting within and between countries: the case of the Nordic countries [J]. European Accounting Review, 10(1): 51-72.

ALFORD A, JONES J, LEFTWICH R, ZMIJEWSKI M. 1993. The relative Informativeness of accounting disclosures in different countries[J]. Journal of Accounting Research, 31: 183-229.

ALVES P, BRÜGGEMANN U, POPE P. 2008. Mandatory IFRS adoption, information and market liquidity around earnings announcements[J]. Working paper, Lancaster University.

AMIR E, HARRIS T, VENUTI E. 1993. A comparison of the value relevance of US versus non-US GAAP accounting measures using Form 20-f Reconciliations [J]. Journal of Accounting

Research, 31: 230-264.

ARCHER G S H, DELVAILLE P, MCLEAY S J. 1995. The measurement of harmonization and the comparability of financial statement items: within-country and between-country effects [J]. Accounting and Business Research, 25: 67-80.

ARCHER G S H, MCLEAY S J. 1995. On measuring the harmonization of accounting practices. Paper presented at the Workshop on International Accounting, Geneva.

ASHBAUGH H, PINCUS M. 2001. Domestic accounting standards, international accounting standards, and the predictability of earnings [J]. Journal of Accounting Research, 39:417-434.

BALL R, ROBIN A, WU J S. 2003. Incentives versus standards: properties of accounting income in four East Asian countries [J]. Journal of Accounting and Economics, 36 (1-3):235-270.

BARTH M E, CLINCH G. 1994. International accounting differences and their relation to share prices: Evidence for UK, Australian and Canadian firms. A Harvard Business School working paper, May.

BARTH M E, LANDSMAN W R, LANG M H. 2008. International accounting standards and accounting quality [J]. Journal of Accounting Research, 46 (3):467-498.

BARTOV E, GOLDBERG, KIM S M. 2005. Comparative value relevance among German, US, and International Accounting Standards: A German stock market perspective [J]. Journal of Accounting, Auditing ,and Finance, 20(2):95-119.

BEUSELINCK C, JOOS P, KHURANA I K, VAN DER MEULEN S. 2009. Mandatory IFRS reporting and stock price informativeness. Working paper, Tilburg University and University of Missouri at Columbia.

BRÜGGEMANN U, DASKE H, HOMBURG C, POPE P F. 2009. How do individual investors react to global IFRS adoption? Working paper, Lancaster University, University of Mannheim,

University of Cologne.

BYARD D, LI Y, YU Y. 2008. The effect of mandated IFRS adoption on analyst´ forecast errors. Working paper, Baruch College-CUNY.

CHRISTENSEN H B, LEE E, WALKER M. 2007. Cross-sectional variation in the economic consequences of international accounting harmonization: The case of mandatory IFRS adoption in the UK[J]. The International Journal of Accounting, 42 (4): 341-379.

CHRISTENSEN H B, LEE E, WALKER M. 2008. Incentives or standards: What determines accounting quality changes around IFRS adoption? Working paper[Z]. SSRN eLibrary.

DASGUPTA S, GAN J, GAO N. 2009. Transparency, stock return synchronicity, and the informativeness of stock prices: Theory and evidence [J]. Journal of Financial and Quantitative Analysis, 45(5):1189-1220.

DASKE H, GEBHARDT G. 2006. International financial reporting standards and experts' perceptions of disclosure quality [J]. Abacus, 42(3/4):461-498.

DASKE H, HAIL L, LEUZ C, VERDI R. 2008. Mandatory IFRS reporting around the world: early evidence on the economic consequences[J]. Journal of Accounting Research, 46 (5):1085-1142.

DASKE H, HAIL L, LEUZ C, VERDI R. 2008b. Mandatory IFRS reporting around the world: Early evidence on the economic consequences [J]. Journal of Accounting Research, 46, 1085-1142.

DEFOND M, HU X, HUNG M, LI S. 2009. The impact of IFRS adoption on US mutual fund ownership: The role of comparability. Working paper, University of Southern California, University of Oregon, Santa Clara University.

DING Y, HOPE O, JEANJEAN T, STOLOWY H. 2007.

Differences between domestic accounting and IAS: measurement, determinants and implications [J]. Journal of Accounting and Public Policy, 26:1-38.

DING Y, JEANJEAN T, STOLOWY H. 2005. Why do national GAAP differ from IAS? The role of culture [J]. The International Journal of Accounting, 40(4):325-350.

DOUPNIK S, TAYLOR M E. 1985. An empirical investigation of the observance of IASC standards in western Europe [J]. Management International Review, 25(1): 27-33.

EMENYONU E N, GRAY S J. 1992. EC Harmonisation: An empirical study of measurement practices in France, Germany and the UK[J]. Accounting and Business Research, 23(89): 49-58.

EVANS T G, TAYLOR M E. 1982. Bottom-line Compliance with the IASC: A Comparative Analysis[J]. International Journal of Accounting, 18(1): 115-128.

FLOROU A, POPE P F. 2009. Mandatory IFRS adoption and investor asset allocation decisions, Working paper, University of Macedonia and Lancaster University.

FONTES A, RODRIGUES L, CRAIG R. 2005. Measuring convergence of national accounting standards with International Financial Reporting Standards [J]. Accounting Forum, 29: 415-436.

GARRIDO P, LEON A, ZORIO A. 2002. Measurement of formal harmonization progress: The IASC experience [J]. The International Journal of Accounting 37: 1-26.

GASSEN J, SELLHORN T. 2006. Applying IFRS in Germany: determinants and consequences. Working paper, [Z], SSRN eLibrary.

HAII L, LEUZ C. 2007. Capital market effects of mandatory IFRS reporting in the EU: Empirical evidence. Working paper, University of Pennsylvania and University of Chicago.

HORTON J, SERAFEIM G, SERAFEIM I. 2008. Does mandatory IFRS adoption improve the information environment? Working paper, London School of Economics, Harvard University, and University of Piraeus.

KRISEMENT V. 1997. An approach for measuring the degree of comparability of financial accounting information [J]. The European Accounting Review, 6(3): 465-485.

KOSI U, FIOROU A. 2009. The economic consequences of mandatory IFRS adoption for debt financing. Working paper, University of Macedonia, and Lancaster University.

LAI'NEZ GADEA J A, CALLAO GASTO'N S, JARNE JARNE J L. 1996. International harmonization of reporting required by stock markets[J]. The International Journal of Accounting 31: 405-418.

LEE E, WALKER M, CHRISTENSEN H B. 2008. Mandating IFRS: Its impact on the cost of equity capital in Europe, Working Paper, Manchester Business School and University of Chicago.

LI S. 2010. Does mandatory adoption of International Financial Reporting Standards in the European Union reduce the cost of equity capital [J]? The Accounting Review, 85(2):607-636.

MCLEAY S, NEAL D, TOLLINGTON T. 1999. International standardization and harmonization: a new measurement technique[J]. Journal of International Financial Management and Accounting, 10 (1): 42-70.

MORRIS R D, PARKER R H. 1998. International harmony measures of accounting policy: comparative statistical properties [J]. Accounting and Business Research, 29 (1): 73-86.

MULLER K, RIEDL E, SELLHORN T. 2009. Consequences of voluntary and mandatory fair value accounting: Evidence surrounding IFRS adoption in the EU real estate industry, Working paper, Pennsylvania State University and Harvard

University.

MURPHY A B. 2000. The Impact of Adopting International Accounting Standards on the Harmonization of Accounting Practices[J]. The International Journal of Accounting, 35(4): 471-493.

NAIR R D, FRANK W G. 1981. The harmonization of International Accounting Standards 1973-1979[J]. International Journal of Accounting, 17(1): 61-77.

PAE J. 2007. Unexpected Accruals and Conditional Accounting Conservatism[J]. Journal of Business Finance & Accounting, 34 (5-6):681-704.

PARKER R H, MORRIS R D. 2001. The Influence of U. S. GAAP on the harmony of accounting measurement policies of large companies in the U. K. and Australia[J]. Abacus, 37 (3): 297-328.

PEASNELL K, POPE P, YOUNG S. 2005. Board monitoring and earnings management: Do outside directors influence abnormal accruals? [J] Journal of Business Finance and Accounting, 32: 1311-1346.

PIERCE A, WEETMAN P. 2002. Measurement of de facto harmonization: implications of non-disclosure for research planning and interpretation [J]. Accounting and Business Research, 32(4): 259-273.

PRATHER-KINSEY J. 2006. Developing countries converging with developed-country accounting standards: Evidence from South Africa and Mexico[J]. The International Journal of Accounting, 41:141-162.

PREIATO J, BROWN P, TARCA A. 2009. Mandatory IFRS and properties of analysts' forecasts: How much does enforcement matter? Working Paper, University of Western Australia.

RAHMAN A R, PERERA M H B, GANESHANANDAM S. 1996. Measurement of formal harmonization in accounting: An exploratory study[J]. Accounting and Business Research, 26 (4): 325-339.

SODERSTROM N S, SUN, JIALIN K. 2007. IFRS adoption and accounting quality: A review [J]. European Accounting Review, 16(4):675-702.

TAPLIN R H. 2004. A unified approach to the measurement of international accounting harmony[J]. Accounting and Business Research, 34(1): 57-73.

VAN DER TAS L G. 1992. Evidence of EC financial reporting practice harmonisation: The case of deferred taxation [J]. European Accounting Review, 1(1): 69-104.

VAN DER TAS L G. 1988. Measuring harmonisation of financial reporting practice[J]. Accounting and Business Research, 18 (70): 157-169.

WALTON P. 1992. Harmonization of accounting in France and Britain: Some evidence[J]. Abacus, 28(2): 186-199.

YANG D C, LEE C M. 1994. An empirical analysis of Pan-Pacific accounting practices in the 1970s[J]. Advances in International Accounting, 6: 133-145.

YANG ZIYUN, ROHRBACH K, CHEN S. 2005. The impact of standard setting on relevance and reliability of accounting information: Lower of cost or market accounting reforms in China[J]. Journal of International Financial Management and Accounting, 16(3):194-228.

第二篇

整体会计准则趋同对会计信息质量的影响研究

第四章　会计准则趋同对会计信息质量的影响
——基于价值相关性的视角①

我国会计准则历经多次变迁,其中 1998 年开始实施的《股份有限公司会计制度》、2001 年执行的《企业会计制度》和 2007 年实施的新会计准则,分别代表着我国会计国际协调初期阶段、全面协调阶段、实质趋同三个阶段的改革成果。这三次强制性制度变迁给上市公司会计信息质量带来了什么变化,是否达到了准则趋同进程中所秉承的提高会计信息质量理念的效果,到目前为止尚无一致的答案。为了检验我国会计准则国际趋同三次主要进程的效果,特别是对会计信息质量的影响,本章从会计信息的价值相关性视角,结合报酬模型和价格模型,对我国三次重大会计制度变迁进行分时期和分年度考察,检验会计准则国际趋同的会计信息质量效果,探寻会计信息价值相关性的变化规律。

第一节　问题的提出

一、研究的问题

1992 年财政部颁布的《企业会计准则——基本准则》标志着我国会计改革工作的开始;1998 年开始实施的《股份有限公司会计制度》、2001 年执行的《企业会计制度》,尤其是 2007 年实施的新会计准则,分别代表着我国会计制度国际协调初期阶段、全面协调阶段到实质趋同三个阶段的改革成果。三个阶段的会计改革,由于经济体制改革深化、证券市场发展等制度变化,呈现出了不同的特征。

1998 年《股份有限公司会计制度》引入了国际会计惯例中的谨慎性原则,规定收入确认政策,长期投资核算中权益法与成本法的运用界

---

① 江笑云. 会计改革、投资者行为与决策有用性[D]. 厦门大学,2010. 博士论文.

53

限,要求企业对坏账、存货跌价、短期投资跌价、长期投资减值提取四项准备,将开办费摊销由不少于 5 年摊销改为不超过 5 年摊销。而 2001年开始实施的《企业会计制度》则发生了重大变化,很多会计事项的处理规定变得更加稳健,取消了公允价值计量属性的运用;对计入利润的项目加以限制,很多原先可以计入利润的项目(如债务重组、非货币性交易所得),要求计入资本公积;要求上市公司计提八项减值准备,并要求对于开办费等一次冲销;对关联方交易所可能产生的利润,也给出上限的限制。2007 年开始全面执行的新会计准则,重新引入公允价值计量属性,强调运用资产负债观对会计报表要素进行确认等。在充分考虑国内会计实践的基础上,尽可能地借鉴了国际惯例,强调了会计准则的可理解性和可操作性。新准则一方面更多地强调职业判断,增加了不确定性,而另一方面又作出一些限制性的规定,进一步压缩盈余管理的空间。

可见,在会计改革的不同阶段,关于上市公司同一交易或事项的会计处理的规定可能类似,也可能截然不同,这将导致不同时期财务会计信息质量不同。因此,不同阶段、不同质量层次的会计制度变迁效果如何,对会计信息质量有什么样的影响,是否更加有助于证券市场参与者进行投资决策,这就需要对会计改革效果进行一个长期的考察。我们将采用中国 A 股上市公司较长时期的数据,对下述问题进行研究:

第一,会计制度变革后会计信息是否具有更为突出的价值相关性,即制度的变迁是否更为有效?

第二,会计制度变革的影响具有什么样的轨迹? 市场对制度变革的反应是否越来越灵敏?

第三,每一次制度改革产生了怎样的冲击? 这种冲击具有怎样的变化趋势?

二、研究的思路

国内现有研究中,对会计制度改革效果往往更多侧重于比较双重上市公司在不同准则下会计指标差异、会计信息质量差异来衡量会计协调与趋同的效果,很多研究往往只涉及某一次会计制度变革的检验(洪剑峭、皮建屏,2001;王跃堂等,2001;徐经长,2003;潘琰等,2003;李晓强,2004;王建新,2005 等)。然而,会计制度变迁是一个持续和渐进的过程,会计改革具有路径依赖,一个制度,一次改革的效果可能不一定立即显现。从较长时间段来考察中国会计改革的效果,将比较有意义,更能发现会计制度变迁中的规律和特征。因此,我们选取 1998—2008 年数据,把时段分析和年度分析相结合,深入考察会计制度变迁对会计信息价值相关性的影响机制和规律。

在研究模型的选择方面,价格模型和报酬模型是会计信息价值相关性研究中普遍使用的两个成熟模型,Kothari 和 Zimmerman(1995)指出,虽然价格模型估计的斜率和盈余反应系数具有较小偏误,但是价格模型可能存在异方差或模型设定偏误等计量经济学问题;报酬模型相比于价格模型具有较轻微的计量经济学问题,在一些研究背景下联合运用价格模型和报酬模型将更为有用。因此,我们将同时使用报酬模型和价格模型进行研究。此外,与以往的研究一般采用年度截面回归不同,我们在报酬模型中,按照会计制度执行的时间段来划分期间,采用面板数据(panal data)估计方法来进行估计。而在价格模型中,则采用分年度估计,并参考 Gu(2007),Barth 等(2008)的处理方法,首先将股价与行业、规模等控制变量进行回归,然后将第一步回归所得的残差与会计数据进行回归,最后得出回归的 R^2 作为价值相关性的衡量指标。综合运用的估计方法更加严谨,对会计改革效果的检验更加有效。

第二节　来自报酬模型的证据

一、样本选择与数据来源

本节研究是为了对会计制度改革进行一个较长时期的考察,包括对 1998 年执行的《股份有限公司会计制度》、2001 年实施的《企业会计制度》,还有 2007 年开始执行的新会计准则的效果进行检验。因此,本节样本期间为 1998—2008 年,研究样本筛选过程如下:

(1) 由于金融行业的特殊性,剔除金融行业样本公司。

(2) 剔除同时发行 B 股或 H 股的上市公司,因为 AB 股和 AH 股公司通常面临境内外双重监管环境和投资者群体,会计信息市场反应可能与仅发 A 股的上市公司不同。

(3) 为了控制异常财务状况的影响,剔除所有 ST 公司。

(4) 剔除财务数据缺失及净资产为负的样本公司。

按照上述程序筛选后,最终得到了 9 870 个公司年观测值,样本的年度和行业分布如表 4-1 所示。本节的财务数据、市场交易数据、股票收益数据主要来自锐思(RESSET)金融研究数据库,并以国泰安

CSMAR 数据库和 Wind 数据库作为补充和核对。本节数据整理采用 SAS9.1 和 Exel 2007,统计分析采用 Stata 10.1 软件。

表 4-1　研究样本的行业和年度分布

年度 行业	1998	1999	2000	2001	2002	2003	2004	2005	2006	2007	2008	合计
A	9	10	9	16	18	18	22	24	22	23	28	199
B	3	8	8	11	16	17	21	19	18	19	32	172
C	266	313	308	466	511	554	592	638	529	611	761	5 549
D	26	27	23	40	45	48	50	56	49	52	57	473
E	7	8	14	13	15	20	25	25	22	25	34	203
F	20	22	19	36	38	43	47	50	40	46	58	419
G	36	37	36	40	45	51	60	64	51	63	76	559
H	56	57	57	68	71	74	73	73	65	73	74	741
J	41	43	42	59	60	59	64	60	53	57	63	601
K	19	20	19	28	31	32	33	33	30	33	39	317
L	5	5	4	7	7	7	7	8	7	7	10	74
M	46	46	41	53	55	56	55	57	45	54	55	563
合计	534	596	575	837	912	979	1 049	1 107	931	1 063	1 287	9 870

注:纵列中,A 表示农、林、牧、渔业;B 表示采掘业;C 表示制造业;D 表示电力、煤气及水的生产和供应业;E 表示建筑业;F 表示交通运输、仓储业;G 表示信息技术业;H 表示批发和零售贸易;J 表示房地产业;K 表示社会服务业;L 表示传播与文化产业;M 表示综合类,上市公司行业类型来自中国证监会 2001 年颁布的《上市公司行业分类指引》。

二、研究设计

(一)基本模型和变量设计

本节参照 Warfield 等(1992)、Fan 和 Wong(2002)、Francis 和 Shippers(1999)、王跃堂等(2001)、修宗峰(2009)的思路,将报酬模型设定如下:

$$car_{it} = \alpha_0 + \alpha_1 eps_{it} + \alpha_2 size_{it} + \alpha_3 rshr_{it} + \alpha_4 growth_{it} + \alpha_6 lev_{it} + \beta_j \sum_j contrl_j + \varepsilon_{it}$$

式中,各变量的含义及构造如下。

1. 因变量

car_{it} 表示 i 公司第 t 年股票年累积超常收益,根据研究中通常做法,car_{it} 的计算以 t 年 5 月至 $t+1$ 年 4 月为一个完整会计年度,其计算公式为：

$$car_{it} = \sum_{t=-8}^{4}(R_{it} - R_{mt})$$

其中，R_{it} 为考虑现金红利再投资的月个股收益率，R_{mt} 为按照考虑现金红利再投资的总市值加权平均法计算的月市场收益率。

2. 解释变量

eps_{it} 表示 i 公司 t 年的基本每股收益，按照研究惯例，每股收益使用期初股价（$t-1$ 年 4 月 30 日股价）进行平减（deflator）处理；$size_{it}$ 表示上市公司规模变量，用年末总资产的自然对数来衡量；$rshr_{it}$ 表示期末流通股占总股本的比例，截止日期与计算应变量 car_{it} 的终止日期相同；$growth_{it}$ 表示上市公司的成长性指标，以 4 月 30 日的总市值除以年末净资产账面价值表示；lev_{it} 表示财务杠杆，等于年末资产负债率；$contrl_j$ 表示控制变量族，由 12 个行业类型和 3 个改革年份的哑变量构成。

eps_{it} 作为主要的检验变量，其系数反映了市场对会计盈余信息的反应程度，如果会计改革确实带来了会计信息质量的提高，而投资者是理性的，那么可以预期 eps_{it} 的系数在 3 个改革期间段将呈现出逐渐上升的趋势。

（二）研究技术路线

为了检验整个时间段内是否存在重大的结构性变化，本节使用了 Chow 检验加以验证，以观察 1998—2000 年、2001—2006 年，以及 2007—2008 年这 3 个时段上是否存在相应的价值相关性的结构性变化。如果不存在重大的结构性改变，那就会直接否决我们的总体研究思路，即会计制度变迁没有产生重要影响；反之，就为我们检验会计制度变迁对会计信息价值相关性的分析提供了一个有价值的思路：通过以同一类型的计量模型分别检验不同的时间段，并科学合理地设定报酬计量模型和回归方法，在各个时区内分别加以论证，进而通过不同时区的计量分析结果，以及与总体的回归结果加以比照与验证，特别是通过关键变量的系数估计值水平进行比较，这样可以剥离出会计改革、会计制度变迁对价值相关性的影响，并观察到相应的制度变革的影响轨迹与趋势，从而述列我们的研究目标。

表 4-2　Chow 检验结果

	观测值数(N)	df(K)	AIC	BIC
1998—2008 总体区间	9 870	6	7 793.75	7 836.93
1998—2000	1 709	6	1 119.06	1 151.72
2001—2006	5 811	6	4 379.92	4 419.933
2007—2008	2 350	6	1 815.65	1 850.23
Chow 检验的极大似然比结果	LR chi2(21) = 503.10 *** Prob > chi2 = 0.000 0			

表 4-2 报告了相应的 Chow 检验结果,其中,K 表示自由度,N 表示观测值数,AIC 和 BIC 分别表示赤池信息量和贝叶斯信息量。检验的原假说为 $H0$：$\beta_{总体} = \beta_1 = \beta_2 = \beta_3$,从统计推断结果来看,这一假说被显著拒绝,这就说明,中国的会计制度变革是具有阶跃现象、存在不同结构性变化的制度变迁过程,这就为前文提出的分析思路提供了相应依据。

58

进而,在明确了总体的分析思路和技术路线之后,还需要在研究方法上加以谨慎处理。前文已经明确,现有实证研究中关注的重点仍然是由于省略变量或遗漏变量所可能产生的计量偏误问题,即由于没有加入适当的控制变量,潜在的内生性问题会使得系数估计值很难满足有效性和一致性要求,因此现有研究非常重视计量模型中的控制变量设定问题。通常,报酬模型中的行业类型、改革年份的哑变量,以及公司成长性、规模、股权结构和流通股比例都是非常重要的控制变量,我们也遵照这一思路。

但是,现有研究所采用的年度截面分析思路,可能会忽略了样本面板中具有的异方差和序列相关问题,以及由此导致的回归结果的偏误。异方差和序列相关将会对系数估计值的一致性与有效性产生严重影响,特别是由于报酬模型中关键变量的系数估计值是主要研究对象和依据,忽视异方差的 OLS 估计,将会是一个有偏误的估计量,既可能被高估也可能被低估;而忽视异方差使用惯常的检验程序,则无论得出什么结论或作出什么推断,都可能有严重的误导(伍德里奇,2007)。为此,我们进行了异方差和自相关检验,从而为相应的计量分析方法与实证研究思路的优化提供佐证。

表 4-3　样本异方差检验结果

1998—2008 年	1998—2000 年	2001—2006 年	2007—2008 年
chi2(1 217)=38 068.71	chi2(581)=1.2e+06	chi2(1 112)=6.8e+23	chi2(1 017)=2.8e+10
Prob>chi2=0.000 0	Prob>chi2=0.000 0	Prob>chi2=0.000 0	Prob>chi2=0.000 0

$H0$：sigma(i)^2 = sigma^2 for all i

表 4-3 报告了总体时间区间内,以及 3 个时间段上面板样本的异方差情况,由于面板样本的特殊性,这里采用了针对 group wise heteroskedasticity 的 modified Wald statistic (Greene,2000)。其中,chi2 表示卡方统计量值,括号内数字为自由度,其原假说为不存在异方差现象,即样本面板中的不同组别之间为同方差。结果表明,这一假说被显著拒绝,不管是总体时区,还是 3 个会计制度时段,都存在显著的异方差问题,具有各自不同的异质性特征。这就意味着在采用同一性质的计量分析思路的总体思路下,还需要谨慎处理相应的异方差问题,以便获得更具统计性质意义的估计结果。

除了面板样本中的异方差问题,还有一个棘手问题在于时间序列的自相关方面。表 4-4 报告了 idiosyncratic 误差条件下针对总体面板样本序列自相关的 Wooldridge 检验结果及相应的一阶差分线性模型估计结果(Wooldridge,2002;Drukker,2003)。检验的原假说为不存在面板一阶自相关问题,检验结果表明,拒绝了面板样本不存在一阶自相关假说,这就要求针对总体时间区间内的计量回归分析中需要控制相应影响。

表 4-4　总体面板样本的伍德里奇自相关检验结果

变　量	D1. CAR		
	Coef.	Std. Err	t 统计值
D1. eps	1.031	0.191	6.32
D1. size	−0.095	0.024	−3.90
D1. growth	−0.015	0.000 5	−1.50
D1. lev	−0.148	0.022	−0.66
D1. rshr	−0.054	0.044	−1.20

（续表）

变　量	D1. CAR		
	Coef.	Std. Err	t 统计值
观测值数	8 369		
F-statistics	$F(6, 1211) = 16.75^{***}$ Prob$>$F$=0.000$		
R-square	0.015 8		
Root MSE	0.553		
Wooldridge test for autocorrelation in panel data	$F(1, 1164) = 18.447$ Prob$>$F$=0.000$		

注：前缀 $D1$ 表示一阶差分后的变量。$H0$：no first-order autocorrelation

为了判别不同时间区间内的序列性质，并为相应的计量模型设定与选取提供依据，我们还针对 3 个时段的子样本分别进行了自相关检验（见表 4-5），可以发现不同的时段具有差异（由于 2007—2008 年这个区间过短，省略了自相关检验）。

表 4-5　不同时间区间内面板样本的伍德里奇自相关检验结果

1998—2000 年	2001—2006 年
$F(1, 428) = 19.370$	$F(1, 1014) = 0.095$
Prob$>$F $= 0.000 0$	Prob $>$ F $= 0.757 7$

$H0$：no first-order autocorrelation

与总体时区内相同，检验拒绝 1998—2000 年这一时段内的面板样本不存在一阶自相关，而 2001—2006 年时段内却不然。检验结果表明，这个时段内不能拒绝不存在一阶自相关假说，这使得在设计相应计量分析模型时的条件大为放松。

因此，针对样本中普遍存在的异方差和（一阶）自相关现象，我们需要在回归方法上加以革新。现有研究中普遍使用截面，或者是 pooling 型数据的 OLS 估计，这种回归方法只能是在同方差条件下才能得到有效、一致和无偏的估计结果。对于样本中一阶自相关现象，截面的 OLS 分析更是无能为力。为此，现有研究一般采用添加一个诸如 eps 滞后期，或者 Δeps 的解释变量，以捕捉报酬模型在时间序列上的动态效应。但是，也有研究认为，这一做法不仅无益于显著提高计量模型的总体效果（从表 4-4 也可以看出，样本中所存在的一阶自相关效应，不仅来自变量 eps，控制变量 size，乃至残差项都存在显著的一阶滞后相关现象），反而可能会加剧模型的多重共线性（修宗峰，2009），进一步违反了经典 OLS 估计的假说前提。为了解决这一潜在问题,我们没有采用直接添加 *eps* 滞后期变量的做法,而是通过面板数据下控制异方差和一阶自相关后的广义加权估计方法来展开分析,同时,辅之以面板数据的固定效应和随机效应模型来加以佐证。

（三）变量的描述性统计

主要变量的描述性统计如表 4-6 所示。表 4-7 给出了各主要变量在总体,乃至各个时间段内的 Pearson 相关系数检验。在这里,我们使用了调整后的 Bonferroni 置信水平来检验相关性的显著性程度。

表 4-6 报酬模型主要变量的描述性统计

区间	变量名	均值	标准差	最小值	最大值
总体 1998—2008 年 (9 870)	*car*	0.073 7	0.370 0	−1.288 1	3.533 7
	eps	0.015	0.031 8	−0.545 9	0.283 6
	size	21.255 2	1.017 9	17.49	27.809
	lev	0.468 1	0.181 7	0.008 1	0.996 3
	growth	4.165 4	14.607 6	0	107.832
	rshr	0.544 5	0.311 1	0.020 4	1
1998—2000 年 (1 709)	*car*	0.088 3	0.337 0	−0.984 6	2.082 3
	eps	0.023 4	0.025 6	−0.296 3	0.283 6
	size	20.825 3	0.837	18.66	23.659
	lev	0.418 7	0.173 3	0.009	0.978 1
	growth	5.525	5.652	0	107.832
	rshr	0.32	0.126 5	0.020 4	1
2001—2006 年 (5 811)	*car*	0.024 8	0.369 3	−1.288 1	3.533 7
	eps	0.014 5	0.035 8	−0.545 9	0.218 9
	size	21.248	0.947 7	17.496 5	27.111
	lev	0.474 4	0.182	0.008 1	0.996 3
	growth	3.832 8	18.932	0	65.557
	rshr	0.432 7	0.221 8	0.035 3	1
2007—2008 年 (2 350)	*car*	0.183 2	0.456 5	−1.013 6	2.651 7
	eps	0.009 9	0.023 2	−0.290 8	0.140 7
	size	21.605 6	1.164 9	18.826 6	27.809
	lev	0.491 4	0.180 6	0.018 2	0.973
	growth	3.897 9	3.071	0	97.96
	rshr	0.991 7	0.072 1	0.190 2	1

表 4-7　报酬率模型变量的 Pearson 相关系数检验

区间		*car*	*eps*	*size*	*lev*	*growth*
1998—2008 年（9 870）	*eps*	0.114 9 ***				
	size	0.030 8	0.192 4 ***			
	lev	0.039 ***	−0.196 3 ***	0.250 3 ***		
	growth	0.110 6 ***	−0.049 7 ***	−0.106 8 ***	0.097 1 ***	
	rshr	0.163 8 ***	−0.060 9 ***	0.200 6 ***	0.106 4 ***	−0.007 9
1998—2000 年（1 709）	*eps*	−0.033 5				
	size	−0.183 9 ***	0.208 4 ***			
	lev	0.026 9 ***	−0.255 1 ***	0.183 2 ***		
	growth	0.239 5 ***	−0.256 3 ***	−0.315 6 ***	0.251 8 ***	
	rshr	0.042 ***	0.068 3	−0.200 5 ***	0.013 9 ***	0.038 9
2001—2006 年（5 811）	*eps*	0.164 4 ***				
	size	0.101 7 ***	0.278 4 ***			
	lev	0.031 6	−0.173 5 ***	0.194 4 ***		
	growth	0.105 9 ***	−0.046 1 ***	−0.095 6 ***	0.111 0 ***	
	rshr	0.113 5 ***	0.037 1	0.065 5 ***	0.081 4 ***	0.010 8
2007—2008 年（2 350）	*eps*	0.113 3 ***				
	size	−0.051 8	0.156 5 ***			
	lev	0.048 7	−0.174 3 ***	0.32 ***		
	growth	0.352 7 ***	−0.077 3 ***	−0.229 3 ***	0.064 4 ***	
	rshr	0.026 7	0.039 5	0.044	−0.031 ***	0.005 5

注：*，**，*** 分别表示在 10%，5%和 1%水平上显著。

　　从总体乃至各个分时区间的情况来看，各个变量之间存在着稳定、显著的相关关系，但是远未达到高度相关水平，这为相应的计量模型设定提供了依据。同时，作为我们最为关心的变量 *eps*，可以发现其在不同的时间段有着不一样的性质。与 2001—2006 年、2007—2008 年间相比，1998—2000 年间，变量 *eps* 与变量 *car* 的相关性程度没有通过显著性检验，同时，3 个时段内变量之间的相关性程度也有所变化，这预示着报酬模型的计量结果可能具有不一样的分时效应，应当引起重视。

三、实证结果

（一）会计改革的整体效果

表4-8报告了总体区间上(1998—2008年)的报酬模型估计结果，由于Hausman检验显著，拒绝了原假说，因此，在固定效应模型和随机效应模型的估计结果中，应该更加重视固定效应模型的估计结果(回归三)。同时，由于普遍存在的异方差和(一阶)自相关问题，应该重点关注控制了异方差和自相关后的广义最小二乘(GLS)估计结果(回归二)。

从总体情况来看，模型的设立与回归结果令人满意，四种回归模型中系数估计值水平较为稳定，具有一致的性质。各主要变量的回归结果也符合理论预期。从结果来看，控制了行业和改革年份其他影响因素以后，eps 的回归系数为1.17，在1‰的水平显著，这与理论预期一致，说明从总体上来看，会计盈余信息对股票回报有较强的解释能力，会计信息具有决策有用性。规模变量 $size$ 和成长性 $growth$ 系数分别为0.012 2和0.002 2，虽然显著为正，但是系数较小，因此，从总体上来看，企业规模和成长性指标对股票收益的解释能力不强。而流通股比率 $rshr$ 系数为0.305 3，在1‰的水平显著，说明流通股比例对股票收益有较强的解释能力，这与陈信元等(2001)的发现一致。

（二）1998年《股份有限公司会计制度》改革效果分析

表4-9汇报了1998—2000年时间段内，《股份有限公司会计制度》实施以后，会计信息价值相关性的检验结果。在控制了行业和年度变量以后，无论是从控制了异方差的GLS估计，还是控制了异方差、自相关的GLS估计来看，eps 的系数分别为0.329 8和0.313 5，虽然都为正，但是却不显著。由前述的自相关检验可知，该时段变量存在自相关，因此，对这个时段数据的检验，主要关注回归二，控制了异方差和自相关的GLS估计结果。规模变量 $size$ 的估计系数为 $-0.069\,4$，在1‰的水平显著，成长性衡量指标 $growth$ 的估计系数为 $-0.003\,9$，在1‰的水平显著，资本结构衡量指标 lev 和流通股比例 $rshr$ 的估计系数分别为0.081 3和0.109 3，都在5‰的水平显著。常数项的估计系数最高，为1.375 8，在1‰的水平上显著。从检验结果来看，这一时间段，会计盈余对股票回报没有解释能力。

表 4-8　总体时间区间(1998—2008 年)的回归结果

变量	预期符号	回归一 控制了异方差的 GLS 估计	回归二 控制了异方差、自相关的 GLS 估计	回归三 固定效应模型	回归四 随机效应模型
eps	+	1.222 4 *** (18.87)	1.17 *** (18.09)	1.053 5 *** (14.50)	1.091 1 *** (14.53)
size	?	0.001 7 *** (3.64)	0.012 2 *** (3.79)	−0.003 3 (−0.89)	0.002 1 (0.58)
growth	?	0.002 3 *** (10.09)	0.002 2 *** (9.75)	−0.001 9 *** (−9.09)	0.002 4 *** (11.28)
lev	?	−0.01 ** (−2.19)	−0.01 ** (−2.19)	−0.006 4 (−1.12)	−0.010 9 * (−1.84)
rshr	?	0.325 9 *** (25.83)	0.305 3 *** (22.69)	−0.169 6 *** (−7.33)	0.303 1 *** (21.93)
Year1998	?	0.147 7 *** (10.59)	0.145 5 *** (9.55)	—	0.109 7 *** (6.76)
Year2001	?	0.057 1 *** (7.58)	0.055 4 *** (6.72)	—	0.022 6 * (1.72)
Year2007	?	−0.145 7 *** (−10.26)	−0.135 *** (−8.65)	—	−0.160 1 *** (−11.86)
常数项	?	−0.56 *** (−5.36)	−0.55 *** (−5.28)	0.041 1 (0.31)	−0.27 * (−1.98)
行业		控制	控制	控制	控制
观测值数		9 870	9 870	9 870	9 870
Hausman 检验				chi2(17)=526.48	
F-statistics				F(17, 10 198)=25.54	
F-statistics that all u_i=0		·		F(10, 10 198)=85.75	
Wald Chi2		chi2(20)=1 405.08	chi2(20)=1 182.65		chi2(20)=953.6
adjusited R-square				within=0.040 8 between=0.209 2 overall=0.002 7	Within=0.015 2 Between=0.817 5 Overall=0.085 5

注:表中括号内的数字为 t 或 z 统计量值,*,**,*** 分别表示在 10%,5% 和 1% 水平上显著。

表 4-9 《股份有限公司会计制度》的改革效果检验(分时段 1998—2000 年)

变量	预期符号	回归一 控制了异方差的 GLS 估计	回归二 控制了异方差、自相关的 GLS 估计	回归三 固定效应模型	回归四 随机效应模型
eps	+	0.329 8 (1.17)	0.313 5 (1.11)	−0.068 (−0.23)	−0.058 4 (−0.20)
size	?	−0.069 4 *** (−6.90)	−0.069 4 *** (−6.9)	−0.064 *** (−5.97)	−0.066 2 *** (−6.26)
growth	?	0.003 9 *** (5.29)	−0.003 9 *** (5.29)	0.004 4 *** (5.48)	0.004 2 *** (5.3)
lev	?	0.081 5 ** (2.05)	0.081 3 ** (2.05)	0.033 7 (0.80)	0.029 3 (0.70)
rshr	?	0.108 5 ** (1.96)	0.109 3 ** (1.98)	0.111 6 ** (1.89)	0.104 5 * (1.79)
常数项	?	1.378 2 *** (5.62)	1.375 8 *** (5.61)	1.303 4 *** (5.00)	1.358 5 *** (5.28)
改革年哑变量		控制	控制	控制	控制
行业类型		控制	控制	控制	控制
观测值数		1 709	1 709	1 709	1 709
Hausman 检验				chi2(17)=5.09	
F-statistics				F(17, 1 812)=7.54	
F-statistics that all u_i=0				F(2, 1 812) = 2.38	
Wald Chi2		chi2(18)=135.72	chi2(18)=136.03		chi2(17)=127.09
adjusited R-square				within=0.066 1 between=0.890 4 overall=0.065 4	Within=0.066 Between=0.644 4 Overall=0.065 5

注:表中括号内的数字为 t 或 z 统计量值,*,**,*** 分别表示在 10%,5%和 1%的水平上显著。

这一结果也能从针对同一时期的大量研究中得到佐证。刘峰等(2004)对 1995—2002 年财务报告的价值相关性分年度回归研究中,也发现会计盈余对股票回报的系数在 1998—2000 年之间不显著,而且模型的 R^2 在 2000 年达到最低点。刘峰等(2004)分析,认为会计信息质量不仅受到会计准则影响,还受到外部机会、法律风险等制度环境因素影响,并认为会计准则在其中的影响要低于法律风险,认为法律风险缺失导致会计准则的改进并不能很好地反映到会计信息质量上。王跃堂等(2001)对自愿执行三大减值准备政策的公司会计盈余价值相关性进行检验的结果也发现,《股份有限公司会计制度》未能显著提高会计信息质量,作者认为这是由于我国证券市场效率不高和会计政策执行机制失效,使得《股份有限公司会计制度》的效果未能发挥。

我们分析认为,这一时间段内,会计盈余信息缺乏价值相关性的一个因素,也可能是这一期间上市公司会计造假和舞弊严重,特别是出现了一些上市公司弄虚作假、发布虚假信息、编造虚假财务报告欺骗投资者现象,这一时期曝光的诸如琼民源、红光实业、东方锅炉、郑百文、银广夏等上市公司造假案件,影响恶劣,极大地打击了投资者的信心,使得公众对会计报表的信任度降低。

(三) 2001 年《企业会计制度》改革效果

表 4-10 《企业会计制度》改革效果检验(分时段 2001—2006 年)

变量	预期符号	回归一 控制了异方差的 GLS 估计	回归二 控制了异方差、自相关的 GLS 估计	回归三 固定效应模型	回归四 随机效应模型
eps	+	1.132 7 *** (17.02)	1.098 2 *** (16.49)	1.015 1 *** (13.08)	1.053 7 *** (12.85)
size	?	0.041 3 *** (10.57)	0.040 5 *** (10.36)	0.028 8 *** (5.82)	0.032 7 *** (6.29)
growth	?	0.001 3 *** (5.85)	0.001 2 *** (5.71)	0.001 3 *** (6.30)	0.001 9 *** (8.49)
lev	?	−0.002 3 (−0.53)	−0.003 1 (−0.69)	−0.002 9 (−0.51)	−0.004 7 (−0.78)
rshr	?	0.028 (1.28)	0.014 5 (0.65)	−0.251 1 *** (−9.69)	−0.150 9 *** (7.15)
常数项	?	−1.226 4 *** (−9.60)	−1.201 4 *** (−9.45)	−0.822 8 *** (−4.04)	−1.024 8 *** (−4.79)
行业类型		控制	控制	控制	控制
改革年哑变量		控制	控制	控制	控制
观测值数		5 811	5 811	5 811	5 811

变量	回归一	回归二	回归三	回归四
	控制了异方差的 GLS 估计	控制了异方差、自相关的 GLS 估计	固定效应模型	随机效应模型
Hausman 检验			chi2(17)＝704.1	
F-statistics			F(17, 6 002)＝26.88	
F-statistics that all u_i＝0			F(5, 6 002)＝140.64	
Wald Chi2	chi2(18)＝868.43	chi2(18)＝796.13		chi2(18)＝448.65
adjusted R-square			within＝0.070 8 between＝0.854 7 overall＝0.023 5	Within＝0.037 8 Between＝0.837 3 Overall＝0.069 5

注:表中括号内的数字为 t 或 z 统计量值,*,**,*** 分别表示在 10%,5% 和 1% 的水平上显著。

表 4-10 提供了 2001 年开始执行的《企业会计制度》的变革效果的检验。回归一使用的是控制了异方差的 GLS 估计,回归二是控制了异方差和自相关的 GLS 估计,回归三和回归四分别是固定效应模型和随机效应模型的估计结果。从检验结果可以看出,无论使用哪一种回归方法,eps 的系数都较前一阶段大幅度提高,并且都在 1% 水平上显著。由前述的检验可知,这一阶段的样本通过了不存在自相关问题的检验,所以我们重点关注回归一控制了异方差 GLS 估计结果,在该估计方法下,控制了行业和时间因素以后,eps 系数为 1.132 7,在 1% 水平上显著,规模变量 $size$ 和成长性指标 $growth$ 的系数分别为 0.041 3 和 0.001 3,都在 1% 水平上显著。这说明《企业会计制度》中针对债务重组、非货币性交易和以"放弃非现金资产"的方式取得的长期股权投资等业务的处理,尽量回避"公允价值"计价,改按账面价值入账的改革政策,发挥了遏制资本市场中利用债务重组、资产置换、相互参股等包装上市的违法、违规行为,有效提高了会计信息质量,使得这一时期会计盈余的价值相关性大幅度提高。检验结果也印证了刘玉廷(2001)、黄世忠和刘维(2001)等对《企业会计制度》提高会计信息质量的理论分析和预期。

（四）2007 年新会计准则的效果分析

表 4-11 提供了 2007 年开始执行新会计准则的变革效果的检验。

回归一采用的是控制了异方差的 GLS 估计,回归二采用的是控制了异方差和自相关的 GLS 估计,回归三和回归四分别采用的是固定效应模型和随机效应模型的估计结果。从检验结果可以看出,eps 的估计系数在四种估计方法下分别为 1.694 3,1.637 1,1.697 7 和 2.398,都在 1% 水平上显著。无论采用哪一种回归方法,eps 的系数都较前一阶段大幅度提高,达到所有期间段的最高水平,说明新会计准则的执行,提高了上市公司的会计信息质量,使得会计盈余信息更加具有价值相关性,这与薛爽等(2008)、罗婷等(2008)、吴水澎和徐丽莎(2008)等研究的检验结果一致。成长性指标 $growth$ 的系数也较前几个阶段大幅度提高,而且四种方法下都在 1% 水平上显著为正,说明新会计准则执行以后,公司未来的盈利能力即公司的成长性,也开始成为投资者作出决策的重要参考,赵慧芳(2009)的研究也证实了成长性具有正的价值相关性。公司股权结构的代理变量 lev 的估计系数在四种估计方法下分别为 0.131 8,0.131 7,0.131 5 和 0.141 6,都在 1% 水平上显著,财务杠杆高的公司,股票的回报率也越高。

表 4-11　新会计准则改革效果检验(分时段 2007—2008 年)

变量	预期符号	回归一 控制了异方差的 GLS 估计	回归二 控制了异方差、自相关的 GLS 估计	回归三 固定效应模型	回归四 随机效应模型
eps	+	1.694 3 *** (5.96)	1.637 1 *** (5.79)	1.697 7 *** (5.60)	2.398 *** (7.30)
$size$	?	−0.022 5 *** (−3.43)	0.022 *** (−3.35)	−0.012 6 * (−1.88)	−0.019 2 *** (−2.62)
$growth$	?	0.050 6 *** (19.18)	0.050 5 *** (19.19)	0.051 5 *** (19.97)	0.043 *** (15.5)
lev	?	0.131 8 *** (3.23)	0.131 7 *** (3.24)	0.131 5 *** (3.15)	0.141 6 *** (3.11)
$rshr$	?	−0.067 5 (−0.69)	−0.071 6 (−0.73)	−0.065 9 (−0.72)	0.12 (1.2)
常数项	?	0.213 5 (1.18)	0.209 6 (1.15)	0.157 1 (0.87)	0.145 9 (0.74)
行业类型		控制	控制	控制	控制

（续表）

改革年哑变量	控制	控制	控制	控制
观测值数	2 350	2 350	2 350	2 350
Hausman 检验			chi2(16)=−167.93	
F-statistics			F(16，2 351)=33.11	
F-statistics that all u_i=0			F(1，2 351)=439.19	
Wald Chi2	chi2(17)=868.31	chi2(17)=824.33		chi2(16)=376.40
adjusted R-square			within=0.183 9 between=1.000 overall=0.132 8	Within=0.177 2 Between=1.000 Overall=0.138 0

注：表中括号内的数字为 t 或 z 统计量值，*，**，*** 分别表示在 10％，5％和 1％的水平上显著。

四、进一步分析

在上述分析基础上，围绕前文所提出的三个研究内容，我们对此展开进一步分析。

通过表 4-8 到表 4-11 中变量 eps 的系数估计值，可以发现一个显著的经验事实，虽然各个改革阶段的特征不一定相同，但是从上期来看，会计制度改革显著提高了会计信息的价值相关性。

为了便于观察，我们将表 4-9 到表 4-10 中关于 eps 的系数估计值加以汇总，用图 4-1 表示。可以看出，变量 eps 的系数估计值水平逐步提高，修正的 GLS 估计中，系数估计值水平从 1998—2001 年间的 0.313 5 上升到 2007—2008 年间的 1.637 1，这已经高于总体时间区间内的 1.17 估计值水平。

同时，系数估计值本身的显著性程度也得到了显著提高。在 1998—2000 年间，不管是基于 GLS 估计方法，还是基于固定效应随机效应估计方法来看，变量 eps 的系数都不显著，而 2007—2008 年间无论在何种估计方法下，都达到了 1％的显著性水平。这些都从不同层面说明了一个显著事实：即会计制度改革显著提高了会计信息的价值相关性。

那么，随之而来的一个问题是，这一结论稳健吗？尽管我们在技术路线、研究方法上进行了慎重考虑，但是，能否在价格理论模型体系中得到进一步的证实？这将在本章第三节展开。

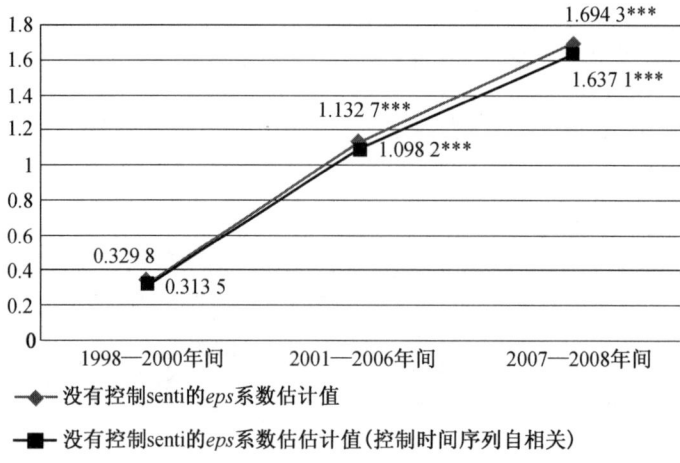

图 4-1 报酬模型 *eps* 的系数估计值汇总

第三节 来自价格模型的证据

一、样本选择与数据来源

本节将采用价格模型对 1998—2008 年间会计信息价值相关性的变化进行分年度考察,选取 A 股公司 1998—2008 年的财务数据,股票回报、股价等市场数据的时间段为 1998—2009 年。研究样本筛选过程如下:

(1) 由于金融行业的特殊性,剔除金融行业样本公司。

(2) 剔除同时发行 B 股或 H 股的上市公司,因为 AB 股和 AH 股公司通常面临境内外双重监管环境和投资者群体,会计信息市场反应可能与仅发 A 股的上市公司不同。

表 4-12 研究样本的行业和年度分布

年度 行业	1998	1999	2000	2001	2002	2003	2004	2005	2006	2007	2008	合计
A	11	14	14	20	21	21	25	24	23	27	29	229
B	6	8	11	13	17	17	17	19	19	23	34	184
C	306	360	414	482	513	522	520	522	601	635	779	5 654
D	33	30	33	43	47	47	50	49	52	57	58	499

（续表）

年度\行业	1998	1999	2000	2001	2002	2003	2004	2005	2006	2007	2008	合计
E	9	13	16	17	17	21	24	22	24	31	35	229
F	22	23	29	38	41	44	49	41	46	55	59	447
G	29	30	28	35	41	52	64	52	62	70	78	541
H	64	66	65	73	75	74	72	65	73	72	78	777
J	47	50	55	55	62	52	53	54	57	61	70	616
K	21	22	25	31	31	33	32	31	33	34	42	335
L	6	6	6	8	7	7	8	7	8	8	11	83
M	57	62	59	62	61	58	59	46	54	56	58	632
合计	611	684	755	877	933	949	973	932	1 052	1 129	1 331	10 226

注：纵列中，A 表示农、林、牧、渔业；B 表示采掘业；C 表示制造业；D 表示电力、煤气及水的生产和供应业；E 表示建筑业；F 表示交通运输、仓储业；G 表示信息技术业；H 表示批发和零售贸易；J 表示房地产业；K 表示社会服务业；L 表示传播与文化产业；M 表示综合类，上市公司行业类型来自中国证监会 2001 年颁布的《上市公司行业分类指引》。

（3）为了控制异常财务状况的影响，剔除所有 ST 公司。

（4）剔除财务数据缺失以及净资产为负的样本公司。

按照上述程序筛选后，最终得到了 10 226 个公司年观测值，样本的年度和行业分布如表 4-12 所示。本节的财务数据、市场交易数据、股票收益数据主要来自锐思（RESSET）金融研究数据库，并以国泰安 CSMAR 数据库和 Wind 数据库作为补充和核对。本节数据整理采用 SAS9.1 和 Exel 2007，统计分析采用 Stata 10.1 软件。

二、研究方法与思路

（一）基本模型和指标说明

目前在价值相关性研究中，普遍存在通过直接比较不同年度会计数据与股票价格回归方程拟合优度 R^2 的大小来衡量价值相关性变化趋势。很多学者研究指出了该方法存在的计量问题，通过将 R^2 从统计指标构成上分解，发现 R^2 受到残差异方差（Heteroscedasticity）和样本的规模效应[1]（scale effect）的影响，从而导致其变化并不一定是由于会

---

① 此处所指的规模效应（scale effect）并不是简单指公司规模大小的影响，而是对样本中众多无法观察的导致样本发生变化的因素的总称，具体讨论可参见 Brown 等（1999）、Gu（2007）等人的分析。

计信息价值相关性的变化导致（Easton，1998；Brown 等，1999；Chang，1999 等），而 Gu(2007)还提出使用回归残差作为价值相关性测度指标[1]。针对该问题，Barth 等(2008)在研究 21 个国家的公司采纳 IAS 对会计信息质量影响时，对价值相关性指标的衡量采用了两步回归法，即第一步使用股价与国家和行业进行固定效应回归，然后将第一步回归的残差记为 P^*，再将 P^* 与每股收益和每股净资产回归得到的调整 R^2 来衡量价值相关性。

参考 Gu(2007)和 Barth 等(2008)的方法，我们的研究也采用两步回归的方法来检验会计信息的价值相关性。在总体样本区间内（1998—2008 年），价格模型的形式设置如下：

$$p_{it} = \alpha_0 + \alpha_1 size_{it} + \alpha_2 rshr_{it} + \alpha_3 lev_{it} + \delta_j \sum_j contrl_j + residu_{it}$$

$$residu_{it} = \beta_0 + \beta_1 eps_{it} + \beta_2 bps_{it} + \varepsilon_{it}$$

其中，p_{it} 为 $t+1$ 年 4 月末的股价，根据惯例，以 t 年的财务数据对应 $t+1$ 年的股价；$size_{it}$ 表示上市公司规模变量，用年末总资产的自然对数来衡量；$rshr_{it}$ 表示期末流通股占总股本的比例，截止日期与计算 p_{it} 的终止日期相同；lev_{it} 表示财务杠杆，等于年末资产负债率；$contrl_j$ 表示控制变量族，由 12 个行业类型和 3 个改革年份的哑变量构成；$residu_{it}$ 为第一步回归得到的残差，表示价格中未能由每股收益和每股净资产之外的其他因素解释的部分；eps_{it} 表示 i 公司 t 年的基本每股收益；bps_{it} 表示 i 公司 t 年每股净资产。

那么，在分年度回归中，对于某一特定年度 t，价格模型的基本形式则变换为：

$$p_i = \alpha_0 + \alpha_1 size_i + \alpha_2 rshr_i + \alpha_3 lev_i + \delta_j \sum_j contrl_j + residu_i$$

$$residu_i = \beta_0 + \beta_1 eps_i + \beta_2 bps_i + \varepsilon_i$$

其中，各变量的含义与总体样本区间变量含义相同。

---

[1]　Gu(2007)研究详细论述了用回归残差的方差(residual variance)来做构建新指标的基础，认为残差的离散(residual dispersions)程度可以说明价格中有多少成分未能够由会计变量来反映和解释，并将之定义为新指标，称为价格噪音(pricing errors)，该研究还进一步对其采用一系列的计量方法进行处理和变换，使价格噪音变量能够克服规模影响，来有效衡量会计信息价值相关性。

（二）变量的描述性统计

主要变量的描述性统计如表 4-13 所示，由于篇幅所限，仅汇报 1998—2008 年总体样本的结果。表 4-14 给出了价格模型各主要变量的 Pearson 相关系数检验，限于篇幅，省略了分年度结果汇报。

表 4-13　价格模型主要变量描述性统计

变量名	均值	标准差	最小值	最大值
p	11.036 6	8.033 1	0.1	183.13
eps	0.162 3	0.393 8	−11	6.28
bps	2.807 9	1.259	0.2	6.1
lev	0.468 1	0.181 7	0.008 1	0.996 3
$rshr$	0.544 5	0.311 1	0.020 4	1
$size$	21.255 2	1.017 9	17.49	27.809

表 4-14　价格模型各主要变量的 Pearson 相关系数

变量名称	p	eps	bps	lev	$rshr$
eps	0.341 7***				
bps	0.309 8***	0.531 3***			
lev	−0.063***	−0.241 4***	−0.281 3***		
$rshr$	0.123 1***	−0.017 6	0.089 0***	0.041 6***	
$size$	0.045 8***	0.236 7***	0.382 4***	−0.094 4***	0.214 8***

注：*，**，** 分别表示在 10%，5% 和 1% 的水平上显著。

三、实证结果

（一）回归结果与说明

表 4-15 报告了价格模型的回归结果[①]，将从模型拟合优度调整的 R^2 和系数的估计值两方面对结果进行分析与汇报。

——————

① 从总体样本的回归结果来看，拟合优度低于分年度回归结果的平均水平，这主要是由于总体样本条件下可以采用面板数据分析思路，在第一阶段回归中加入 1998—2008 年度的时间哑变量和个体固定效应作为控制变量，使得能够"剥离"出去的部分显著增加，自然削弱了第二阶段回归中 p 模型的解释"余地"。而在分年度回归中，可供选择的控制变量的减少，使得被解释变量乃至残差项的信息量得到增加，才会出现总体样本条件下的拟合优度普遍低于分年度回归结果的趋势，这种情况在后文控制了投资者情绪之后的 p 模型回归结果中也同样存在。此处仅仅是通过总体样本下的分析获得一个直观的认识，并不是要与分年度结果进行比较分析，两者之间不具有直接的可比性。

74

表4-15 价格模型总体及分年度回归情况报告

步骤	回归模型	总体时间区间内	1998年度	1999年度	2000年度	2001年度	2002年度
	被解释变量	股价	股价	股价	股价	股价	股价
	解释变量	OLS估计	OLS估计	OLS估计	OLS估计	OLS估计	OLS估计
	上市公司截面固定效应	控制	没有控制	没有控制	没有控制	没有控制	没有控制
	行业类型	控制	控制	控制	控制	控制	控制
第一阶段回归	时间哑变量	控制	没有控制	没有控制	没有控制	没有控制	没有控制
	$size$	控制	控制	控制	控制	控制	控制
	$rshr$	控制	控制	控制	控制	控制	控制
	lev	控制	控制	控制	控制	控制	控制
	常数项(截距效应)	控制	控制	控制	控制	控制	控制
	F test 统计值	$F_{(20, 7266)} = 35.90^{***}$	$F_{(15, 609)} = 8.00^{***}$	$F_{(15, 679)} = 12.33^{***}$	$F_{(15, 751)} = 12.89^{***}$	$F_{(15, 895)} = 14.72^{***}$	$F_{(14, 937)} = 7.18^{***}$
	adj. R-square	0.2316	0.1441	0.1967	0.1889	0.1844	0.0834
	被解释变量	第一阶段回归的残差项	第一阶段回归的残差项	第一阶段回归的残差项	第一阶段回归的残差项	第一阶段回归的残差项	第一阶段回归的残差项
	解释变量	FGLS估计	FGLS估计	FGLS估计	FGLS估计	FGLS估计	FGLS估计
	eps	-0.2431*** (-3.03)	3.380*** (6.94)	4.806*** (5.04)	2.905*** (2.98)	2.136*** (6.15)	2.171*** (6.21)
第二阶段回归	bps	0.9252*** (16.92)	0.619*** (3.52)	-0.009 (0.03)	0.031 (0.13)	0.555*** (4.65)	0.768*** (8.63)
	常数项	7.9796*** (52.44)	7.122*** (16.99)	13.492*** (15.09)	14.31*** (22.89)	10.107*** (32.45)	6.877*** (26.55)
	F test 统计值	273.94***	64.24***	16.95***	6.41***	59.65***	118.46***
	adj. R-square	0.0434	0.1795	0.0492	0.0174	0.1154	0.1988

（续表）

步骤	回归模型 / 被解释变量	2003 年度	2004 年度	2005 年度	2006 年度	2007 年度	2008 年度
	被解释变量	股价	股价	股价	股价	股价	股价
	回归模型	OLS 估计	OLS 估计	OLS 估计	OLS 估计	OLS 估计	OLS 估计
	解释变量						
第一阶段回归	上市公司截面固定效应	控制	没有控制	没有控制	没有控制	没有控制	没有控制
	行业类型	控制	控制	控制	控制	控制	控制
	时间哑变量	控制	没有控制	没有控制	没有控制	没有控制	没有控制
	size	控制	控制	控制	控制	控制	控制
	rshr	控制	控制	控制	控制	控制	控制
	lev	控制	控制	控制	控制	控制	控制
	常数项（截距效应）	控制	控制	控制	控制	控制	控制
	F test 统计值	$F_{(14,994)}=8.72^{***}$	$F_{(14,1058)}=8.22^{***}$	$F_{(14,925)}=3.66^{***}$	$F_{(14,1046)}=4.13^{***}$	$F_{(14,1178)}=11.49^{***}$	$F_{(14,1312)}=9.72^{***}$
	adj. R-square	0.096 8	0.086 1	0.038 1	0.039 7	0.109 7	0.084 3
第二阶段回归	被解释变量	第一阶段回归的残差项	第一阶段回归的残差项	第一阶段回归的残差项	第一阶段回归的残差项	第一阶段回归的残差项	第一阶段回归的残差项
	回归模型	FGLS 估计	FGLS 估计	FGLS 估计	FGLS 估计	FGLS 估计	FGLS 估计
	eps	3.236 (11.40)	1.945*** (10.08)	2.14*** (4.97)	3.772*** (5.60)	4.542*** (4.70)	4.674*** (12.45)
	bps	0.808*** (11.41)	0.687*** (10.47)	0.8*** (9.2)	0.988*** (5.20)	1.131*** (5.04)	1.254*** (11.34)
	常数项	5.430*** (26.04)	2.935*** (15.54)	2.89*** (11.36)	11.678*** (21.63)	10.23*** (16.41)	5.626*** (18.65)
	F test 统计值	235.10***	207.65***	104.26***	52.85***	40.41***	26.13***
	adj. /centered R-square	0.318 0	0.278 3	0.180 1	0.089 0	0.067 2	0.276 0

注：表中括号内的数字为 t 或 z 统计量值，*、**、*** 分别表示在 10%、5% 和 1% 的水平上显著。

首先,从回归方程的调整 R^2 的值来看,1998—2000 年期间,回归模型调整 R^2 的值经历了一个下降的过程,由 1998 年的 17.95%,下降到 1999 年的 4.92%,到 2000 年更是低到了 1.74%;到 2001 年开始大幅度提高为 11.54%,增加的趋势一直持续到 2003 年,达到 31.8% 的最高点;此后的 2004 年、2005 年调整 R^2 又逐步降低,到 2007 年降到了 6.72% 新的低点,到 2008 年调整 R^2 开始重新占据高点,达到了 27.6%。

从图 4-2 价格模型分年度回归调整的 R^2 汇总图可以清楚地看出,从较长时期来看,会计信息的价值相关性在伴随着会计制度改革呈现出一种周期性的波动趋势。1998 年《股份有限公司会计制度》改革时期,会计信息的有用性呈现出一种降低的趋势,刘峰等(2004)采用 1995—2002 年度上市公司数据的研究,也发现会计信息价值相关性在 1996 年达到最高,1997 年稍有降低,但 1998 年开始大幅降低,到 2000 年到达最低点。从实证结果来看,这一阶段会计信息价值相关性处于一个下降的阶段,而《股份有限公司会计制度》的出台,并未能够扭转这一趋势。还有,熊剑和罗晓琳(2005)对 1996—2001 年数据的研究,马笑芳(2008)对 1995—2004 年数据的研究,以及漆江娜和罗佳(2009)对 1993—2007 年数据的研究,也得出同样的研究结论。

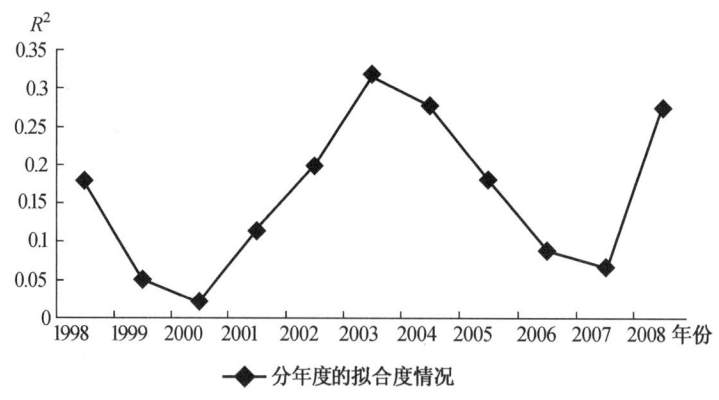

图 4-2　价格模型分年度回归调整的 R^2

从 2001 年开始,会计信息的有用性逐渐开始增强,说明以治理会计信息失真,打击上市公司财务造假为重要目标,进一步压缩上市公司利润水分,同时保持会计准则特点与兼具中国特色的《企业会计制度》

改革效果开始逐渐显现。修宗峰(2009)的研究也发现,2001年《企业会计制度》变迁显著提高了会计盈余信息含量。此外,刘峰等(2004)、熊剑和罗晓琳(2005)的研究也发现,2001年会计信息价值相关性开始提升,但由于样本期间不长,无法对此作一个长期判断,本节的研究对他们的研究进行了补充。

从检验的结果来看,2007年新会计准则的实施,在当年并没有立即表现出效果,而是在2008年才开始显现出提高会计信息价值相关性的效果。同样,在朱凯(2009)的研究中也发现,短时期内,并没有证据证明新会计准则显著提高了会计信息的价值相关性。朱凯等对于造成该现象的原因,从准则变迁对投资者会计信息准确度预期和调整成本所造成的影响(作者称之为会计改革的暂时性成本)角度进行了解释,认为在缺乏先验信息的情况下,准则变迁有可能会削弱投资者已经形成的信息准确度预期,增加资本成本,从而降低了会计盈余信息的价值相关性。欧阳爱平和徐俭(2009)、赵慧芳等(2009)、漆江娜和罗佳(2009)等研究分别从证券市场有效性、准则实施周期以及准则执行机制等方面分析了原因。

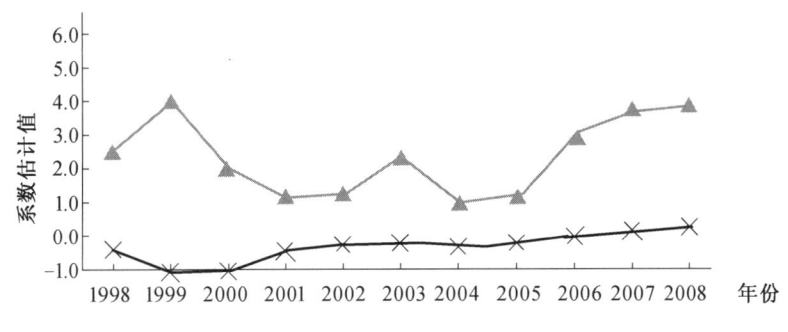

图4-3　价格模型自变量系数估计值

其次,从图4-3的价格模型自变量的系数估计值来看,在整个期间段内,eps的系数估计值都远远高于bps的系数估计值,说明每股盈余信息价值相关性高于每股净资产的价值相关性,这与中国资本市场上投资者一向偏爱会计盈余信息情况吻合。虽然净资产信息的价值相关性低于盈余信息,但是从趋势来看,每股净资产的价值相关性在逐步提高,这种趋势在 2006 年新会计准则颁布以后表现得更为明显和平稳,说明新会计准则强调资产负债表观,要求企业提高资产、负债等资产负债表会计要素的质量,如实反映资产未来经济利益的要求和措施发挥效果,使得投资者在进行决策时,对资产负债表信息表现出更多关注。与净资产价值相关性平稳小幅提高不同,会计盈余信息的价值相关性呈现出波动趋势,分别在 1999 年、2003 年达到高点,但其同时也是开始上升或下降的拐点。

二、进一步分析

从图 4-2 中可以发现一个有趣的现象,虽然《企业会计制度》从 2001 年执行的当年开始,逐步提高了会计信息的价值相关性,可是 2003 年达到最高点,此后又开始呈现出下降的趋势;在 2004 年、2005 年略微降低;2006 年、2007 年达到了一个新低点;从 2008 年开始又大幅度提高,会计信息价值相关性的变化随即开始了新的循环周期。即从长期来看,会计信息价值相关性,在会计改革年度前后表现出一种周期性的波浪形波动特征。

刘峰等(2004)、熊剑和罗晓琳(2005)等的研究由于样本期间问题,仅发现了 1998 年《股份有限公司会计制度》改革前后的波动。马笑芳(2008)对 2004 年以前的数据研究发现,从 R^2 的变化趋势来看,《企业会计制度》实施后,盈余价值相关性呈现出明显的逐年稳步增长的态势,得出研究结论认为,《股份制企业会计制度》经过实施一段时间的调整适应期后,与国际会计准则更为协调的《企业会计制度》的实施有效地提高了会计信息的有用性,其协调效果的发挥随着时间的推移稳步上升。而漆江娜和罗佳(2009)以截至 2007 年数据样本来研究,发现会计信息价值相关性从 2004 年以后开始下降,对会计信息价值相关性呈现不规则波动现象,得出结论认为,价值相关性程度并没有随着会计准则质量的提高而同步提高,作者把此种现象归因于准则的执行问题。

这样,不管是已有研究,还是本节所进行的分析,似乎都表明了价值相关性程度并没有出现随会计制度改革周期而发生同步提高的显著趋势;相反,总体来看,价格模型的回归结果向我们展示的是有悖理论预期的一种波浪形波动特征。那么,这种波浪形波动特征的总体趋势是什么呢?为此,本节对价格模型分年度回归的 R^2 进行了进一步的时间趋势分析,分别使用线性趋势,以及指数、二项式、对数、幂函数四种非线性趋势来对 R^2 的演进加以统计推断,并且,在每种趋势分析中,我们又进一步进行了不同时间序列趋势的 R^2 拟合度分析,以探究何种趋势最具可能性,以期为预测新会计准则的改革效果和发展方向进行初步探索。分析结果如图 4-4 所示。

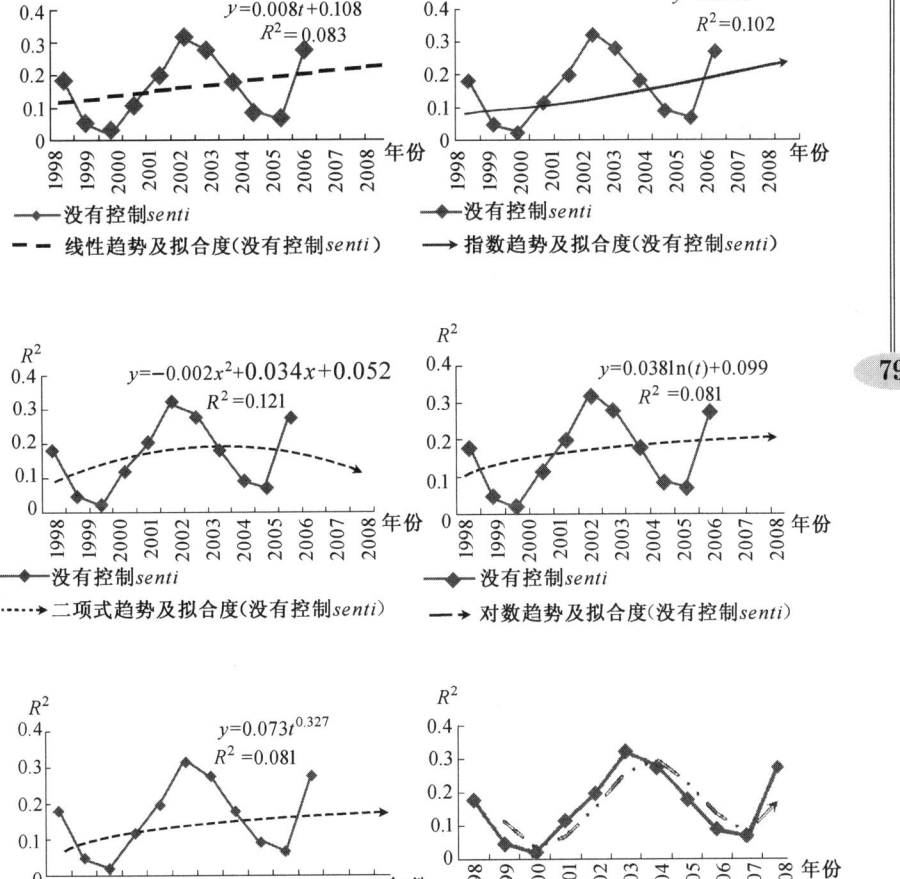

图 4-4　价值相关性的趋势分析图

令人惊愕的是,从模拟的各种线性与非线性趋势来看,对 R^2 变化趋势拟合程度最高的是二项式趋势,其 12.1％的拟合程度不仅远远高于线性趋势 8.3％的拟合度,也高于指数、对数、幂函数这样的非线性趋势。最重要的是,其系数表达式为负数,这种二项式趋势的系数为负的状况,意味着随着时间推移,价值相关性最有可能出现的变化将会呈现出一种逐渐递减的趋势。图中的趋势线清楚地表明,经历了 2003 年和 2004 年波峰之后,价值相关性的总体拟合程度将会逐渐下降。

第四节　本 章 结 论

从本章的研究结果来看,通过运用报酬模型对三次重大的会计改革效果进行分时期检验发现,虽然 1998 年《股份有限公司会计制度》改革未能起到有效提高会计信息质量的效果,但 2001 年《企业会计制度》改革显著提高了会计盈余信息的价值相关性,2007 年新会计准则改革也显著提高了会计盈余信息的价值相关性,这非常稳健地证实了伴随会计制度改革的不同阶段,价值相关性存在一个同步的显著提高的事实。

然而,从价格模型分年度研究的结果来看,会计信息的价值相关性却呈现出一个周期性波动的趋势。研究者普遍认为,在起到提高会计信息质量的 2001 年《企业会计制度》改革前后,这种周期性波动尤为明显。改革前会计信息价值相关性为最低,改革以后大幅提高,然而 3 年以后就开始下降,到 2007 年新会计准则实施之时,降到了最低,而 2008 年又开始提高。进一步,通过对分年度回归模型的拟合优度 R^2 进行趋势分析发现,从趋势来看,随着时间推移,会计信息价值相关性有可能出现一种随着时间推移逐步降低的非线性的趋势变化。价值相关性呈现出的这种各年度周期性波动以及随时间推移逐渐下降的趋势,使得对会计制度改革效果的评价产生了困难,特别是,围绕报酬理论模型与价格理论模型展开的实证分析,甚至得出矛盾的结论。

对于会计制度改革以后出现的会计信息价值相关性没有提高或反而下降的现象,很多学者对原因进行了解释,代表性的观点有如下几种:

一是由于我国证券市场效率不高,以及会计制度的执行机制问题导致(王跃堂等,2001;漆江娜和罗佳,2009;欧阳爱平和徐俭,2009);

二是由于会计信息质量受外部机会、会计准则、法律风险等因素共同影响,而法律风险缺失使得会计制度改革未能带来会计信息质量的提高(刘峰,2004)导致。

我们认为,对于会计信息价值相关性存在的这种降低—变革—提高—又降低—再变革的趋势,还需进一步挖掘其他影响会计制度变革效果的因素,将之进行控制和剥离,以期对会计制度改革进行一个更科学的评价。在后续的研究中,应尝试将投资者行为因素引入会计信息价值相关性的研究,试图剥离出投资者非理性因素对会计制度改革效果的影响,以期为科学解释会计制度改革的效果,预测新会计准则的变革趋势以及探寻会计信息价值相关性变动规律提供依据。

参 考 文 献

财政部会计司. 2008. 关于我国上市公司 2007 年执行新会计准则情况的分析报告[J]. 会计研究,(6):19-30.

黄世忠,刘维. 2001. 提高会计信息质量的重大举措——感悟《企业会计制度》[J]. 会计研究,(2):3-8.

洪剑鞘,皮建屏. 2001. 国际会计准则与中国会计准则的有用性比较[J]. 证券市场导报.(11):36-40.

江笑云. 2010. 会计改革、投资者行为与决策有用性[D]. 厦门大学,博士学位论文.

李晓强. 2002. 国际会计准则和中国会计准则下的价值相关性比较——来自会计盈余和净资产账面值的证据[J]. 会计研究,(7):15-25.

刘峰,吴风,钟瑞庆. 2004. 会计准则能提高会计信息质量吗[J]. 会计研究,(5):8-19.

刘玉廷. 2001.《企业会计制度》的中国特色及与国际惯例的协调[J]. 会计研究,(3):3-8.

罗婷,等. 2008. 解析新会计准则对会计信息价值相关性的影响[J]. 中国会计评论,(6):129-140.

欧阳爱平,徐俭. 2009. 企业会计准则实施后的相关性质量分析——沪市 A 股 2007 年报数据检验[J]. 北京工商大学学报,(5):77-81.

潘琰,陈凌云,林丽花. 2003.会计准则的信息含量:中国会计准则与
　　IFRS之比较[J].会计研究,(7):42-46.

漆江娜,罗佳. 2009.会计准则变迁对会计信息价值相关性的影响研
　　究——来自中国证券市场1993—2007的经验证据[J].当代财经,
　　(5):103-109.

王建新. 2007.中国会计准则国际趋同研究[M].北京:中国财政经济
　　出版社.

王跃堂,孙铮,陈世敏. 2001.会计改革与会计信息质量——来自中国
　　证券市场的经验证据[J].会计研究,(7):16-26.

吴水澎,徐丽莎. 2008.新会计准则的实施效果——从价值相关性的角
　　度[J].经济与管理研究,(6):61-66.

熊剑,罗晓林. 2005.我国会计准则变更价值相关性实证研究[J].暨南
　　学报(哲学社会科学版),(5):16-23.

修宗峰. 2009.制度环境、制度变迁与决策有用性[D].厦门大学,博士
　　学位论文.

徐经长,姚淑瑜,毛新述. 2003.中国会计标准的国际协调——《企业会
　　计制度》实施前后上市公司净利润双重披露的实证研究[J].会计
　　研究,(12):8-13.

薛爽,赵立新,肖泽忠,程绪兰. 2008.会计准则国际趋同是否提高了会
　　计信息的价值相关性?——基于新老会计准则的比较研究[J].财
　　贸经济,(9):62-67.

赵惠芳,翟晓蕾,潘立生,等.2009.会计信息对投资决策有用性的实证
　　研究[J].山西财经大学学报,(2):119-124.

朱凯,赵旭颖,孙红. 2009.会计准则改革,信息准确度与价值相关
　　性——基于中国会计准则改革的经验证据[J].管理世界,(4):
　　47-54.

BARTH M E, LANDSMAN W R, LANG M H. 2008. International
　　accounting standards and accounting quality [J]. Journal of
　　Accounting Research, 46(3):467-498.

BROWN S, LOAND K, LYS T. 1999. Use of R^2 in accounting
　　research: Measuring changes in value relevance over the last four
　　decades[J]. Journal of Accounting and Economics, 28 (2):

83-115.

CHANG J. 1999. The decline in value relevance of earnings and book values[Z]. Working Paper The Wharton School, University of Pennsylvania. SSRN eLibrary.

DRUKKER D M. 2003. Testing for serial correlation in linear panel-data models[J]. Stata Journal, 3(2):168-177.

EASTON P, ZMIJEWSKI M. 1989. Cross-sectional variation in the stock market response to accounting earnings announcements [J]. Journal of Accounting and Economics, 11:117-141.

FAN J, WONG T J. 2002. Corporate ownership structure and the informativeness of accounting earnings in East Asia[J]. Journal of Accounting and Economi, 33:401-425.

FRANCIS J, SCHIPPER K. 1999. Have financial statements lost the relevance? [J] Journal of Accounting Research, 37:319-352.

GU Z Y. 2007. Accorss-sample incomparability of R^2s and additional evidence on value relevance changes over time[J]. Journal of Business Finance and Accounting, 34(7,8):1073-1098.

KOTHARI S, ZIMMERMAN J. 1995. Price and return models[J]. Journal of Accounting and Economics, 20:155-192.

WARFLELD T, WILD J. 1992. Accounting recognition and the relevance of earnings as an explanatory variable for returns[J]. The Accounting Review, 67:821-842.

WOOLDRIDGE J M. 2002. Econometric Analysis of Cross Section and Panel Data[M]. the MIT Press.

第五章　会计准则趋同对会计信息质量的影响

——基于盈余管理及损失确认及时性视角[①]

　　会计准则国际趋同对会计信息质量的影响研究除了可以从价值相关性的角度,也可以从其他能够表征会计信息质量的代理变量的角度进行考量,如 Barth 等(2008)就用到了损失确认及时性来检验欧盟强制采用 IFRS 的盈余质量效果。基于会计信息质量有较多的代理变量(Dechow et al.,2009),本章基于国外相关研究,选取盈余管理和损失确认及时性两个表征会计信息质量的变量来考量我国 2006 新会计准则与国际会计准则趋同对会计信息质量的影响。本章的行文安排如下:第一节基于我国会计准则变迁与会计信息质量的研究文献提出要研究的问题;第二节为研究设计,包括研究模型和研究假说;第三节为实证结果及其分析;最后一节为本章的研究结论。

第一节　相关研究与问题的提出

　　随着我国社会主义市场经济的发展和对外开放水平的提高,我国的会计准则历经数次重大的变迁,主要表现为学习和借鉴国际惯例,与高质量的国际会计准则进行协调、趋同,以适应经济环境变化的需要。会计准则变迁的经济后果一直是准则制定者、监管者和理论界的关注重点,尤其是会计形式协调持续推进下的会计实质协调研究,能够为评价和检验具有中国特色的会计国际趋同道路提供理论参考和经验证据。

　　会计协调的最终目的是会计信息质量的提高(魏明海等,2006),因

　　① 斯思. 基于会计信息质量的我国会计准则趋同效果研究[J]. 财会通讯,2009(12下):52-55.

此,国内学者主要从会计信息质量的视角对会计准则的变迁后果进行研究。王跃堂等(2001)、刘峰等(2004)、罗胜强(2005)、熊剑和罗晓林(2005)等学者对 1998 年《股份有限公司会计制度》和 2001 年《企业会计制度》的研究发现,会计准则的变迁并没有提高会计信息的价值相关性,会计准则改革未能取得预期效果。他们认为,缺乏健全有效的准则执行机制可能使准则在执行的过程中偏离既定目标,导致会计准则的改进并不能很好地反映到会计信息质量上。Chen 和 Wu(2007)、曲晓辉和邱月华(2007)考察了 A 股上市公司会计盈余的稳健性,结果发现单纯转变会计准则并不能改善会计信息质量,会计准则、公司报告动机和监管机制都是稳健会计的必要条件。王跃堂等(2004)、刘峰和王兵(2006)则直接比较了 AB 股公司分别按照国际会计准则和我国会计准则报告的净利润。他们研究发现,我国会计准则与国际会计准则的协调并未消除 AB 股公司境内外审计净利润存在的实质性差异,差异主要不是来自会计准则而是来自会计职业判断,准则执行的支撑环境对会计实务的国际化有着基础性的作用。从这些文献可以看出,我国会计准则的趋同变迁虽然在一定程度上是有效的,但由于受到转型经济执行环境的约束,会计准则的改进对会计信息质量的改善作用有限,会计信息质量并没有随着会计准则质量的提高而提高。

与 IFRS 实质趋同的新会计准则于 2007 年 1 月 1 日起在上市公司执行。对新会计准则执行效果的评价和检验成为当前我国会计准则理论研究的重点内容和紧迫任务。一些学者的研究发现,新会计准则的执行显著提高了会计信息质量,特别是新会计准则下的公允价值计量,具有增量的价值相关性。例如,罗婷等(2008)比较了 2004 年、2005 年、2007 年第一季度数据后发现,新会计准则执行后会计信息总体的价值相关性显著提高,并且受新会计准则影响部分的价值相关性改善程度显著高于不受影响的部分,公允价值计量对金融行业的影响大于对非金融行业的影响。吴水澎和徐莉莎(2008)以 2007 年中期报告为样本,考察了新会计准则执行对 A 股上市公司信息价值相关性的影响。研究发现,新会计准则执行后资产负债表、利润表和现金流量表的价值相关性都有所增加;盈余对股票价格增加的解释力度下降,其被账面价值增加的价值相关性所替代;盈余反应系数和现金流量反应系数也有所提高。薛爽等(2008)利用证监会对新旧会计准则下净资产账面价值和会计盈余调整项目的调研数据,考察了新会计准则对上市公司2006年会计数据价值相关性的影响。作者采用价格模型、市场价值模型和回报率模型的分析结果均表明,按照新会计准则编报的净资产和盈余信息具有更高的价值相关性,且新旧准则之间的净资产和盈余差异具有增量的信息含量。胡旭微等(2009)以我国A股市场2007年年报披露公允价值变动损益的公司为样本研究发现,上市公司公允价值信息具有增量的价值相关性,公允价值信息比历史成本信息更具有信息含量。张鸣等(2009)也发现,相对于旧会计准则体系下的盈余信息,新会计准则的执行显著提高了会计信息的价值相关性,其中,公允价值变动损益具有价值相关性。此外,以采用公允价值计量的金融工具为研究对象,没有发现其账面调整金额具有很强的价值相关性。薛爽等(2009)以2006年非金融类上市公司为样本,考察了新会计准则下应计利润功能的变化,并以此来评价新会计准则执行的经济后果。他们发现,新会计准则下各期经营性现金流对应计利润的解释能力显著下降,应计利润与上期现金流之间的正相关关系,以及与本期现金流之间的负相关关系都有所减弱,但与下期现金流之间的正相关关系以及对其预测能力显著增强,对经济收益的确认更加及时和充分。结果表明,公允价值增强了应计利润对经济收益的确认,但削弱了其降低现金流噪音的功能。

但也有一些研究表明,新会计准则的执行效果受到投资者预期和制度环境的影响。例如,方军雄(2009)以2006年2月15日财政部颁布《企业会计准则》为事件日,研究了会计准则质量的改善与会计信息质量的关系。作者考察了具有不同会计职业判断空间的上市公司对新准则颁布事件窗口的市场反应,结果发现,会计职业判断空间与其市场反应显著负相关。进一步的研究发现,具有更多会计职业判断空间的上市公司更可能从审计质量较高的事务所更换为审计质量较低的事务所,以更便利地实现新准则赋予的盈余管理。而且更多会计职业判断空间的上市公司,其股价同步性在准则颁布之后显著上升。朱凯等(2009)比较了新会计准则改革前后的会计盈余价值相关性,发现在实施新会计准则当年,会计盈余价值相关性并没有显著提高。作者利用上市公司首次执行新会计准则编制的可比财务报告,进一步检验了业务差异和准则调整幅度对股价的影响。结果显示,因会计准则改革而产生的投资者信息准确度调整,不仅直接增加了资本成本,而且显著降低了以公允价值为基础的盈余信息价值相关性。作者认为,会计准则改革存在的暂时性成本会削弱公允价值会计信息应有的作用,进而影响会计准则改革的经济后果。Lin 和 Alam(2009)以 151 家中国上市公司为样本,检验了 2007 年新会计准则实施前后信息环境的变化。结果发现,新会计准则的实施增加了分析师的盈余预测误差,降低了预测准确性。在控制 2007 年股市剧烈波动后,结论基本不变。作者认为,产生这种结果的原因可能是中国的分析师市场不如发达国家成熟,也可能是新会计准则实施首年的"噪音"干扰。但这也表明,在会计全球化的过程中,各国在制度和文化等方面的差异对 IFRS 执行效果的影响不容忽视。He 等(2009)则发现,新会计准则既没有提高会计盈余和净资产的价值相关性,也没有提高应计质量。特别地,在经济不发达、市场化进程较低的地区,按照新会计准则报告的盈余质量反而有所下降。作者在对公允价值应用情况的检验中发现,以公允价值为基础的 3 个利润表项目在新会计准则下不具有价值相关性。债务重组收益与盈余管理动机有关,特别是有政治联系和关联交易较多的公司。研究结果表明,缺乏有效的制度环境支撑,高质量会计准则的执行效果会大打折扣。

从以上文献对新会计准则执行效果的研究来看,大家都只关注会计信息质量的某一个方面,尤其是会计信息的价值相关性,而缺乏对会计信息质量进行较为全面和系统的检验。另外,由于新会计准则执行时间较短,样本有限,在一定程度上影响了结论的可靠性和可推广性。因此,本章将在控制或减少其他非准则因素影响的基础上,从会计信息质量的多个维度,对新会计准则执行 2 年来的效果进行研究。本章就要研究与 IFRS 趋同的新会计准则的执行是否提高了会计信息质量。

第二节　研究设计

一、会计信息质量的度量

会计信息质量最早出现在 1980 年美国财务会计准则委员会(FASB)发布的财务会计概念公告第二号(SFAC 2)中。SFAC 2 提出了会计信息质量的两个基本特征：相关性与可靠性。其中，相关性指会计信息导致差别决策的能力，包括预测价值、反馈价值和及时性；可靠性指会计信息值得信息使用者信赖的特性，包括如实反映、可验证性和中立性。2008 年，IASB 和 FASB 联合发布的概念框架征求意见稿（ED）会计信息的基本质量特征规定为相关性和如实反映，其中，相关性包括预测价值和确定价值；如实反映包括完整性、中立性和无重要差错。此外还增加了可验证性、可比性、可理解性和及时性 4 个强化的质量特征。在基本的质量特征信息要求的基础上，若再具备强化的质量特征，将使会计信息达到高质量、透明度和可信性的完美标准（葛家澍，2009）。

在当代会计理论研究中，会计信息质量是会计经验研究的焦点，但目前仍是一个相当模糊的概念（Penman，2003）。无论是会计信息质量的定义还是会计信息质量的度量方法，学者们均没能达成一致的共识（Shipper and Vincent，2003）。在会计准则和国际会计的研究文献中，通常以盈余质量替代会计信息质量，并逐渐倾向于考察会计信息的多个质量特征（Leuz et al.，2003；Lang et al.，2006；Barth et al.，2008）。Francis 等（2004）对盈余属性进行了归纳，并根据计量基础的不同分为以会计为基础和以市场为基础的两类盈余属性，其中，以会计为基础的盈余属性包括应计质量、持续性、可预测性和平滑性；以市场为基础的盈余属性包括价值相关性、及时性和稳健性。Dechow 等（2009）对盈余质量的研究进行了全面的回顾，将现有文献中盈余质量的度量方法分为三类：一是盈余的统计属性，包括持续性和应计利润、盈余平滑、稳健性和及时的损失确认、特定目标的盈余管理；二是投资者对盈余的反应，包括盈余反应系数（ERC）和价值相关性；三是外部权威机构对财务报告质量的评价结果，如信息披露指数和报表重述等。Dechow 等（2009）指出，盈余质量的各种度量方法都是以基于应计利润的报告盈余为核心的，而报告盈余由基础性盈余（X）和会计系统的计量误差（e）构成，因此盈余质量的度量方法同时受到基础性盈余和计量误差这两个因素的影响。然而，基础性盈余和计量误差这两个因素对不同度量方法的影响程度是不相等的，如基于会计数据的盈余平滑更接近于基础性盈余特征，但股价和盈余的相关程度更反映了会计准则在基础性盈余中的应用而非盈余本身的特征。这就表明,不同的度量方法并不是相互替代的,而是体现了盈余质量的不同方面。要想全面地检验会计准则变迁下的会计信息质量的变化,有必要同时采用多种度量方法,以减少变量选取所造成的偏误,提高结论的稳健性。

我国新颁布的《企业会计准则——基本准则》将财务报告的目标定位为"向财务会计报告使用者提供与企业财务状况、经营成果和现金流量等有关的会计信息,反映企业管理层受托责任履行情况,有助于财务会计报告使用者作出经济决策"。新会计准则协调了受托责任观和决策有用观的关系,对会计信息的可靠性和相关性进行了均衡的考虑,并相应地提出"相关性""可理解性""可比性""实质重于形式""重要性""谨慎性""及时性"等信息质量要求。根据新会计准则的界定,基于我国的制度背景,借鉴国外对 IFRS 执行效果的研究文献(Barth et al.,2008;Ahmed et al.,2009),本章将从盈余管理、损失确认的及时性这两个方面对新会计准则执行前后的会计信息质量进行比较,以期对新会计准则的执行效果作出较为全面的评价。

（一）盈余管理

公司管理层为了向财务报告使用者传递有利于自身利益的信息,可能通过操控性会计政策选择或操纵会计估计对报告盈余进行管理,造成对公司真实收益的扭曲。王跃堂等(2001)认为,我国证券市场会计信息质量问题归根结底是上市公司盈余管理的问题。机会主义盈余管理是导致会计信息质量不高的重要原因,也是会计准则试图加以规范的重点领域。本章对盈余管理的度量指标有:应计质量、特定目标的盈余管理以及"洗大澡"行为。

1. 应计质量

应计利润分离法是现有文献中度量盈余管理广泛应用的方法之一。其原理是:在应计会计的前提下,报告盈余是由经营现金流量和应计利润组成的。其中,经营现金流量由真实的经济交易或事项决定,而应计利润还可能受到管理层操控的影响。应计利润总额又可以进一步分解为操控性应计利润和非操控性应计利润。非操控性应计利润随经济环境的变化而变化,刚性较大。相比之下,管理层更容易通过操控性应计利润来进行盈余管理。因此,操控性应计利润作为应计质量的度量,其大小反映了盈余管理程度的高低。由于操控性应计利润的不可观测性,现有的文献一般是通过先估计非操控性应计利润,而后从应计利润总额中扣除非操控性应计利润,进而得出操控性应计利润。几种常用来估计非操控性应计利润的模型有:Jones 模型、修正的 Jones 模型、行业模型、截面 Jones 模型、截面修正的 Jones 模型、Dechow-Dichev 模型、修正的 Dechow-Dichev 模型。其中,Jones 模型、修正的 Jones 模型和行业模型属于时间序列模型,要求样本公司具备较长时间序列的数据;Dechow-Dichev 模型和修正的 Dechow-Dichev 模型的估计则需要样本公司前后各一年的现金流数据。本章研究可获取的数据无法满足以上模型的条件。此外,Bartov 等(2002)发现,截面 Jones 模型和截面修正的 Jones 模型的估计值优于其他时间序列模型。夏立军(2003)在对中国上市公司的利润表和现金流量表进行解析的基础上,对多个截面的盈余管理计量模型在中国证券市场的使用效果进行了比较。结果发现,在中国证券市场上,分行业估计并且采用线下项目前的应计项目作为因变量来估计行业特征参数的截面 Jones 模型,能够较好地揭示公司的盈余管理。而且,Jones 模型及其一系列扩展模型主要计量准则范围内的盈余管理程度(王兵,2008),更符合本章的研究目的。基于上述考虑,本章采用截面修正的 Jones 模型估计样本公司的操纵性应计利润。具体计算方法如下:

首先,按年度采用不同行业分组的数据,运用如下模型 5.1 进行回归,以估计出分年度分行业的特征参数 $\alpha_1,\alpha_2,\alpha_3$。

$$GA_{it}/A_{it-1} = \alpha_1(1/A_{it-1}) + \alpha_2(\Delta REV_{it}/A_{it-1}) + \alpha_3(PPE_{it}/A_{it-1}) + \varepsilon_{it}$$

模型(5.1)

其中,GA_{it} 表示 i 公司 t 年度线下项目前的应计利润,其等于营业利润减去经营活动现金流量净额;A_{it-1} 表示 i 公司 $t-1$ 年年末总资产;ΔREV_{it} 表示 i 公司 t 年度主营业务收入和 $t-1$ 年度主营业务收入的差额;PPE_{it} 表示 i 公司 t 年度固定资产原值;ε_{it} 为残差项。

然后,将模型(5.1)估计出的行业特征参数 α_1, α_2, α_3 代入模型(5.2),计算出非操控性应计利润。

$$NDA_{it} = \alpha_1(1/A_{it-1}) + \alpha_2[(\Delta REV_{it} - \Delta REL_{it})/A_{it-1}) + \alpha_3(PPE_{it}/A_{it-1})]$$

模型(5.2)

其中，NDA_{it}表示经过上期期末总资产调整后的i公司t年度的非操控性应计利润；ΔREC_{it}表示i公司t年度应收账款和$t-1$年度应收账款的差额；α_1，α_2，α_3为根据模型(5.1)回归得出的t年度i公司所属行业的特征参数；其余变量含义同模型(5.1)。

最后，根据模型(5.3)计算操控性应计利润。

$$DA_{it} = GA_{it}/A_{it-1} - NDA_{it} \qquad\qquad 模型(5.3)$$

其中，DA_{it}表示经过上期期末总资产调整后的i公司t年度的操控性应计利润；其余变量含义同模型(5.1)和模型(5.2)。

已有的研究表明(Dechow et al.，1995；Myers et al.，2007；夏立军，2003)，操控性应计利润受到公司规模、成长性、债务变动、财务杠杆、资产周转率、经营活动现金流量、财务困境、上市年限和跨境上市的影响。为了检验新会计准则执行前后应计质量的变化，采用模型(5.4)来考察新会计准则与操控性应计利润的关系：

$$DA_{it} = \alpha_0 + \alpha_1 POST_{it} + \alpha_2 SIZE_{it} + \alpha_3 GROWTH_{it} + DISSUE_{it} +$$
$$\alpha_5 LEV_{it} + \alpha_6 TURN_{it} + \alpha_7 CF_{it} + \alpha_8 LOSS_{it} + \alpha_9 AGE_{it} +$$
$$\alpha_{10} XLIST_{it} + \varepsilon_{it} \qquad\qquad 模型(5.4)$$

其中，DA为因变量，表示根据模型(5.3)计算得出的操控性应计利润。$POST$为测试变量，当样本所在年度为新会计准则执行后(2007—2008年)取1；当样本所在年度为新会计准则执行前(2005—2006年)则取0。其余变量为控制变量：$SIZE$为期末总资产的自然对数，代表公司规模；$GROWTH$为营业收入的增长率，代表公司的成长性；$DISSUE$为总负债的增长率；LEV为期末资产负债率，代表公司的财务杠杆；$TURN$为总资产周转率，代表公司的营运能力；CF为经过期末总资产调整的经营活动现金流量净额；$LOSS$为虚拟变量，当公司当年出现亏损时取1，否则取0，代表公司是否处于财务困境；AGE为公司的上市年限；$XLIST$为虚拟变量，当公司同时发行A股和H股时取1，当公司只发行A股时取0。

对模型(5.4)进行OLS回归估计出的$POST$系数α_1，表示新会计准则执行后操控性应计利润的变化。如果α_1显著为负，表明新会计准则执行后操控性应计利润有所下降，盈余管理程度下降，会计信息质量提高。

2. 特定目标的盈余管理

有关盈余管理的研究发现,报告盈余在临界点附近往往存在不连续分布的现象(Burgstahler and Dichev,1997)。为达到避免报告亏损的目的,公司管理层很可能利用盈余管理报告小额的正盈余(Leuz et al.,2003)。这一问题在我国显得尤为突出。王亚平等(2005)运用参数估计的研究方法时发现,上市公司为规避 ST、PT 等监管处理,在阈值 0 点处存在普遍的盈余管理现象。本章以报告微利的频率来度量这种特定目标的盈余管理。为控制经济环境变化和管理层动机等非准则因素的影响,加入控制变量,采用如下 Logistic 模型[模型(5.5)]来检验新会计准则执行的效果:

$$SPOS_{it} = \alpha_0 + \alpha_1 POST_{it} + \alpha_2 SIZE_{it} + \alpha_3 GROWTH_{it} + \alpha_4 DISSUE_{it} +$$
$$\alpha_5 LEV_{it} + \alpha_6 TURN_{it} + \alpha_7 CF_{it} + \alpha_8 XLIST_{it} + \sum_{k=1}^{20} \alpha_{k+8} IDUS_i$$
$$+ \varepsilon_{it} \qquad\qquad\qquad\qquad\qquad 模型(5.5)$$

其中,$SPOS$ 为二元因变量,当总资产净利润率在$(0, 0.01)$之间时取 1,否则取 0。$POST$ 为测试变量,当样本所在年度为新会计准则执行后(2007—2008 年)取 1,否则取 0。控制变量 $SIZE$ 表示期末总资产的自然对数,$GROWTH$ 表示营业收入的增长率,$DISSUE$ 表示总负债的变化率,LEV 表示期末资产负债率,$TURN$ 表示经过期末总资产调整的营业收入,CF 表示经过期末总资产调整的经营活动现金流量净额,$XLIST$ 为虚拟变量,当公司同时发行 A 股和 H 股时取 1,当公司只发行 A 股时取 0,$IDUS$ 为行业固定效应。按照证监会 2001 年发布的《上市公司行业分类指引》对上市公司所处行业的 13 项分类,剔除金融保险类,得到有效样本涉及 12 个行业,制造业取两位代码分类,其他行业取一位代码分类,设置 20 个行业虚拟变量。

对模型(5.5)进行 Logistic 回归估计出的 $POST$ 系数α_1,表示新会计准则执行后报告微利频率的变化。如果 α_1 显著为负,表明新会计准则执行后特定目标的盈余管理有所下降,会计信息质量提高。

3. “洗大澡”行为

在我国特殊的 ST、PT 制度下,上市公司利用资产减值准备的计提及转回进行“洗大澡”,已成为我国上市公司盈余管理的重要手段之一(李远鹏和李若山,2005;曲晓辉和邱月华,2007;姜国华和张然,

2007)。这与西方公司管理层为了向投资者传递公司经营状况稳定的假象而故意隐藏盈余的波动,进行盈余平滑的管理行为具有显著的区别。因此,西方文献普遍采用的以盈余平滑度量会计信息质量的方法在我国的制度环境下可能缺乏适用性。本章采用报告巨额亏损的频率度量"洗大澡"式的盈余管理。为控制经济环境变化和管理层动机等非准则因素的影响,加入控制变量,采用如下 Logistic 模型[模型(5.6)]来检验新会计准则执行的效果:

$$LNEG_{it} = \alpha_0 + \alpha_1 POST_{it} + \alpha_2 SIZE_{it} + \alpha_3 GROWTH_{it} + \alpha_4 DISSUE_{it} +$$

$$\alpha_5 LEV_{it} + \alpha_6 TURN_{it} + \alpha_7 CF_{it} + \alpha_8 XLIST_{it} + \sum_{k=1}^{20} \alpha_{k+8} IDUS_i$$

$$+ \varepsilon_{it} \hspace{4cm} 模型(5.6)$$

其中,$LNEG$ 为二元因变量,当总资产净利润率小于-0.2 时取 1,否则取 0。$POST$ 为测试变量,当样本所在年度为新会计准则执行后(2007—2008 年)取 1,否则取 0。控制变量含义同模型(5.5)。

对模型(5.6)进行 Logistic 回归估计出的 $POST$ 系数 α_1,表示新会计准则执行后"洗大澡"行为的变化。如果 α_1 显著为负,表明新会计准则执行后"洗大澡"的盈余管理行为有所下降,会计信息质量提高。

（二）损失确认的及时性

对经济损失的及时确认被认为是高质量会计信息的一个重要特征(Ball and Shivakumar,2005)。在稳健会计下,会计信息系统对经济收益和经济损失的反映具有不对称性(Basu,1997),表现为及时确认损失而推迟确认收益。及时确认损失有利于限制公司管理层的过度投资行为,缓解与投资决策相关的代理问题。Basu(1997)提出的盈余—股票报酬率关系的模型在有关稳健性的文献中被广泛应用,但由于对市场有效性有较高的要求,该模型的适用性遭到一些质疑(Dietrich et al.,2007;Givoly et al.,2007)。Dechow 等(2009)也指出,以股票报酬率为基础对损失确认的及时性进行度量时,必须注意市场效率和其他信息的影响,因为股票报酬率反映了所有的信息,而不仅仅是盈余信息。在我国的市场环境下,股票报酬率未必能充分反映公司的好消息和坏消息,使用 Basu 模型得出的结果是值得商榷的(杨华军,2007)。

具体到研究区间,受 2006 年"大牛市"行情的影响,上市公司股票报酬率的均值和中值均显著大于零,且远远高于其他年份(张馨艺和朱松,2009;张鸣等,2009)。若采用以股票报酬率为基础的 Basu 模型,将导致较为严重的计量偏误。而 Ball 和 Shivakumar(2005)构建的应计—现金流关系模型,既考虑了应计利润对预期经济收益和损失的不对称反映,又能有效地避免市场"噪音"的干扰。因此,本章采用基于应计—现金流关系的模型对损失确认的及时性进行度量。在 Ball 和 Shivakumar(2005)的基础上,加入年度变量 POST 及其交乘项,以检验会计准则变迁对损失确认及时性的影响。为控制亏损公司的盈余管理行为可能产生的"噪音",借鉴李远鹏和李若山(2005)的方法,加入 LOSS 哑变量及其交乘项。同时,为控制行业特征对模型估计参数的影响,因变量经过行业固定效应的调整。具体如模型(5.7)所示。

$$ACC^* it = \alpha + \beta_1 DCFO_{it} + \beta_2 CFO_{it} + \beta_3 DCFO_{it} \times CFO_{it} +$$
$$\beta_4 POST_{it} + \beta_5 POST_{it} \times DCFO_{it} + \beta_6 POST_{it} \times$$
$$CFO_{it} + \beta_7 POST_{it} \times DCFO_{it} \times CFO_{it} + \beta_8 LOSS_{it} +$$
$$\beta_9 LOSS_{it} \times DCFO_{it} + \beta_{10} LOSS_{it} \times CFO_{it} +$$
$$\beta_{11} LOSS_{it} \times DCFO_{it} \times CFO_{it} + \varepsilon_{it} \qquad \text{模型}(5.7)$$

其中,因变量 ACC^* 表示控制行业影响的应计利润;CFO 表示经过期初总资产调整的经营活动现金流量;$DCFO$ 为虚拟变量,当 $DCFO$ 为负时取 1,否则取 0;$POST$ 为虚拟变量,当样本所在年度为新会计准则执行后(2007—2008 年)取 1,否则取 0;$LOSS$ 为虚拟变量,当公司当年出现亏损时取 1,否则取 0。模型(5.7)的回归分为以下两步:首先,将经过期初总资产调整的应计利润 ACC 对行业虚拟变量进行回归,应计利润等于营业利润减去经营活动现金流量净额;然后,将第一步回归得出的残差 ACC^* 作为因变量,对模型(5.7)进行回归。

对模型(5.7)进行 OLS 回归估计出的 $POST \times DCFO \times CFO$ 系数 β_7,表示新会计准则执行后损失确认及时性的变化。如果 β_7 显著为正,表明新会计准则执行后损失确认更加及时,会计信息质量提高。

研究变量说明如表 5-1 所示。

表 5-1　研究变量说明

变量符号	变量名称	变量定义
检验变量		
DA	操控性应计利润	根据截面修正的 Jones 模型估计的操控性应计利润
SPOS	报告微利的频率	哑变量,总资产净利润率在(0,0.01)之间时取 1,否则取 0
LNEG	报告巨额亏损的频率	哑变量,总资产净利润率小于−0.2 时取 1,否则取 0
POST	年度哑变量	当样本所在年度为 2007—2008 年取 1,在 2005—2006 取 0
ACC	应计利润	(营业利润−经营活动现金流量净额)/年初总资产
CFO	经营活动现金流	经营活动现金流量净额/年初总资产
控制变量		
SIZE	公司规模	公司年末总资产的自然对数
GROWTH	营业收入增长率	(当年营业收入−上年营业收入)/上年营业收入
DISSUE	总负债增长率	(年末总负债−年初总负债)/年初总负债
LEV	资产负债率	年末总负债/年末总资产
TURN	资产周转率	营业收入/年末总资产
CF	经营活动现金流	经营活动现金流量净额/年末总资产
LOSS	财务困境	哑变量,公司当年出现亏损取 1,否则取 0
AGE	上市年限	上市年限
XLIST	跨境上市	哑变量,当公司同时发行 A 股和 H 股时取 1,否则取 0
IDUS	行业	哑变量

二、研究假说

　　新会计准则在充分考虑我国目前的经济法律环境的基础上,采用了 IFRS 的基本框架、原则导向和主要方法,涵盖了 IFRS 的大多数项目,在资产、负债、收入、费用等会计要素的定义和确认、计量、记录、报告上与 IFRS 保持一致,是与 IFRS 趋同的高质量的会计准则。高质量的会计准则有助于抑制公司管理层操控报告盈余的机会主义倾向,减少盈余管理程度,使报告盈余更能反映公司的真实收益(Leuz et al.,2003;Barth et al.,2008)。同时,为了抑制上市公司通过"洗大澡"操纵业绩规避监管的机会主义行为,新会计准则规定固定资产、无形资产等非流动资产计提的减值损失一经确认不得转回。这是与 IFRS 全面趋同背景下新会计准则与 IFRS 尚存的极少数差异之一。因此提出假说 1:

假说1：执行新会计准则后，盈余管理程度下降。

假说1.1：执行新会计准则后，操控性应计利润下降；

假说1.2：执行新会计准则后，特定目标的盈余管理下降；

假说1.3：执行新会计准则后，"洗大澡"行为减少。

新会计准则引入了公允价值计量属性，在交易性金融资产和负债、投资性房地产、债务重组、非货币性交换、非同一控制下企业合并等特定交易事项领域允许有条件地采用公允价值，加入更多不确定性计量和管理层判断，由此产生的对稳健性原则的弱化有可能降低会计信息系统对损失确认的及时程度。与此同时，新会计准则采纳了资产负债观的制定理念，要求对交易或者事项进行会计确认、计量和报告保持应有的谨慎，不应高估资产或者收益、低估负债或者费用。除担保、未决诉讼等或有事项外，如辞退福利、亏损合同、重组业务和弃置费用等凡符合负债确认条件的，要求及时、足额地确认和计量相关成本费用和预计负债，对会计信息的稳健性提出了要求。综合以上两种相反的作用，提出假说2：

假说2：执行新会计准则后，损失确认的及时性没有显著变化。

三、样本选择与数据来源

本章研究所选择的样本为新会计准则执行前（2005—2006 年）和新会计准则执行后（2007—2008 年）各 2 年的 A 股上市公司。2005 年我国启动的股权分置改革对上市公司和证券市场都产生了深远的影响，制度环境和管理层动机等非准则因素与 2005 年之前存在显著的差异。为了减少这些"噪音"对研究结果可能产生的干扰，加之考虑研究数据的可获得性，选择 2005—2008 年作为本章的研究区间。样本筛选过程中，剔除金融保险业公司和相关数据缺失的公司。筛选后共得到 5 353 个公司/年样本，其中新会计准则执行前样本数为 2 554，新会计准则执行后样本数为 2 799。样本的年度及行业分布情况如表 5-2 所示。

本章所有财务数据均来自 CSMAR（2009）数据库。为控制极端值的可能影响，对所有连续型变量按照上下 1‰分位数进行缩尾（winsorize）调整，即高于上 1‰分位数的样本按照上 1‰分位数取值；低于下 1‰分位数的样本按照下 1‰分位数取值（Francis et al.，2005）。本章使用的上市公司行业分类依据证监会 2001 年发布的《上市公司行业分类指引》,其中制造业由于公司数量众多,取两位代码分类,其他行业取一位代码分类。在采用截面修正的 Jones 模型估计操控性应计利润时,将家具制造业(行业代码为 C2)并入其他制造业(行业代码为 C9)计算。

表 5-2　研究样本的年度及行业分布情况

行业 ＼ 年度	2005	2006	2007	2008	合计
A 农、林、牧、渔业	31	29	32	34	126
B 采掘业	23	22	23	35	103
C0 食品、饮料	54	54	57	64	229
C1 纺织、服装、皮毛	54	59	61	66	240
C2 木材、家具	3	4	4	4	15
C3 造纸、印刷	19	21	27	28	95
C4 石油、化学、塑胶、塑料	140	140	141	156	577
C5 电子	43	45	46	67	201
C6 金属、非金属	115	113	122	138	488
C7 机械、设备、仪表	196	199	198	229	822
C8 医药、生物制品	87	86	91	94	358
C9 其他制造业	13	13	16	20	62
D 电力、煤气及水的生产和供应	61	62	62	62	247
E 建筑业	28	28	30	36	122
F 交通运输、仓储业	52	54	59	63	228
G 信息技术业	80	80	84	91	335
H 批发和零售贸易	87	89	87	92	355
J 房地产业	68	67	62	72	269
K 社会服务业	40	39	41	49	169
L 传播与文化产业	10	10	9	10	39
M 综合类	68	68	67	70	273
合　计	1 272	1 282	1 319	1 480	5 353

第三节　实证结果与分析

本章从盈余管理、损失确认的及时性两个方面对新会计准则变迁前后的会计信息质量变化进行检验。实证结果及分析报告如下。

一、描述性统计

各检验变量和控制变量的描述性统计如表5-3所示。从描述性统计情况来看,各变量在新会计准则执行前2年(2005—2006年)和执行后2年(2007—2008年)的差异明显。新会计准则执行前操控性应计利润(DA)的均值和中位数分别为0.001 6和0.001 7,而新会计准则执行后其均值和中位数分别为0.007 4和0.002 8,T检验显示2个时期的操控性应计利润均值有显著差异。在未控制经济环境和管理层动机等非准则因素的情况下,新会计准则执行后操控性应计利润有所增加。从特定目标的盈余管理和"洗大澡"行为这两种典型的盈余管理手段来看,在新会计准则执行后,报告微利的频率($SPOS$)和报告巨额亏损的频率($LNEG$)有明显变化,两项指标的均值和中位数均显著低于新会计准则执行前的水平。

在公司特征等控制变量方面,财务杠杆(LEV)、经营活动现金流量(CF)和财务困境($LOSS$)在新会计准则执行后均有显著的下降。而公司规模($SIZE$)、公司成长性($GROWTH$)和资产周转率($TURN$)在新会计准则执行后显著上升,均值和中位数高于新会计准则执行前的水平。这在一定程度上反映了新会计准则执行后,公司的经营规模、经营状况和经营效率有所提高。

表5-3　会计信息质量变量描述性统计

	新会计准则执行前($N=2\,554$)			新会计准则执行后($N=2\,799$)		
	均值	中位数	标准差	均值	中位数	标准差
检验变量						
DA	0.001 6	0.001 7	0.095 1	0.007 4 **	0.002 8	0.114 5
$SPOS$	0.15	0	0.361	0.11 ***	0 ***	0.318
$LNEG$	0.04	0	0.193	0.02 ***	0 ***	0.153
$POST$	0	0	0	1	1	1
ACC	−0.030 3	−0.029 3	0.096 1	−0.011 0 ***	−0.017 ***	0.117 1
CFO	0.061 6	0.056 3	0.087 1	0.059 6	0.055 3	0.104 9
控制变量						
$SIZE$	21.288 8	21.228 6	1.042 7	21.515 9 ***	21.417 5 ***	1.166 7

	新会计准则执行前(N=2 554)			新会计准则执行后(N=2 799)		
	均值	中位数	标准差	均值	中位数	标准差
GROWTH	0.177 4	0.126 2	0.494 8	0.245 9***	0.152 4***	0.590 5
DISSUE	0.193 1	0.094 2	0.510 4	0.236 1***	0.101 8	0.611 1
LEV	0.548 7	0.538 3	0.274 2	0.527 6***	0.516 7***	0.251 2
TURN	0.685 6	0.557 2	0.505 9	0.735 7***	0.610 5***	0.523 6
CF	0.055 5	0.053 3	0.076 4	0.050 1**	0.049 4**	0.084 3
LOSS	0.16	0	0.367	0.12***	0***	0.330
AGE	7.5	8	3.491	8.6***	9***	4.205
XLIST	0.03	0	0.156	0.03	0	0.171

注：*，**，*** 分别表示在 10%、5%、1% 的显著性水平上，新会计准则执行前后存在差异（均值 T 检验与中位数 Wilcoxon 检验）。各变量说明见表 5-1。

二、相关性分析

表 5-4 列示了主要变量之间的相关系数矩阵。从盈余管理的三项度量指标来看，操控性应计利润（DA）与报告微利的频率（SPOS）显著负相关；操控性应计利润（DA）与报告巨额亏损的频率（LNEG）显著负相关，报告巨额亏损的频率（LNEG）与报告微利的频率（SPOS）显著负相关。从年度哑变量（POST）与盈余管理的度量指标（DA、SPOS、LNEG）的关系来看，年度哑变量（POST）与操控性应计利润（DA）显著正相关，与报告微利的频率（SPOS）、报告巨额亏损的频率（LNEG）均呈显著负相关关系，表明公司盈余管理水平在新会计准则执行前后具有显著差异，新会计准则的执行对公司盈余管理水平具有显著影响。从年度哑变量（POST）与公司特征变量的关系来看，年度哑变量（POST）与公司规模（SIZE）、成长性（GROWTH）和资产周转率（TURN）显著正相关，与财务杠杆（LEV）、经营活动现金流量（CF）和财务困境（LOSS）显著负相关，意味着新会计准则执行后，公司规模更大，成长性更强，资产周转率更高，财务困境减少。从盈余管理的度量指标与公司特征变量的关系来看，公司规模（SIZE）与操控性应计利润（DA）显著正相关，与报告微利的频率（SPOS）、报告巨额亏损的频率（LNEG）显著负相关；公司成长性（GROWTH）与操控性应计利润（DA）显著正相关，与报告微利的频率（SPOS）、报告巨额亏损的频率

表5-4　主要变量相关系数矩阵

	DA	SPOS	LNEG	POST	ACC	SIZE	GROWTH	DISSUE	LEV	TURN	CF	LOSS	AGE	XLIST
DA	1	−0.0316 **	−0.2290 ***	0.0111	0.8689 ***	0.0134	0.0762 ***	0.1150 ***	−0.2372 ***	−0.0642 ***	−0.5203 ***	−0.2950 ***	−0.0910 ***	−0.0346
SPOS	−0.0311 ***	1	−0.0701 ***	−0.0576 ***	−0.0528 ***	−0.0372 ***	−0.0758 ***	−0.0850 ***	0.0315 **	−0.0596 ***	−0.0853 ***	−0.1592 ***	0.0597 ***	−0.0157 *
LNEG	−0.2290 ***	−0.0701 ***	1	−0.0427	−0.3315 ***	−0.1862 ***	−0.1511 ***	−0.0585 ***	0.4136 ***	−0.0749 ***	−0.1215 ***	0.4401 ***	0.0548 ***	−0.0104
POST	0.0111	−0.0576 ***	−0.0427	1	0.0896 ***	0.1017	0.0624 ***	0.0380	−0.0402	0.0485 ***	−0.0331 **	−0.0513 ***	0.1406 ***	0.0151
ACC	0.8689 ***	−0.0645 ***	−0.2589 ***	0.085 **	1	0.1194 ***	0.1604 ***	0.1806 ***	−0.2973 ***	0.0256 **	−0.5715 ***	−0.3582 ***	−0.0798 ***	−0.0277 **
SIZE	0.0134	−0.0342 **	−0.1747 ***	0.0918 ***	0.0778 ***	1	0.1026 ***	0.1980 ***	−0.0121	0.1285 ***	0.1010 ***	−0.1771 ***	0.0596 ***	0.3077 ***
GROWTH	0.0762 ***	−0.1104 ***	−0.1984 ***	0.0589 ***	0.1817 ***	0.1727 ***	1	0.3487 ***	−0.0336 **	0.0843 ***	0.0824 ***	−0.2054 ***	−0.0515 ***	0.0055
DISSUE	0.1150 ***	−0.1031 ***	−0.0689 ***	0.0181	0.1275 ***	0.2354 ***	0.3167 ***	1	0.0218	−0.0686 ***	−0.0576 ***	−0.0870 ***	−0.0890 ***	0.0183
LEV	−0.2372 ***	0.0780 ***	0.2200 ***	−0.0360 ***	−0.2379 ***	0.1861 ***	−0.0078	0.1308 ***	1	−0.0032	−0.1448 ***	0.3254 ***	0.1617 ***	−0.0064
TURN	−0.0642 ***	−0.0641 ***	−0.1018 ***	0.0591 ***	0.0248 *	0.1201 ***	0.2087 ***	−0.0135	0.0279 **	1	0.1491 ***	−0.1146 ***	−0.0116	0.0166
CF	−0.5203 ***	−0.1053 ***	−0.1265 ***	−0.0332 **	−0.5618 ***	0.1160 ***	0.1413 ***	−0.0350 ***	−0.1571 ***	0.1856 ***	1	−0.1831 ***	−0.0525 ***	0.0554 ***
LOSS	−0.3058 ***	−0.1592 ***	0.4401 ***	−0.0513 ***	−0.3683 ***	−0.1771 ***	−0.2941 ***	−0.0956 ***	0.2618 ***	−0.1410 ***	−0.2019 ***	1	0.0870 ***	−0.0065
AGE	−0.1087 ***	0.0538 ***	0.0520 ***	0.1464 ***	−0.0994 ***	0.0842 ***	−0.1502 ***	−0.1505 ***	0.1619 ***	−0.0516 ***	−0.0543 ***	0.0831 ***	1	−0.0212 **
XLIST	−0.0328 ***	−0.0157	−0.0104	0.0151	−0.0308	0.2198 ***	0.0341 **	0.0223 *	−0.0092	0.0217	0.0569 ***	−0.0065	−0.0212	1

注：相关系数的矩阵上三角部分为Pearson相关系数，下三角部分为Spearman相关系数；*、**、***分别表示在10%、5%、1%的水平下，双尾检验显著。各变量说明见表5-1。

（LNEG）显著负相关；公司总负债增长率（DISSUE）与操控性应计利润（DA）显著正相关，与报告微利的频率（SPOS）、报告巨额亏损的频率（LNEG）显著负相关，表明规模较大、成长性较好、负债增长较多的公司倾向于利用操控性项目进行盈余管理；财务杠杆（LEV）与操控性应计利润（DA）显著负相关，与报告微利的频率（SPOS）、报告巨额亏损的频率（LNEG）显著正相关，表明财务风险较高的公司有规避 ST、PT 等证券监管的动机；资产周转率（TURN）与操控性应计利润（DA）、报告微利的频率（SPOS）、报告巨额亏损的频率（LNEG）显著负相关；经营活动现金流量（CF）与操控性应计利润（DA）、报告微利的频率（SPOS）、报告巨额亏损的频率（LNEG）显著负相关，表明经营状况良好、现金流量充足的公司盈余管理水平较低；公司财务困境（LOSS）与操控性应计利润（DA）、报告微利的频率（SPOS）负相关，与报告巨额亏损的频率（LNEG）显著正相关，表明亏损公司具有明显的"洗大澡"动机；公司上市年限与操控性应计利润（DA）显著负相关，与报告微利的频率（SPOS）、报告巨额亏损的频率（LNEG）显著正相关；跨境上市哑变量（XLIST）与操控性应计利润（DA）显著负相关，表明 AH 股公司较 A 股公司较少利用操控性项目进行盈余管理，并且，与新会计准则和其他公司特征变量相比，跨境上市对公司盈余管理的影响相对较弱。

为检验新会计准则对会计信息质量的影响，本章在研究设计中加入了公司特征等变量，以控制非准则因素可能对执行效果产生的"噪音"。表 5-4 所列示的检验变量与公司特征变量的显著关系，支持了这一做法的必要性。另外，从各控制变量之间的相关系数可以看出，研究设计的多元回归模型不存在明显的多重共线性问题。

三、回归结果与分析

（一）盈余管理

表 5-5 列示了新会计准则执行前后应计质量的变化。模型（5.4）的回归结果显示，测试变量 POST 的回归系数为 -0.004，在 5% 的水平上显著为负，表明新会计准则执行后，操控性应计利润显著下降，假说1.1 得到支持。与 IFRS 趋同的新会计准则突出了原则导向的使用，赋予了公司管理层更多的会计选择权和职业判断空间，对准则执行的机制提出了更高的要求。从应计质量的检验结果来看，新会计准则的

原则导向并没有造成管理层机会主义的滥用,相反减少了盈余管理行为,表明我国的执行支撑环境能够对高质量会计准则的执行发挥积极的推动作用。控制变量的检验结果显示,公司规模、公司成长性、总负债增长率与操控性应计利润显著正相关,表明规模大、处于成长期和负债增加的公司更有进行操控性盈余管理的倾向;而财务杠杆、经营活动现金流量、上市年限和跨境上市与操控性应计利润显著负相关,表明公司自身的动机和来自外部的监管约束有助于会计信息质量的改善。

表 5-5　新会计准则执行与操控性应计利润的回归结果

变量	预期符号	操控性应计利润 DA(截面修正的 Jones 模型)		
		估计系数	T 统计量	P 值
Intercept	?	0.038*	1.810	0.070
POST	−	−0.004**	−2.176	0.03
SIZE	−	0.004***	4.259	0.000
GROWTH	+	0.004**	1.973	0.049
DISSUE	+	0.013***	6.705	0.000
LEV	+	−0.101***	−24.940	0.000
TURN	−	0.000	−0.218	0.827
CF	−	−0.848***	−66.419	0.000
LOSS	+	−0.094***	−29.916	0.000
AGE	−	−0.001***	−5.185	0.000
XLIST	−	−0.012*	−1.855	0.064
N		5 353		
Adj. R^2		0.531		
F Value		607.881		0.000

注：*,**,*** 分别表示在 10%,5%,1%的水平上双尾检验显著。各变量说明见表 5-1。

表 5-6 列示了新会计准则执行前后特定目标盈余管理的变化。模型(5.5)的回归结果显示,测试变量 POST 的回归系数为 −0.323,在 1%的水平上显著为负,表明新会计准则执行后,报告微利的频率显著下降,特定目标的盈余管理减少,假说 1.2 得到支持。在控制经济环境变化和管理层动机等非准则因素的影响后,新会计准则质量的提高有效地抑制了公司管理层特定目标的盈余管理行为,会计信息质量得到提高,财务报告更能反映公司的真实经济状况。控制变量的检验结果

显示,公司成长性、总负债增长率、财务杠杆和经营活动现金流量与报告微利的频率存在显著的负相关关系,可能是因为具备这些特征的公司本身经营情况较好、收益较高,"变亏为盈"的压力较小。

表5-6 新会计准则执行与报告微利频率的回归结果

变量	预期符号	报告微利的频率 SPOS		
		估计系数	T 统计量	P 值
Intercept	?	−1.798*	3.725	0.054
POST	−	−0.323***	15.072	0.000
SIZE	−	0.026	0.374	0.541
GROWTH	+	−0.251**	6.174	0.013
DISSUE	+	−0.663***	31.895	0.000
LEV	+	0.110	0.542	0.462
TURN	−	−0.368***	13.430	0.000
CF	−	−2.958***	28.716	0.000
XLIST	−	−0.088	0.09	0.764
IDUS		控制		
N		5 353		
Adj. R^2		0.061		
F Value		180.648		0.000

注:*,**,*** 分别表示在 10%,5%,1% 的水平上双尾检验显著。各变量说明见表5-1。

表5-7 列示了新会计准则执行前后"洗大澡"盈余管理的变化。模型 5.6 的回归结果显示,测试变量 POST 的回归系数为−0.342,在 10% 的水平上显著为负,表明新会计准则执行后,报告巨额亏损的频率显著下降,"洗大澡"的盈余管理行为减少,假说 1.3 得到支持。通过"洗大澡"进行利润操纵以避免被 ST 或 PT 的盈余管理行为曾经是我国上市公司十分突出的会计造假行为(黄世忠,2005),正是出于这种考虑,新会计准则不再允许转回长期资产减值准备,从而构成新会计准则与 IFRS 的实质性差异之一。从报告巨额亏损频率的检验结果来看,新会计准则的规定有效地抑制了"洗大澡"的盈余管理行为,会计信息质量得到改善。这说明我国在新会计准则的制定过程中,对具体的经济环境和业务实践进行了充分的考虑,而不是照抄照搬 IFRS。新会计

准则执行效果的经验证据也支持了这种"立足国情、国际趋同"的做法。

表5-7　新会计准则执行与报告巨额亏损频率的回归结果

变量	预期符号	报告巨额亏损的频率 LNEG		
		估计系数	T 统计量	P 值
Intercept	?	6.217***	6.629	0.010
POST	−	−0.342*	2.770	0.096
SIZE	−	−0.582***	26.406	0.000
GROWTH	+	−1.874***	35.468	0.000
DISSUE	+	−0.084	0.092	0.761
LEV	+	3.036***	150.434	0.000
TURN	−	−0.196	0.706	0.401
CF	−	−6.476***	28.550	0.000
XLIST	−	1.419**	4.345	0.037
IDUS		控制		
N		5 353		
Adj. R^2		0.462		
F Value		633.788		0.000

注：*，**，***分别表示在10%，5%，1%的水平上双尾检验显著。各变量说明见表5-1。

　　综合盈余管理的以上研究结果，新会计准则的执行降低了上市公司的操控性应计利润、报告微利的频率和报告巨额亏损的频率，应计质量得到提高，特定目标的盈余管理和"洗大澡"行为得到抑制。上市公司执行新会计准则后，盈余管理程度下降，假说1得到支持。同时，对非准则因素变量的控制结果表明，盈余管理行为受到公司动机的显著影响。需要指出的是，跨境上市对操控性应计利润、报告巨额亏损频率的回归系数分别在10%，5%的水平上显著为负，表明跨境上市所产生的捆绑效应（bonding effect）有助于降低盈余管理水平，改善会计信息质量。境外上市使公司面临更严格的法律监管和约束机制会在一定程度上影响会计准则的执行效果（Lang et al.，2003；Hung and Subramanyam，2007）。

　　（二）损失确认的及时性

　　表5-8列示了新会计准则执行对损失确认及时性的影响。模型

(5.7)的回归结果显示，$POST \times DCFO \times CFO$ 的回归系数为负但不显著，与预期相符，新会计准则执行前后损失确认的及时性没有发生显著变化。而 $LOSS \times DCFO \times CFO$ 的回归系数不显著，表明及时性没有得到加强并不是由于亏损公司的盈余管理行为所引起的，假说 2 得到支持。与 IFRS 趋同的新会计准则不再侧重对稳健性原则的应用，可能是导致会计信息稳健性没有提高的原因。有证据表明，与 IFRS 趋同的新会计准则对稳健性原则的弱化，降低了损失确认的及时性(毛新述，2009)，但这种稳健性水平的下降并非盈余管理所致(张馨艺和朱松，2009)。本章的检验结果也支持了这一研究结论。

表 5-8   新会计准则执行与损失确认及时性的回归结果

变量	预期符号	控制行业影响的应计利润 $ACC*$		
		估计系数	T 统计量	P 值
$Intercept$	?	0.036 ***	13.107	0.000
$DCFO$	?	0.008	1.419	0.156
CFO	—	−0.502 ***	−20.970	0.000
$DCFO \times CFO$	+	−0.548 ***	−8.344	0.000
$POST$	?	0.005	1.465	0.143
$POST \times DCFO$	?	0.002	0.327	0.744
$POST \times CFO$	?	0.052 *	1.701	0.089
$POST \times DCFO \times CFO$	+	−0.103	−1.349	0.177
$LOSS$	—	−0.117 ***	−21.425	0.000
$LOSS \times DCFO$	—	−0.052 ***	−5.949	0.000
$LOSS \times CFO$	—	−0.219 ***	−2.920	0.004
$LOSS \times DCFO \times CFO$	?	−0.011	−0.094	0.925
N		5 353		
$Adj. \ R^2$		0.531		
$F \ Value$		552.380		0.000

注：*，**，*** 分别表示在 10%，5%，1%的水平上双尾检验显著。因变量 $ACC*$ 为应计利润(ACC)对行业固定效应回归的残差，应计利润的计算公式为：(营业利润−经营活动现金流量净额)/年初总资产，其他各变量说明见表 5-1。

四、稳健性检验

为进一步提高结论的可靠性，对本章的主要研究结论进行以下稳健性检验。

（一）研究模型

（1）在检验盈余管理水平变化的模型(5.4)至模型(5.6)中加入年度变量与各控制变量的交乘项,回归结果显示,主要研究结论保持不变。

（2）在应计质量的度量方法上,本章采用的是根据截面修正的Jones模型估计出的操控性应计利润,而没有采用操控性应计利润的绝对值。这种方法区分了向上盈余管理和向下盈余管理,主要考虑我国上市公司通过操控性项目进行盈余管理的目的更多的是虚增利润、规避损失。如果取操控性应计利润的绝对值作为因变量,可能会导致计量偏误。在稳健性检验部分,对操控性应计利润取绝对值后再对模型(5.4)进行回归,结果显示模型的拟合程度 $Adj.R^2$ 大幅下降,由0.531减少到0.124,模型的解释能力 F Value 也由607.881下降为76.740,支持了这一推断。此外,采用截面 Jones 模型估计出的操控性应计利润作为模型(5.4)的因变量,检验结果保持不变。

（3）取消对行业固定效应的控制,重新对模型(5.3)至模型(5.7)进行回归,主要研究结论保持不变。

（二）样本

（1）为增强各模型的检验效力及出于控制可比性的考虑,对研究期间内的样本观测值运用平行数据(Balanced Data)进行了稳健性检验。2005—2008 年的平行样本公司数为 1152。对模型(5.4)至模型(5.7)的回归结果显示,本章的主要研究结论保持不变。

（2）按 5% 分位数对样本进行缩尾调整,研究结果基本一致。

（3）缩小研究区间,对新会计准则执行前（2006 年）和执行后（2007 年）各一年的上市公司会计信息质量进行检验。回归结果显示,主要研究结论保持不变。

（三）回归方法

为控制序列自相关和横截面异方差对研究结论的可能影响,对回归结果的相应统计量进行了 Newey-West(1987)调整,研究结论保持不变。

第四节　本章结论

本章以我国新会计准则执行前（2005—2006 年）和新会计准则执

行后(2007—2008年)各2年的A股上市公司为样本,从盈余管理、损失确认的及时性角度对新会计准则执行前后会计信息质量的变化进行了检验。研究结果显示,执行新会计准则后我国上市公司的盈余管理程度下降,具体表现为操控性应计利润减少,应计质量提高;以微利报告频率度量的特定目标盈余管理和以报告巨额亏损频率度量的"洗大澡"行为显著下降。新会计准则的原则导向并没有造成管理层机会主义的滥用,相反提高了会计信息质量。新会计准则在与IFRS实现趋同的同时,结合我国转型经济背景制定的差异性规定,有效地抑制了上市公司的盈余管理行为。受引入公允价值计量属性的影响,执行新会计准则后损失确认的及时性未得到提高。本章的研究结果表明,新会计准则的执行显著改善了会计信息质量,体现为盈余管理行为得到抑制。

参 考 文 献

方军雄. 2009. 会计准则国际化的经济后果——来自新《企业会计准则》颁布日市场反应的初步证据[J]. 中大管理研究,4(3):16-40.

葛家澍. 2009. 试评IASB/FASB联合概念框架的某些改进——截至2008年10月16日的进展[J]. 会计研究,(4):3-11.

胡旭微,杨隽萍,薛卫孝. 2009. 公允价值信息的价值相关性研究[A]. 2009年会计理论专题学术研讨会论文集[C].

黄世忠. 资产减值准则差异比较及政策建议[J]. 会计研究,2005(1):38-45.

姜国华,张然. 2007. 稳健性与公允价值:基于股票价格反应的规范性分析[J]. 会计研究,(6):20-25.

李远鹏,李若山. 2005. 是会计盈余稳健性,还是利润操纵?——来自中国上市公司的经验证据[J]. 中国会计与财务研究,(7):1-56.

刘峰,吴凤,钟瑞庆. 2004. 会计准则能提高会计信息质量吗——来自中国股市的初步证据[J]. 会计研究,(5):8-19.

刘峰,王兵. 2006. 什么决定了利润差异:会计准则还是职业判断[J]. 会计研究,2006(3):25-33.

罗胜强. 2005.《企业会计制度》国际协调程度的检验——基于上市公司实施《企业会计制度》的证据[J]. 财经论丛,(2):99-103.

罗婷,薛健,张海燕. 2008. 解析新会计准则对会计信息价值相关性的影响[J]. 中国会计评论,(6):129-140.

毛新述. 2009. 中国上市公司盈余稳健性研究[M]. 北京:经济科学出版社.

漆江娜,罗佳. 2009. 会计准则变迁对会计信息价值相关性的影响研究——来自中国证券市场 1993—2007 的经验证据[J]. 当代财经,(5):103-109.

曲晓辉,邱月华. 2007. 强制性制度变迁与盈余稳健性——来自深沪证券市场的经验证据[J]. 会计研究,(7):20-28.

斯思. 2009. 基于会计信息质量的我国会计准则趋同效果研究[J]. 财会通讯,(8):52-55.

王兵. 2008. 治理机制、盈余质量与资源配置[M]. 北京:经济科学出版社.

王亚平,吴联生,白云霞. 2005. 中国上市公司盈余管理的频率与幅度[J]. 经济研究,(12):102-112.

王跃堂,孙铮,陈世敏. 2001. 会计改革与会计信息质量——来自中国证券市场的经验证据[J]. 会计研究,(7):16-26.

王跃堂,张莉,赵子夜. 2004. 会计国际化与经济环境研究——基于中国资本市场的实证分析[J]. 财经研究,(12):66-77.

魏明海,等. 2006. 我国会计协调测定与政策研究[M]. 北京:中国财政经济出版社.

吴水澎,徐莉莎. 2008. 新会计准则实施的效果——从价值相关性角度[J]. 经济与管理研究,(6):61-66.

夏立军. 2003. 盈余管理计量模型在中国股票市场的应用研究[J]. 中国会计与财务研究,(2):94-154.

熊剑,罗晓林. 2005. 我国会计准则变更价值相关性实证研究[J]. 暨南学报(哲学社会科学版),(5):16-23.

薛爽,赵立新,肖泽忠,等. 2008. 会计准则国际趋同是否提高了会计信息的价值相关性?——基于新老会计准则的比较研究[J]. 财贸经济,(9):62-67.

薛爽,徐浩萍,施海娜. 2009.公允价值的运用与应计利润功能——基于中国新旧会计准则比较的研究[J]. 南开管理评论,(5):125-135.

杨华军. 2007.会计稳健性研究述评[J]. 会计研究,(1):82-88.

朱凯,赵旭颖,孙红. 2009.会计准则改革、信息准确度与价值相关性——基于中国会计准则改革的经验证据[J]. 管理世界,(4):47-54.

张鸣,陈全,田野. 2009.新会计准则实施的经济后果研究——来自会计信息价值相关性的经验证据. 2009 年会计理论专题学术研讨会论文集[C].

张馨艺,朱松. 2009.新企业会计准则、公允价值计量与会计稳健性. 2009 年会计理论专题学术研讨会论文集[C].

AHMED A S, NEEL M J, WANG D. 2009. The effects of mandatory adoption of International Financial Reporting Standards on smoothness, conservatism and timeliness of accounting earning [R]. Working Paper, Texas A&M University.

BALL R, SHIVAKUMAR L. 2005. Earnings quality in UK private firms: Comparative loss recognition timeliness [J]. Journal of Accounting and Economics, 39(1): 83-128.

BARTH M E. 2008. Global financial reporting: implications for U. S. academics [J]. The Accounting Review, 83(5):1159-1179.

BARTH M E, LANDSMAN W R, LANG M H. 2008. International Accounting Standards and accounting quality [J]. Journal of Accounting Research, 46: 467-498.

BARTOV E, GIVOLY D, HAYN C. 2002. The rewards to meeting or beating earnings expectations [J]. Journal of Accounting and Economics, 33, 173-204.

BASU S. 1997. The conservatism principle and the asymmetric timeliness of earnings [J]. Journal of Accounting and Economics, 24(1):3-37.

BURGSTAHLER D DICHEV I. 1997. Earnings management to

avoid earnings decreases and losses. [J]. Journal of Accounting and Economics, 24(1):99-126.

CHEN S, WU D. 2007. Accounting conservatism in Chinese listed firms: the influence of standards, incentives, and monitoring. Working paper, The Hong Kong Polytechnic University.

DECHOW P, SLOAN R, SWEENEY A. 1995. Detecting earnings management [J]. The Accounting Review, 70:193-225.

DECHOW P, GE W, SCHRAND C. 2009. Understanding earnings quality: A review of the proxies, their determinants and their consequences. Working paper, University of California, University of Washington, and University of Pennsylvania.

DIETRICH J R, MULLER K A, RIEDL E J. 2007. Asymmetric timeliness tests of Accounting conservatism [J]. Review of Accounting Studies, 12:95-124.

FRANCIS J, LAFOND R, OLSSON P, SCHIPPER K. 2004. Costs of equity and earnings attributes [J]. The Accounting Review, 79, 967-1010.

FRANCIS J, LAFOND R, P OLSSON, SCHIPPER K. 2005. The market pricing of accruals quality [J]. Journal of Accounting and Economics, 39: 295-327.

GIVOLY D, HAYN C, NATARAJAN A. 2007. Measuring reporting conservatism[J]. The Accounting Review, 82(1): 65-106.

HE X, WONG T J, YOUNG D. 2009. Challenges for implementation of fair value accounting in emerging markets: Evidence from IFRS adoption in China. Working Paper, Shanghai University of Finance and Economics and The Chinese University of Hong Kong.

HUNG M, SUBRAMANYAM K R. 2007. Financial statement effects of adopting International Accounting Standards: The case of Germany [J]. Review of Accounting Studies, 12: 623-657.

LANG M, RAEDY J S, YETMAN M. 2003. How representative

are firms that are cross-listed in the United States? An analysis of accounting quality. [J] Journal of Accounting Research 41, 363-386.

LANG M, RAEDY J S, WILSON W. 2006, Earnings management and cross listing: Are reconciled earnings comparable to US earnings? [J] Journal of Accounting and Economics, 42: 255-283.

LEUZ C, NANDA D, WYSOCKI P D. 2003. Earnings management and investor protection: An international comparison [J]. Journal of Financial Economics, 69(3): 505-527.

LIN J, ALAM P. 2009. The impact of China's adoption of new accounting standards on analysts' forecast accuracy : An IFRS study. Working Paper, St. Joseph's University and Kent State University.

MYERS J N, MYERS L A, SINNER D J. 2007. Earnings momentum and earnings management [J]. Journal of Accounting, Auditing, and Finance, 22: 249-284.

PENMAN S. 2003. The quality of financial statements: Perspectives from the recent stock market bubble [J]. Accounting Horizons, 17:77-96.

SCHIPPER K L. 2003. Vincent. Earnings quality [J]. Accounting Horizons, 17: 97-110.

111

第三篇

具体会计准则趋同对会计信息质量的影响研究

第六章　会计准则趋同对会计信息
质量的影响

—— 基于所得税准则应计质量的经验证据[①]

在国际财务报告准则（IFRS）趋同背景下，2006 年中国财政部借鉴《国际会计准则第 12 号——所得税》，制定并公布了新所得税会计准则《企业会计准则第 18 号——所得税》，由原来的应付税款法和纳税影响会计法两者选择其一，改变为只允许采用资产负债表债务法。而欧盟这一中国最重要的贸易伙伴之一，则在 2002 年 7 月通过了《关于运用国际会计准则的第 1606/2002 号法令》，要求所有欧盟上市公司从 2005 年起采用经过欧盟委员会认可的国际财务报告准则编制合并财务报表，实现了包括所得税会计准则在内的会计准则国际趋同。与此同时，欧盟还分别启动了对中国、美国、日本、加拿大、韩国等第三国会计准则等效性认定的程序，并强调应从会计准则应用于决策过程中的作用的角度，对等效性[②]进行判断，要求不同会计准则所提供的财务报告具有同等质量。毫无疑问，所得税会计信息质量是判断所得税会计准则等效性的一个重要方面。

作为 IFRS 趋同下所得税会计准则的核心内容，基于资产负债表债务法的递延所得税资产的确认，对公司会计信息质量的影响具有双重性。它既可传递管理层关于公司未来盈利状况预测和现金流量的私有信息（Amir and Sougiannis，1999），也可作为公司盈余管理的工具

[①] 曲晓辉，肖虹，丁芸洁. 上市公司利用递延所得税资产确认进行盈余管理吗？——基于与 IFRS 趋同后欧盟及中国上市公司的经验证据比较[J]. 当代会计评论，2009(2)：32-50.

[②] 根据欧盟 2007 年发布的第 1569/2007 号条例第二款定义，是指"第三国会计准则在下面情况下可以认为是与欧盟根据 Regulation（EC）No. 1606/2002 所采纳的 IFRS 是等效的：投资者根据以第三国会计准则为基础编制的报表对证券发行者的资产和负债、财务状况、损益以及预期所作出的评价，与根据以 IFRS 为基础编报的报表所作出的评价相似，并体现在对购买、保留或处置证券的决定也一样。"

(David et al. ,2002),因而成为税收监管和股票市场信息披露规范所共同关注的焦点,但目前相关研究证据还非常不足,已有的研究也未取得一致结论。在经济不景气时期或公司经营困难阶段,特别是在发生纳税亏损的情况下,上市公司极有可能出于财务报告和收益预测的压力,利用递延所得税资产的确认,夸大报告利润或低估报告亏损(Elliott and Swieringa,1985)。据此,本章以 IFRS 趋同下所得税会计准则在欧盟及中国上市公司的第一年实施情况为研究背景,对其公司管理层是否利用递延所得税资产的确认进行盈余管理的问题进行检验与比较。

运用 Logistic 回归与多元线性回归分析方法,本章的检验结果显示,欧盟及中国上市公司均在一定程度上利用递延所得税资产确认进行避免利润下滑的盈余管理。其中,中国上市公司递延所得税资产确认具有可操纵应计利润之外的增量作用,欧盟上市公司则具有线下项目可操纵性应计项目之外的增量作用。在避免亏损的盈余管理中,欧盟及中国上市公司递延所得税资产确认均未存在这种增量作用。此外,中国上市公司递延所得税资产确认的盈余管理与市场监管动机相关,与债务契约、管理层薪酬激励无关。其中,存在上市公司利用 2006 年追溯确认递延所得税资产契机改善相关指标账面值现象,以及在 2007 年利用递延所得税资产确认缓解净利润下滑程度的倾向。我们认为,IFRS 趋同下所得税会计准则在欧盟及中国上市公司的实施效果已具有一定程度的等效性,但财务报告质量还受到特定制度环境因素的影响。应进一步明确限定递延所得税资产确认的条件,对具有避免亏损和避免利润下滑动机的上市公司加强递延所得税资产确定盈余管理的监管。

本章余下部分结构安排如下:第一节为文献回顾与研究假说的提出,第二节为研究设计及变量数据描述性统计,第三节为实证检验结果,第四节为研究结论。

第一节　文献回顾与研究假说的提出

关于公司管理层是否利用递延所得税资产确认进行盈余管理问题,国外研究主要从考察递延所得税资产估值准备水平与盈余管理动机因素相关性的角度进行探讨,并已取得了一定进展。其中,早期研究结论倾向于认为公司递延所得税资产确认与盈余管理不具有相关性。例如,Miller 和 Skinner(1998)的研究没有发现经理人利用递延所得税资产估值准备操纵会计盈余以达到降低财务杠杆或平滑利润的证据。Visvanathan(1998)的研究也没有发现管理层利用递延所得税资产的确认来平滑收益或服务于薪酬契约和债务契约的证据。但近年来的研究比较多地支持递延所得税资产确认会被利用于各种目的盈余管理的观点。例如,John Phillips 等(2003)研究发现,当采用总应计项目作为应计项目衡量指标时,递延所得税费用能够为检验避免亏损、利润下滑及满足分析师预期等目的的盈余管理提供增量作用。Gordon 和 Joos(2004)将影响未确认递延所得税因素划分为经营性因素和机会主义因素后研究证明,英国上市公司会采取机会主义行为操纵未确认递延所得税以管理公司财务杠杆。Chao 等(2004)研究发现,当盈余水平低于历史正常水平时,公司会利用递延所得税资产估值准备计提来"洗大澡"。Burgstahler 和 Dichev(1997)研究显示,在对未来应纳税所得额获取能力进行控制的情况下,微利公司比微亏公司更大比例地减少了递延所得税资产估值准备占递延所得税资产的比重,递延所得税资产估值准备被用作避免亏损的盈余管理工具。Schrand 和 Wong(2003)的研究发现,对于资本充足率高的银行,由于其资本充足率足以承受计提估值准备对利润和净资产带来的负面影响,因此银行会通过在采用准则的当年计提较高水平的估值准备,以期在未来年度运用对估值准备调整来平滑收益,其盈余管理程度由调整前盈余与预期或历史盈余的差异大小决定。Philips 等(2003)从递延税款角度考察了盈余管理与非应税项目损益的关系,发现递延税款指标可以有效地识别公司出于平滑盈余和避免亏损目的进行的盈余管理行为。

由于欧盟与中国上市公司分别于 2005 年与 2007 年才开始执行IFRS财务报告准则趋同下的新所得税会计准则,因此,目前还鲜有文章对此进行相关的实证研究。我们认为,作为当期应计项目的组成部分,递延所得税资产确认水平取决于未来应纳税所得额的获取情况,而未来应纳税所得额获取前景的不确定性以及所得税会计准则未对递延所得税资产确认提出严格限制条件,使之具有一定的可操纵性,有可能被公司管理层作为基本应计项目盈余管理之外的补充手段。据此,我们以中国与欧盟上市公司为比较对象,对基于基本应计项目盈余管理

的递延所得税资产确认增量作用进行检测,并提出以下假说:

假说1.1:中国与欧盟上市公司递延所得税资产确认对于避免亏损的应计项目盈余管理具有增量作用。

假说1.2:中国与欧盟上市公司递延所得税资产确认对于避免利润下滑的应计项目盈余管理具有增量作用。

现存研究文献显示,递延所得税资产确认与特定制度环境背景密切相关。例如,Miller 和 Skinner(1998)的研究发现,递延所得税资产估值准备水平与税收因素密切相关,并随预期未来应纳税所得额的增加而降低。Chao 等(2004)将会计政策选择的薪酬契约、债务契约、政治成本三大假说拓展到递延所得税资产估值准备计提上来,研究管理层是否根据盈余管理的需要来操纵递延所得税资产估值准备的计提水平,由此判断美国财务会计准则第 109 号是否成为管理层进行盈余管理的工具。该研究没有发现管理层利用递延所得税资产估值准备迎合债务契约、经理人薪酬、政府管制及平滑收益。当盈余水平低于历史正常水平时,公司更倾向于利用递延所得税资产估值准备计提来"洗大澡"而非平滑收益。Schrand 和 Wong(2003)的研究发现,对于已经设有递延所得税资产估值准备账户的银行来说,如果该家银行有能力充分资本化以吸收估值准备增加对利润的负面影响,则银行的经理将会在以后年度通过对估值准备的调整来平滑收益。Skinner(2008)研究指出,递延所得税会计已被日本政府以及银行监管机构用来掩盖日本银行实际的财务困境,借此缓解了对主要银行进行改革的政治压力,而公司管理层则利用递延所得税会计达到银行监管者对资本金水平的要求。

就中国制度背景的特殊性而言,也有大量文献证实,针对《公司法》有关退市规定以及证监会 ST 等政策,处于亏损边缘和新被"ST"的上市公司具有较强的盈余管理动机。事实上,这种现象与盈余管理的"门槛效应"(threshold effect)假说①预期也是相一致的。由于 2006 年度中国上市公司所面临的递延所得税资产追溯确认的监管政策要求相对

---

① 由 Burgstahler 和 Dichev 于 1998 年首先提出。该假说预期,为了跨越某些特定的门槛——盈余为正的门槛、盈余上升的门槛以及迎合财务分析师盈余预测的门槛,公司明显具有规避盈余损失或下降的盈余管理动机。

宽松①,因此我们预期 ST、特别是 2006 年新 ST 这类公司有可能会利用追溯确认契机,进行改善每股净资产等指标账面值的盈余管理。与此相比较,上市公司在 2007 年面临更为严格的递延所得税资产确认条件,同时 ST 类上市公司的未来盈利能力也受到审计单位和投资者更多的关注。因此,2007 年新被"ST"且处于亏损边缘的上市公司的递延所得税资产确认盈余管理面临相对较高的成本。据此,结合有关盈余管理动机的已有证据,我们提出以下假说:

假说 2.1:2006 年中国上市公司递延所得税资产的追溯确认水平与公司的高管薪酬契约、负债水平以及与公司新被"ST"性质特征显著正相关。

假说 2.2:2007 年中国上市公司递延所得税资产的确认水平与公司的高管薪酬契约、负债水平显著正相关,与公司新被"ST"性质特征显著负相关。

第二节　研究设计

一、数据来源与样本选取

（一）相关数据来源

我们以净递延所得税资产大于等于零的 2007 年度中国沪深交易所非金融类 A 股上市公司②以及 2005 年欧盟非金融类上市公司为对象进行研究,相关数据分别来源于 Wind 咨讯财务数据库、金融界（www.jrj.com）股票公告和 Compustate 数据库。

（二）样本选取

假说 1 的检验子样本是根据图 6-1 至图 6-4 所示上市公司盈亏分布频数情况而选择的。从图 6-1 至图 6-4 中可以看出微利与微升公司数量远远多于微亏与微滑公司,这些图为上市公司盈余管理行为提供了一定的图形证据。

---

① 我们调查发现,在 2006 年亏损上市公司年报"股东权益差异调节表"的"所得税"项目附注中,确认递延所得税资产的公司有 124 家,但披露递延所得税资产具体构成的公司不到 20 家。绝大部分上市公司除在"股东权益差异调节表"中给出所得税对留存收益的影响金额外,没有其他任何披露。

② 即递延所得税资产确认需要以未来应纳税所得额作为保障的公司。

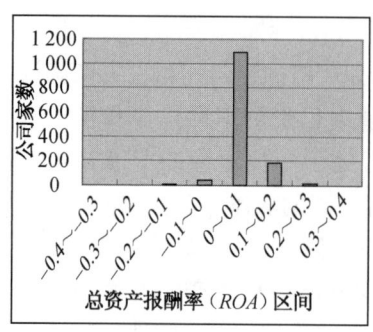

图 6-1　中国 2007 年总资产报酬率
　　　　在(－0.1～0.1)上的分布

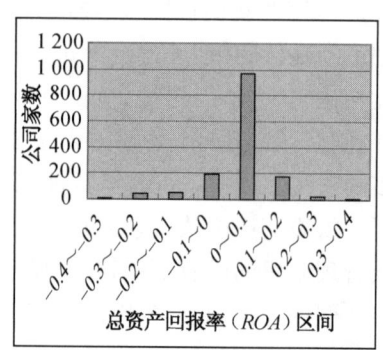

图 6-2　欧盟 2005 年总资产报酬率
　　　　在(－0.1～0.1)上的分布

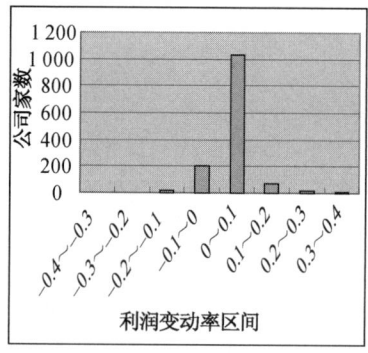

图 6-3　中国 2007 年经平减后利润
　　　　变动率在(－0.1～0.1)上
　　　　的分布

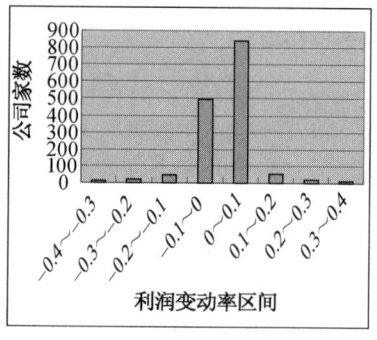

图 6-4　欧盟 2005 年经平减后利润
　　　　变动率在(－0.1～0.1)上
　　　　的分布

　　其中,中国样本部分是以 2007 年度中国沪深交易所非金融类 A
股上市公司研究对象为基础,剔除其中缺失 2006 年度及 2007 年度相
关数据的 137 家 ST 公司①,在剩余的 1 361 家上市公司中,选择总资
产回报率在区间(－0.1～0)、(0～0.1)的 1 137 家上市公司形成避免
亏损子样本,选择经总资产平减后利润变动率在区间(－0.1～0)、(0～
0.1)的 1 235 家上市公司构成避免利润下滑子样本。

────────────

　　①　被剔除的有极端值的上市公司的构成是:71 家 2006 年度或 2007 年度资产负债率超
过 100％的资不抵债上市公司和 2 家净资产报酬率异常的公司。

欧盟样本部分是以 2005 年欧盟非金融类上市公司为基础,剔除 2005 年相关数据缺失及名称重复的公司后,在剩余的 1 320 家上市公司中,以总资产报酬率在区间(-0.1~0)、(0~0.1)的 1 001 家上市公司为考察范围,进一步剔除缺失 2004 年度递延所得税资产数据的公司后,形成由 629 个公司构成的避免亏损子样本。同时,以经总资产平减后利润变动率在区间(-0.1~0)、(0~0.1)的 1 242 家上市公司为考察范围,进一步剔除缺失 2004 年度递延所得税资产数据的公司后,形成由 790 个公司构成的避免利润下滑子样本。

假说 2 的检验子样本是在中国 A 股上市公司研究对象的基础上,剔除缺失相关数据的 139 家公司以及 7 316 家资产负债率和净资产收益率财务指标极端值的上市公司后,以剩余的 1 323 家上市公司构成子样本。

二、主要研究变量

(一)递延所得税资产

递延所得税资产 DTA_{it},递延所得税资产变动 ΔDTA_{it}。我们从两个方面对递延所得税资产确认变量进行考察。首先,考察中国与欧盟上市公司在所得税准则实施第一年中递延所得税资产增量确认情况,因此,定义变量 $\Delta DTA_{it} =$(该准则实施第一年递延所得税资产与该准则实施前一年相比的增量)/ 该准则实施前一年年末总资产。

其次,我们对中国上市公司递延所得税资产确认的盈余管理动机进行考察,分别对 2006 年的追溯确认情况和 2007 年截面数据进行检验,因此定义变量 $DTA_{it} =$(第 t 年确认的递延所得税资产)/第 t 年年末总资产。

(二)盈余管理变量

设盈余管理变量为 EM_{it}。现存文献认为,根据报告盈余在特定水平区间的不连续分布可以判断公司是否存在盈余管理。例如,Burgstahler 和 Dichev(1997)曾把利润微升样本显著高于利润微降样本的分布频率当做存在盈余管理行为的证据。借鉴上述研究,我们根据样本期间上市公司收益指标分布情况,分别在避免亏损盈余管理与避免利润下滑盈余管理的两个不同情形中选择设计确定盈余管理哑变量,即,对于避免亏损盈余管理情形,当公司报告的经过标准化后的利润变动大于等于 0 且小于 0.01 的年初权益市场价值时,EM_{it} 取值 1;

当公司报告的经过标准化后的利润变动大于－0.01的年初权益市场价值且小于0时，EM_{it}取值0。对于避免利润下滑的盈余管理情形，当利润变动率在区间（－0.1～0）内时，EM_{it}赋值为0，当利润变动率在区间（0～0.1）时，EM_{it}赋值为1。

（三）分离递延所得税资产后基本应计项目

我们分别采用应计利润法下的总应计项目（$TA_{i,t}$）、可操纵性应计项目（$DA_{i,t}$）、线下项目可操纵性应计项目（$DACC_{i,t}$）3类应计项目检测盈余管理，并以Healy模型和横截面修正Jones模型计算出每家样本公司相关年度的上述3个指标。在此基础上，分离出递延所得税资产增量后的应计项目，并将其定义为基本应计项目。进行分离处理的原因在于，递延所得税资产增量本身就是应计项目的一个组成部分，因此检测递延所得税资产确认是否具有基本应计项目之外的盈余管理增量价值，必须将其从当年应计项目总量中扣除出来单独检验。

在此，我们以$TA\Delta DTA_{it}$代表不包括递延所得税资产增量的总应计项目；以$DA\Delta DTA_{it}$代表不包括递延所得税资产增量的可操纵应计项目；以$DACC\Delta DTA_{it}$代表不包括递延所得税资产增量的线下项目前的可操纵应计项目。其中，总应计项目$TA_{i,t}$、可操纵性应计项目$DA_{i,t}$、线下项目可操纵性应计项目$DACC_{i,t}$的具体计算过程分别如下：首先，根据Healy(1985)计算公司i第t年的总应计利润$TA_{i,t}$，它等于净利润减去经营现金流量的差额[见公式(6.1)]，即：

$$TA_{i,t} = NI_{i,t} - CFO_{i,t} \qquad 公式(6.1)$$

其中，$NI_{i,t}$是公司i在第t年的净利润，$CFO_{i,t}$是公司i在第t年的经营现金流量。上述变量都经过$t-1$年年末总资产进行标准化处理，以消除公司规模差异造成的影响。

其次，根据修正的Jones模型用公式(6.2)将非可操纵应计利润或期望应计利润表示为主营业务收入变动额、应收账款变动额和固定资产的函数，即：

$$NDA_{i,t} = \beta_1(1/A_{i,t-1}) + \beta_2[(\Delta REV_{i,t} - \Delta REC_{i,t})/$$
$$A_{i,t-1}] + \beta_3(PPE_{i,t}/A_{i,t-1}) \qquad 公式(6.2)$$

其中，$NDA_{i,t}$表示公司i第t年的非可操纵应计利润或期望应计利润，$\Delta REV_{i,t}$ 表示公司 i 第 t 年的主营业务收入增加额，$\Delta REC_{i,t}$ 表示公司 i 第 t 年的应收账款增加额，$PPE_{i,t}$ 表示公司 i 第 t 年的固定资产原值，$A_{i,t-1}$ 表示公司 i 第 $t-1$ 年年末的总资产。

公式(6.2)中参数 β_1，β_2 和 β_3 可使用横截面数据通过公式(6.3)分行业进行估计而得，即：

$$TA_{i,t}/A_{i,t-1} = \lambda_1(1/A_{i,t-1}) + \lambda_2\left[(\Delta REV_{i,t} - \Delta REC_{i,t})/A_{i,t-1}\right] +$$
$$\lambda_3(PPE_{i,t}/A_{i,t-1}) + \varepsilon_{i,t} \qquad\qquad 公式(6.3)$$

其中，λ_1，λ_2 和 λ_3 分别是参数 β_1，β_2 和 β_3 的估计值，$\varepsilon_{i,t}$ 是随机误差项。

第三，用总应计利润减去期望应计利润，就可以得到用于检测盈余管理程度的异常应计利润或可操纵应计利润（$DA_{i,t}$），即：

$$DA_{i,t} = TA_{i,t} - NDA_{i,t} \qquad\qquad 公式(6.4)$$

最后，以线下项目前应计项目为因变量，通过估计行业特征参数的截面 Jones 模型计算公司操纵性应计项目，其具体计算方法是：

先按年度采用不同行业分组数据运用公式(6.5)进行回归，以估计出各年各行业的特征参数 ∂_1，∂_2，∂_3，即：

$$GACC_{i,t}/A_{i,t-1} = \partial_1(1/A_{i,t-1}) + \partial_2(\Delta REV_{i,t}/A_{i,t-1}) +$$
$$\partial_3(PPE_{i,t}/A_{i,t-1}) + \varepsilon_{i,t} \qquad\qquad 公式(6.5)$$

在此，$GACC_{i,t}$ 表示 i 公司 t 年度线下项目前的应计项目，等于营业利润减去经营活动现金流量，其他符号的含义与公式(6.3)相同。

将公式(6.5)中估计出的行业特征参数 ∂_1，∂_2，∂_3 代入公式(6.6)，计算出非操控性应计项目，即：

$$NDACC_{i,t} = \partial_1(1/A_{i,t-1}) + \partial_2(\Delta REV_{i,t}/A_{i,t-1}) + \partial_3(PPE_{i,t}/A_{i,t-1})$$
$$公式(6.6)$$

在此，$NDACC_{i,t}$ 表示经上期期末总资产平减后的 i 公司 t 年度的非操控性应计项目。

根据公式(6.7)，可计算出线下项目前操控性应计项目，即：

$$DACC_{i,t} = TACC/A_{i,t-1} - NDACC_{i,t} \qquad\qquad 公式(6.7)$$

（四）盈余管理动机变量

1. 高管薪酬契约激励哑变量（MI_{it}）

当公司高管持有公司股票时，MI_{it} 赋值为 1，其他则赋值为 0。我们认为，如果上市公司利用递延所得税资产增加利润，那么管理层应该更倾向于不在或少在 2006 年追溯确认递延所得税资产，而选择在 2007 年确认递延所得税资产，进而增加 2007 年净利润。

2. 市场监管哑变量（STX_{it}，ST_{it}，$DNAPS_{it}$）

当公司在第 2006 年新被"ST"时，STX_{it} 赋值为 1，其他则赋值为 0；当公司在 2007 年新被"ST"且处于亏损边缘时，ST_{it} 赋值为 1，其他则赋值为 0；当公司第 t 年每股净资产在[1～1.1]的区间内时，$DNAPS_{it}$ 赋值为 1，否则 $DNAPS_{it}$ 赋值为 0。

3. 债务契约变量（$Lever_{it}$）

$Lever_{it}$ 为资产负债率，等于公司 i 在第 t 年的总负债与总资产的比例。

此外，为了控制其他因素对盈余操纵的影响，我们在模型中引入了下列控制变量：①股权集中度（SP_{it}），为公司前十大股东持股比例合计数，用以考察上市公司股权集中度对递延所得税资产确认的会计政策选择影响。②行业哑变量（$\sum IND_{it}$），用于控制行业差异性。其中，中国上市公司根据证监会行业划分标准进行分类，欧盟上市公司按照 Compustate 数据库中四位数行业划分标准进行分类。③递延所得税负债（DTL_{it}，ΔDTL_{it}）。DTL_{it} 为 2006 年追溯确认的递延所得税负债，ΔDTL_{it} 为 2007 年递延所得税负债确认比上年的增量，均以期初总资产进行标准化，其在未来的转回是上市公司未来应纳税所得额的获取来源之一。④公司盈利能力（ROE_{it}），为公司 i 第 t 年净资产收益率，代表未来通过生产经营获得应纳税所得额的能力。⑤ 经营现金流（CFO_{it}），为公司 i 第 t 年经营现金净流量，以期初总资产进行标准化。

三、模型设计

（一）基本应计项目盈余管理之外递延所得税资产确认的增量作用检验

基于 Logitde 回归分析方法，我们就有关公司应计项目盈余管理中递延所得税资产确认的增量作用假说,运用模型(1-1)～模型(1-6)分别对避免亏损组与避免利润下滑组样本进行考察。首先,运用分离出递延所得税资产的基本应计项目回归模型,即用不包括递延所得税资产增量的总应计项目 $TA\Delta DTA_{it}$、可操纵应计项目 $DA\Delta DTA_{it}$、线下项目前的可操纵应计项目 $DACC\Delta DTA_{it}$ 模型,检测基于基本应计项目的上市公司盈余管理行为。

$$EM_{it} = \varphi_0 + \varphi_1 TA\,\Delta DTA_{it} + \varphi_2 CFO_{it} + \varphi_3 \sum Ind_{it} + \varepsilon_{it} \qquad 模型(1\text{-}1)$$

$$EM_{it} = \varphi_0 + \varphi_1 DA\,\Delta DTA_{it} + \varphi_2 CFO_{it} + \varphi_3 \sum Ind_{it} + \varepsilon_{it} \qquad 模型(1\text{-}2)$$

$$EM_{it} = \varphi_0 + \varphi_1 DACC\Delta DTA_{it} + \varphi_2 CFO_{it} + \varphi_3 \sum Ind_{it} + \varepsilon_{it} \qquad 模型(1\text{-}3)$$

其次,在上述基本应计项目回归分析模型基础上,加入 ΔDTA_{it} 变量,以检测基本应计项目盈余管理之外递延所得税资产的增量作用。

$$EM_{it} = \varphi_0 + \varphi_1 TA\,\Delta DTA_{it} + \varphi_2 \Delta DTA_{i,t} + \varphi_3 CFO_{it} +$$
$$\varphi_4 \sum Ind_{it} + \varepsilon_{it} \qquad 模型(1\text{-}4)$$

$$EM_{it} = \varphi_0 + \varphi_1 DA\,\Delta DTA_{it} + \varphi_2 \Delta DTA_{i,t} + \varphi_3 CFO_{it} +$$
$$\varphi_4 \sum Ind_{it} + \varepsilon_{it} \qquad 模型(1\text{-}5)$$

$$EM_{it} = \varphi_0 + \varphi_1 DACC\Delta DTA_{it} + \varphi_2 \Delta DTA_{i,t} + \varphi_3 CFO_{it} +$$
$$\varphi_4 \sum Ind_{it} + \varepsilon_{it} \qquad 模型(1\text{-}6)$$

(二)递延所得税资产确认的盈余管理动机检验

对基于市场监管动机下中国上市公司递延所得税资产确认的盈余管理,结合递延所得税追溯确认特点,我们构造了模型(2-1)～模型(2-2)进行检验。

$$DTA_{it} = \alpha_0 + \alpha_1 MI_{it} + \alpha_2 Lever_{it} + \alpha_3 DNAPS_{it} +$$
$$\alpha_4 DTL_{it} + \alpha_5 ROE_{it} + \alpha_6 STX_{it} + \alpha_7 SP_{it} +$$
$$\alpha_8 \sum Ind_{it} + \varepsilon_{it} \qquad 模型(2\text{-}1)$$

$$\Delta DTA_{it} = \beta_0 + \beta_1 MI_{it} + \beta_2 Lever_{it} + \beta_3 DNAPS_{it} +$$
$$\beta_4 \Delta DTL_{it} + \beta_5 \Delta EBIT_{it} + \beta_6 ST_{it} + \beta_7 SP_{it} +$$
$$\beta_8 \sum Ind_{it} + \varepsilon_{it} \qquad 模型(2\text{-}2)$$

第三节 实证结果与分析

一、递延所得税资产确认的盈余管理增量作用回归分析结果

（一）变量描述性统计

变量描述性统计结果见表 6-1。

表 6-1 变量描述性统计

避免亏损组		样本量	最小值	最大值	平均值	标准差
$TA\Delta DTA_{it}$	中国	1 137	−0.404 458 7	0.988 120 2	0.005 113 9	0.115 737 9
	欧盟	629	−1.010 005	0.695 628 5	−0.039 510 6	0.100 718 9
$DA\Delta DTA_{it}$	中国	1 137	−0.522 111	0.963 639 4	−0.003 994 5	0.115 081 7
	欧盟	629	−1.007 424	0.692 528 5	−0.039 746 6	0.099 247 9
$DACC\Delta DTA_{it}$	中国	1 137	−0.492 988 6	1.000 762	−0.007 747 8	0.116 731 8
	欧盟	629	−0.344 909 4	0.721 569 8	−0.027 437 6	0.085 945 2
ΔDTA_{it}	中国	1 137	−0.024 616 9	0.033 812 2	0.000 355 4	0.003 729 9
	欧盟	629	−0.132 052 7	0.154 970 8	0.001 220 1	0.012 402 7
CFO_{it}	中国	1 137	−0.962 959 9	0.507 997 3	0.046 690 1	0.115 185 9
	欧盟	629	−0.564 782 4	0.474 056 6	0.067 105 1	0.096 506 8
避免利润下滑组		样本量	最小值	最大值	平均值	标准差
$TA\Delta DTA_{it}$	中国	1 235	−0.404 458 7	0.988 120 2	0.007 061 2	0.114 454 2
	欧盟	790	−1.436 75	1.098 255	−0.043 436 3	0.141 156 6
$DA\Delta DTA_{it}$	中国	1 235	−0.522 111	0.963 639 4	−0.002 845 3	0.112 874 9
	欧盟	790	−1.431 021	1.091 027	−0.042 919 6	0.140 506 2
$DACC\Delta DTA_{it}$	中国	1 235	−0.499 220 8	1.000 762	−0.004 857	0.115 837 3
	欧盟	790	−0.794 526 2	1.396 83	−0.009 545	0.076 453 1
ΔDTA_{it}	中国	1 235	−0.035 029 9	0.033 812 2	0.000 329	0.003 797 9
	欧盟	790	−0.132 052 7	0.154 970 8	0.000 891 4	0.011 840 6
CFO_{it}	中国	1 235	−0.978 862 6	0.625 644 2	−0.010 362 5	0.119 397 9
	欧盟	790	−1.803 517	0.482 504 3	0.053 67	0.157 039 4

（二）Logistic 回归检验结果

表 6-2 所示的中国上市公司数据检测结果表明，基本应计项目模型(1-1)～模型(1-3)均能检测到中国上市公司避免亏损和避免利润下滑的盈余管理行为，这与图 6-1 证据是相符合的。加入递延所得税资产

表6-2 递延所得税资产确认盈余管理增量作用的检验结果（中国）

EM_{it}：避免亏损	模型(1-1)	模型(1-2)	模型(1-3)	模型(1-4)	模型(1-5)	模型(1-6)
C	2.865 8*** (0.000)	2.492 2*** (0.003)	2.569 2*** (0.000)	2.831 648*** (0.000)	2.458 2*** (0.004)	2.545 5*** (0.000)
$TA\Delta DTA_{it}$	20.423 28*** (0.001)			21.640 82*** (0.001)		
$DA\Delta DTA_{it}$		71.724 7*** (0.000)			72.455 4*** (0.000)	
$DACC\Delta DTA_{it}$			21.286 8*** (0.000)			21.311 7*** (0.000)
ΔDTA_{it}				90.914 4 (0.330)	67.774 9 (0.560)	32.344 7 (0.647)
CFO_{it}	17.349 1*** (0.001)	71.701 7*** (0.000)	21.252 3*** (0.000)	18.247 1*** (0.001)	72.467 6*** (0.000)	21.217 1*** (0.000)
IND_{it}	控制	控制	控制	控制	控制	控制
Log likelihood	-51.482 9	-29.854 9	-49.898 7	-51.063 3	-29.669 0	-49.795 7
Probability (LR stat)	0.001 2	0.000 0	0.000 3	0.002 1	0.000 0	0.000 7
EM_{it}：避免利润下滑	模型(1-1)	模型(1-2)	模型(1-3)	模型(1-4)	模型(1-5)	模型(1-6)
C	1.959 0*** (0.000 0)	2.007 3*** (0.000 0)	1.919 5*** (0.000 0)	1.987 9*** (0.000 0)	2.053 6*** (0.000 0)	1.946 7*** (0.000 0)
$TA\Delta DTA_{it}$	5.153 7*** (0.005 4)			5.570 8*** (0.003 3)		
$DA\Delta DTA_{it}$		5.998 7*** (0.001 7)			6.749 0*** (0.000 7)	

（续表）

EM_{it}：避免利润下滑	模型（1-1）	模型（1-2）	模型（1-3）	模型（1-4）	模型（1-5）	模型（1-6）
$DACC\Delta DTA_{it}$			3.127 1* (0.063 2)			3.444 9** (0.045 1)
ΔDTA_{it}				59.283 5 (0.103 3)	69.674 4* (0.058 0)	51.637 0 (0.144 1)
CFO_{it}	4.002 7** (0.017 3)	4.618 8*** (0.006 6)	2.548 8* (0.097 5)	4.296 7** (0.011 8)	5.139 1*** (0.003 2)	2.763 2* (0.075 5)
IND_{it}	控制	控制	控制	控制	控制	控制
Log likelihood	−222.664 2	−221.604 6	−225.141 0	−221.353 7	−219.824 2	−224.078 4
Probability (LR stat)	0.023 16	0.008 78	0.206 8	0.016 4	0.004 3	0.153 3

注：*、**、***分别表示在10%、5%和1%水平上显著。

表 6-3　递延所得税资产确认盈余管理增量作用的检验结果（欧盟）

EM_{it}：避免亏损	模型（1-1）	模型（1-2）	模型（1-3）	模型（1-4）	模型（1-5）	模型（1-6）
C	1.207 454*** (0.000)	1.206 185*** (0.000)	1.166 242*** (0.000)	1.207 789*** (0.000)	1.206 481*** (0.000)	1.164 234*** (0.000)
$TA\Delta DTA_{it}$	3.063 875*** (0.006)			3.322 582*** (0.004)		
$DA\Delta DTA_{it}$		2.960 777*** (0.008)			3.215 597*** (0.006)	
$DACC\Delta DTA_{it}$			0.319 017 (0.809)			0.477 070 1 (0.723)
ΔDTA_{it}				9.353 972 (0.277)	9.234 064 (0.284)	6.057 21 (0.499)

（续表）

EM_{it}:避免亏损	模型(1-1)	模型(1-2)	模型(1-3)	模型(1-4)	模型(1-5)	模型(1-6)
CFO_{it}	10.079 84*** (0.000)	9.986 681*** (0.000)	8.636 79*** (0.000)	10.112*** (0.000)	10.015 47*** (0.000)	8.631 32*** (0.000)
IND_{it}	控制	控制	控制	控制	控制	控制
Log likelihood	−247.480 72	−247.816 89	−251.452 13	−246.828 34	−247.184 27	−251.211 75
Probability(LR stat)	0.000 0	0.000 0	0.000 0	0.000 0	0.000 0	0.000 0
EM_{it}:避免利润下滑	模型(1-1)	模型(1-2)	模型(1-3)	模型(1-4)	模型(1-5)	模型(1-6)
C	0.262 537 8* (0.071)	0.264 641 6* (0.069)	0.244 296 1* (0.093)	0.261 898 4* (0.072)	0.264 003 3* (0.070)	0.234 413 9 (0.108)
$TA\triangle DTA_{it}$	0.094 566 (0.864)			0.134 335 2 (0.811)		
$DA\triangle DTA_{it}$		0.141 102 4 (0.800)			0.182 329 1 (0.746)	
$DACC\triangle DTA_{it}$			6.738 027*** (0.000)			7.698 201*** (0.000)
$\triangle DTA_{it}$				3.211 37 (0.612)	3.285 404 (0.604)	10.906 5* (0.098)
CFO_{it}	2.489 523*** (0.000)	2.489 117*** (0.000)	2.663 729*** (0.000)	2.482 435*** (0.000)	2.482 092*** (0.000)	2.672 135*** (0.000)
IND_{it}	控制	控制	控制	控制	控制	控制
Log likelihood	−523.411 81	−523.394 08	−514.352 76	−523.280 29	−523.256 33	−512.928 94
Probability(LR stat)	0.000 0	0.000 0	0.000 0	0.000 1	0.000 1	0.000 0

注：*，**，*** 分别表示在10%、5%和1%水平上显著。

因素后,模型检验结果显示:对于避免亏损,递延所得税资产确认具有线下项目可操纵性应计项目盈余管理之外的增量作用;对于避免利润下滑,递延所得税资产确认则具有可操纵应计项目盈余管理之外的增量作用。

表6-3基于欧盟上市公司数据检测的结果表明,以3种基本应计项目作为盈余管理的衡量指标,可检测到上市公司为避免亏损而进行的盈余管理,这与图6-2证据也是相符合的。与此同时,无论是采用总应计、可操纵性应计,还是线下项目前的可操纵性应计,递延所得税资产均能为上市公司避免亏损的盈余管理的检测提供基本应计项目外的增量信息。对于避免利润下滑盈余管理,递延所得税资产确认具有总应计、线下项目前的可操纵性应计之外的增量作用。

二、递延所得税资产确认的盈余管理动机分析结果

(一)变量描述性统计

变量描述性统计结果见表6-4。

表6-4　变量描述性统计

模型(2-1)	样本量	最小值	最大值	平均值	标准差
DTA_{it}	1 323	0	19.45	0.579	1.07
MI_{it}	1 323	0	1	0.65	0.478
$Lever_{it}$	1 323	2.07	99.38	50.54	18.058
$DNAPS_{it}$	1 323	0	1	0.02	0.125
DTL_{it}	1323	−0.04	21.05	0.17	0.825
ROE_{it}	1 323	−211.3	159.4	3.12	19.632
STX_{it}	1 323	0	0.177	1	0
SP_{it}	1 323	13.48	15.415 9	98.86	5.18
模型(2-2)	样本量	最小值	最大值	平均值	标准差
ΔDTA_{it}	1 323	−6.05	3.38	0.02	0.534
MI_{it}	1 323	0	1	0.63	0.482
$Lever_{it}$	1 323	0.91	96.7	50.23	17.919
$DNAPS_{it}$	1 323	0	1	0.02	0.122
DTL_{it}	1 323	−2.42	50.8	0.61	3.153
$\Delta EBIT_{it}$	1 323	−10 450.6	62 163.74	135.5	2 412.705
ST_{it}	1 323	0	1	0.004 5	0.067
SP_{it}	1 323	12.53	96.34	54.6	15.034

（二）多元线性检验结果

基于中国上市公司 2006 年与 2007 年截面数据的递延所得税资产确认盈余管理动机的回归分析结果，如表 6-5 所示。其中，MI_{it}，$Lever_{it}$ 系数不具有显著性，意味着管理层薪酬激励和债务契约动机对递延所得税资产确认的作用并不明显。ROE_{it} 系数显著为负，说明盈利能力低的上市公司在 2006 年追溯确认递延所得税资产的比例更高。$DNAPS_{it}$，STX_{it} 系数显著为正，表明上市公司存在利用 2006 年追溯确认递延所得税资产契机，改善每股净资产等指标账面值的现象。此外，模型(2-2)的检验数据表明，$\Delta EBIT_{it}$ 系数显著为负，说明当上市公司盈利能力发生下滑时，公司管理层并不会调减公司未来应纳税所得额的预期，而是通过增加递延所得税资产的确认，缓解净利润的下滑程度。

表 6-5 递延所得税资产确认的盈余管理动机——中国检验结果

	模型(2-1)		模型(2-2)
C	0.592 *** (0.000)	C	−0.25 *** (0.001)
MI_{it}	0.062 (0.317)	MI_{it}	0.039 (0.202)
$Lever_{it}$	−0.001 (0.634))	$Lever_{it}$	0.001 (0.426)
$DNAPS_{it}$	0.931 *** (0.000)	$DNAPS_{it}$	−0.175 (0.144)
DTL_{it}	−0.005 (0.894)	ΔDTL_{it}	0.004 (0.374)
ROE_{it}	−0.006 *** (0.000)	$\Delta EBIT_{it}$	−0.000 35 *** (0.000)
STX_{it}	0.64 *** (0.001)	ST_{it}	0.062 (0.774)
SP_{it}	0.000 04 (0.984)	SP_{it}	0.003 *** (0.001)
IND_{it}	控制	IND_{it}	控制
Ad-R^2	0.045	Ad-R^2	0.036

注：*，**，*** 分别表示在 10％，5％和 1％水平上显著。

三、敏感性分析

为避免区间阀值选择对假说 1 研究结果的影响，我们扩大和缩小了区间阀值，分别选择总资产回报率和利润变动率在区间（−0.2～0）、

(0～0.2)和(－0.05～0)、(0～0.05)的公司样本进行敏感性分析。同时,为避免指标选择对假说2研究结果的影响,我们在模型(2-1)中采用总资产收益率作为公司盈利能力的衡量指标,在模型(2-2)中采用2007年度的每股收益同比增长率、主营业务收入同比增长率以及净资产收益率增量来衡量上市公司盈利能力变化情况等。这些敏感性分析结果并没有改变上述基本结论,表明其具有比较高的稳定性。

第四节　本章结论

本章研究结果表明,欧盟及中国上市公司均在一定程度上利用递延所得税资产确认进行避免利润下滑的盈余管理。其中,中国上市公司递延所得税资产确认具有可操纵应计利润外的增量作用,欧盟上市公司则具有线下项目可操纵性应计项目外的增量作用。同时,中国上市公司递延所得税资产确认的盈余管理与市场监管动机相关,与债务契约、管理层薪酬激励无关。

本章研究的局限性主要体现在两个方面:首先,由于目前公司递延所得税资产分项划分标准存在很大差异,不少上市公司没有披露递延所得税资产的分项数据,因此,未能针对公司递延所得税资产分项数据进行深入的分析与检验。其次,受限于数据的可得性,未能对欧盟经济环境下公司递延所得税资产确认的盈余管理动机进行比较检验。

根据研究结论,我们认为,IFRS趋同下所得税会计准则在欧盟及中国上市公司的实施效果已经具有一定程度的等效性,但财务报告质量还受到特定制度环境因素的影响。从准则完善来说,应当进一步明确限定递延所得税资产确认的条件,加强对具有避免亏损动机上市公司的递延所得税资产确认盈余管理的监管。

参 考 文 献

曲晓辉,肖虹,丁芸洁. 2009.上市公司利用递延所得税资产确认进行盈余管理吗?——基于与IFRS趋同后欧盟及中国上市公司的经验证据比较[J].当代会计评论,(2):32-50.

AMIR E, SOUGIANNIS T. 1999. Analysts' interpretation and investors' valuation of tax carryforwards [J]. Contemporary

Accounting Research, 16 (1): 1-33.

BURGSTAHLER D, DICHEV I. 1997. Earnings management to avoid earnings decreases and losses[J]. Journal of Accounting and Economics, 24(1): 99-126.

CHAO C L, KELSEY R L, HORNG S M, CHIU H S. 2004. Evidence of earnings management from the measurement of the deferred tax allowance account[J]. The engineering Economist, 49(1): 63-93.

DAVID B, ELLIOTT B, MICHELLE H. 2002. How firms avoid losses: evidence of use of the net deferred tax asset account. [] University of Washington Working Paper.

ELLIOTT J A, SWIERINGA R J. 1985. Aetna, the SEC and tax benefits of loss carryforwards [J]. The Accounting Review. 60(3): 531-546.

GORDON E, JOOS P. 2004. Unrecognized deferred taxes: Evidence from the U. K[J]. The Accounting Review, 79(1): 97-124.

MILLER G, SKINNER D. 1998. Determinants of the valuation allowance for deferred tax assets under SFAS No. 109[J]. The Accounting Review, 73(2): 213-233.

PHILIPS J, PINCUS, REGO S. 2003. Earnings management: New evidence based on deferred tax expense[J]. The Accounting Review,78(2):491-521.

SCHRAND C, WONG F. 2003. Earnings management using the valuation allowance for deferred tax assets under SFAS 109[J]. Contemporary Accounting Research, 20(3): 579-611.

SKINNER D J. 2008. The rise of deferred tax assets in Japan: The case of the major Japanese banks[J]. Journal of Accounting & Economics (JAE), Forthcoming.

VISVANATHAN G. 1998. Deferred tax valuation allowance and earnings management [J]. Journal of Financial Statement Analysis, 3(4): 6-15.

133

第七章 会计准则趋同对会计信息质量的影响

——基于所得税准则价值相关性的经验证据①

本章比较了不同所得税会计方法下会计信息的定价功能。先采用 Ohlson 价格模型及翁氏检验对应付税款法、利润表债务法与资产负债表债务法下会计信息的价值相关性进行了比较,然后检验了资产负债表债务法下影响价值相关性的因素以及所得税税率变化对价值相关性的影响。研究发现,无论是原采用应付税款法的公司还是原采用利润表债务法的公司,资产负债表债务法的实施对价值相关性均提供了增量信息,且原采用应付税款法的公司比原采用利润表债务法的公司其价值相关性增量更多;当年确认的递延所得税资产比当年确认的递延所得税负债价值相关性更强;所得税税率的变化削弱了递延所得税税项的价值相关性。

第一节 引 言

2007 年实施的《企业会计准则第 18 号——所得税》明确规定所得税会计处理方法仅为资产负债表债务法,该准则借鉴了《国际会计准则第 12 号——所得税》(简称 IAS12),而 IAS12 采纳了美国《财务会计准则公告第 109 号——所得税会计》(简称 SFAS109),其实施凸显了会计信息对资产负债表观的引入。不同的所得税会计处理方法会生成不同质量的会计信息。FASB(1992)认为,资产负债表债务法生成了最有用和最可理解的信息,而对会计信息价值相关性的检验则可以揭示其对投资者决策有用性的程度。

---

① 孙雪娇. 所得税会计方法比较视角下会计信息定价功能研究[J]. 当代会计评论, 2013(2):73-94.

Barth 等(2001)认为,价值相关性检验是对相关性与可靠性的联合检验,如果检验结果表明某个会计项目具有价值相关性,则该项目就同时具有相关性和一定程度的可靠性,反之,则无法判断是相关性的缺失还是可靠性的缺失。"价值相关性"研究通常是出于准则制定目的,为准则制定提供参考。我们比较了应付税款法、利润表债务法与资产负债表债务法下会计信息的价值相关性,并进一步检验了资产负债表债务法下影响价值相关性的因素以及所得税税率变化对价值相关性的影响。

第二节　文献综述与假说提出

一、文献回顾

资产负债表债务法价值相关性研究的相关文献包括两部分:一部分研究了与其他所得税会计方法相比较,资产负债表债务法是否提供了增量的价值相关性信息。例如,Ayers(1998)研究发现,美国所得税会计准则采用了 SFAS109(资产负债表债务法)后,较之原采用的 APB11(递延法)提供的财务信息更具价值相关性。其原因可能是,SFAS109 要求用预期适用税率计量递延所得税资产和递延所得税负债,当税率变动时,还要重新计量,并且 SFAS109 要求单独确认递延所得税资产、递延所得税资产减值准备及税率变化带来的递延税项的变化。进一步研究发现,由于 1993 年的税制改革(税率升高),SFAS109 下的递延税项因税率变动的调整额与股价呈显著负相关。

还有一部分学者研究了递延税项(包括递延所得税费用、递延所得税资产和递延所得税负债)与股价的价值相关性。该部分研究已经得到了较多印证(Beaver and Dukes,1972;Rayburn,1986,Amir et al.,1997;Amir and Sougiannis,1999)。

Beaver 和 Duke(1972)认为在盈余中披露递延税项目可以提供增量信息。Rayburn(1986)认为所得税的应计项比现金流量对股价提供了更具价值相关性的信息。尤其在 1993 年 SFAS109 实施后,该类研究基本集中在资产负债表债务法提供的信息含量上。在 Ohlson(1995)价格模型提出之后,该类研究大多借鉴该模型进行价值相关性的检验。

Amir 等(1997)以全美财富 500 强企业为研究对象,手工收集了 1992—1994 年的递延所得税资产和递延所得税负债数据,借鉴

Feltham 和 Ohlson(1995)模型检验发现,递延所得税负债提高了信息价值,因为它代表了应纳所得税的递延,因此,应该基于递延所得税负债转回的时间对递延所得税负债进行贴现。且作者认为具有不同转回性质的递延所得税账户对股价的作用是不同的,所以应将这些账户加以区分,且市场会根据这些项目的转回时间对这些项目进行贴现。

Amir 和 Sougiannis(1999)、Guenther 和 Sansing(2004)分别研究发现,上期转来的递延所得税资产和递延所得税负债对公司价值具有价值相关性,其中前者在投资者定价时具有持续传递信息的作用,而后者不具有该属性,理由是递延所得税负债的价值不等于未来递延所得税费用的现值,而是取决于折旧率和贴现率。Guenther 和 Sansing(2000)指出,递延所得税资产和递延所得税负债改变了其潜在资产和负债的账面价值,进而影响到了税后现金流的估计。

Diehl(2010)检验了每股递延所得税负债是否具有价值相关性。研究发现,每股递延所得税负债比一些传统的比率(如基本每股盈余、包括非经常性损益的每股盈余、每股现金流、每股净资产账面价值)对股价的解释能力更强,也比递延所得税资产更具价值相关性,因为它提供了纳税筹划的相关信息。

Laux(2011)研究发现,递延所得税为未来税款支付情况提供了增量信息,但该信息的重要性程度还有待进一步检验。

我国鲜有相关研究。陈丽花等(2009)以《企业会计准则第 18号——所得税》实施第一年为研究背景,同时采用 Barth(1994)资产负债表模型和 Ohlson(1995)价格模型进行检验。研究发现,递延所得税资产和递延所得税负债提供的信息具有增量价值相关性。

总体来看,国外(尤其是美国)有关资产负债表债务法实施经济后果的文献已经较为丰富,而我国对所得税会计准则经济后果的研究还处于起步阶段。并且,我国所得税会计准则与美国 SFAS109 在规定和实务上存在不同,主要体现在对递延所得税资产的确认上。SFAS109要求企业按照可抵扣暂时性差异及适用税率确认递延所得税资产,但要对递延所得税资产的实现作出判断,主要依据是对未来应税收益的判断,对于无法实现的递延所得税资产,要计提递延所得税资产减值准备。在实际核算中,美国公司基本上将所有的可抵扣暂时性差异确认为递延所得税资产,然后再根据能够影响未来应税收益的正面、负面证据来判断是否计提递延所得税资产减值准备。而我国企业只确认可实现的递延所得税资产,不计提递延所得税资产减值准备。因此,我国的所得税会计准则与 SFAS109 研究的关注点有所不同。

此外,现有文献大多检验资产负债表债务法下递延税项的价值相关性,而本章比较了不同所得税会计方法下会计信息的价值相关性,即原采用应付税款法的企业与原采用利润表债务法的企业在采用资产负债表债务法以后,会计信息价值相关性的增量是否显著,拓展了该方面的研究;我们还进一步检验了资产负债表债务法下使得会计信息产生增量价值相关性的影响因素——递延所得税资产和递延所得税负债对价值相关性的作用。

二、假说提出

(一)不同所得税会计方法下会计信息价值相关性的比较

按照有效市场假说,如果会计方法的差异或变更不对企业的当期和未来现金净流量产生影响,那么由其所导致的公司利润的变化不会影响公司股票价格,即股票价格与会计方法选择无关(被称为"无效应"假说)。但值得注意的是该假说的前提是会计方法的改变不影响当期和未来现金流量。与"无效应"假说相对应的是"功能锁定"假说,认为股票价格因不同的会计方法而呈现不同。"功能锁定"概念来源于心理学领域的研究,用来描述主体对客体的认识和利用存在某些功能性的障碍。"功能锁定"效应可能存在以下情况:第一,在无效或弱势有效、甚至半强势有效的市场上,投资者可能存在某些认识上的功能性障碍,对会计信息的认识并不透彻,从而产生"功能锁定"效应;第二,在无效或弱势有效、甚至半强势有效的市场上,由于以前的会计政策或会计方法可能导致投资者对企业价值的估计有较大偏差,会计政策或方法变更后,可能向投资者提供公司价值与决策相关的增量信息。而资产负债表债务法可能提供价值相关性的增量信息作用,就源于"功能锁定"效应的第二种情况。

我国的新所得税会计准则与 SFAS109 关于所得税会计处理方法都是采用资产负债表债务法,即纳税影响会计法[①]的一种。与应付税

---

① 纳税影响会计法包括递延法和债务法,债务法又分为利润表债务法和资产负债表债务法。

款法相比,在处理会计收益与应税收益的差异时,纳税影响会计法不是将税法对应税收益的确认和计量强加于财务会计,而是以税法对应税收益的确认和计量为基础,采用权责发生制,将会计利润与应税所得之间的差异递延和分配到以后各期。因此相比于应付税款法,纳税影响会计法能够给投资者决策提供更为相关的信息。资产负债表债务法与递延法、利润表债务法相比,其区别主要体现在以下三点:第一,在收益的计量上,前者采用资产负债观,后两者采用收入费用观。按照资产负债观的理念,资产负债表债务法考虑的是所得税处理对企业净资产变化的影响,强调了"真正的利润",注重经济交易的实质而非形式。第二,在处理税率的变化时,资产负债表债务法要求以现行国家税法规定的税率为适用税率,来确认递延所得税资产和递延所得税负债,并且要求当未来期间适用税率变更时,应当以预期税率对原已确认的递延所得税资产和递延所得税负债进行调整,调整金额计入变更当期的所得税费用;而递延法和利润表债务法在税率、税基变动时,前者采用当初的原税率,后者采用现行税率。第三,在财务列报时,资产负债表债务法对暂时性差异确认为一项"递延所得税资产"或"递延所得税负债",且在资产负债表上分别列报,其期末余额分别反映为企业的"资产"或"负债",体现了企业真实的资产负债状况;而递延法和利润表债务法只列报由利润表项目倒挤出来的递延税款(借项或贷项),因此,资产负债表债务法大大拓展了"递延税款"的含义,与递延法和利润表债务法相比更为逼近经济真实。由此看来,新所得税会计准则对暂时性差异的处理方法比原准则应该更具价值相关性。此外,与完全没有考虑会计与税法差异的应付税款法相比,利润表债务法考虑了会计与税法差异的处理,反映了所得税资产、负债和费用基于权责发生制以及税率变化的对应金额及其变化,只是在处理方法上,资产负债表债务法可能提供了更具价值相关性的信息。因此可以推断,原采用应付税款法的公司比原采用利润表债务法的公司在实施资产负债表债务法后价值相关性增量更显著。

但至少有两类观点认为所得税会计处理的资产负债表债务法不一定能够提供价值相关的财务信息:其一,Chaney 和 Jeter(1994)认为,资产负债表债务法加大了所得税会计处理的复杂性,从而为信息含量带来"噪音";其二,在确认递延所得税资产时需要额外更多的主观判断,从而带来了"噪音"。此外,价值相关性更多是市场反应的问题,是市场对财务信息的反应程度。

基于以上分析提出假说1:

假说1.1:对于原采用应付税款法的企业,所得税会计准则的实施对价值相关性提供了增量信息。

假说1.2:对于原采用利润表债务法①的企业,所得税会计准则的实施对价值相关性提供了增量信息。

假说1.3:原采用应付税款法的公司比原采用利润表债务法的公司实施资产负债表债务法后价值相关性增量更显著。

(二)资产负债表债务法影响会计信息价值相关性的因素

资产负债表债务法下,递延所得税资产和递延所得税负债作为非流动资产和非流动负债在资产负债表中单独列示,但其并不意味这类递延税项的弱流动性,只是其转回时间和金额的不确定性更大。在预计未来税率可能发生变化时,必须按预期税率对递延所得税资产/负债的账户余额进行调整,因此,递延税项具有公允价值的计量属性。确定了递延所得税资产和递延所得税负债的期末值后,再倒挤出递延所得税费用。由此看来,资产负债表债务法比起其他纳税影响会计法,侧重的是资产负债表信息质量的优化,体现了资产负债观,即一项交易或事项发生后,首先关注其对资产、负债的影响,再根据资产负债的变化确认利润表的损益。

我国所得税会计准则对递延所得税资产的确认有一些限制条件:"企业应当以很可能取得用来抵扣可抵扣暂时性差异的应纳税所得额为限,确认由可抵扣暂时性差异产生的递延所得税资产。"所得税会计准则还规定:"资产负债表日,有确凿证据表明未来期间很可能获得足够的应纳税所得额用来抵扣可抵扣暂时性差异的,应当确认以前期间未确认的递延所得税资产。"我国上市公司财务报表附注表明,有关递延所得税资产的披露包括以下三个部分:①已确认的递延所得税资产明细。②可抵扣差异明细。③未确认递延所得税资产明细(主要包括可抵扣亏损,如果本期存在未确认递延所得税资产,在可抵扣亏损到期

---

① 在我国,所得税会计准则实施前,绝大部分采用纳税影响会计法的公司实际采用的是利润表债务法。

前的未来期间确认该递延所得税资产）。实际核算中,我国上市公司并不计提递延所得税资产减值准备,而是在确认递延所得税资产时就对与其相关的应纳税所得额是否能够实现作出判断。由此看来,递延所得税资产的确认能够传递未来利润（应纳税所得额）获得状况的信息。而从资产的角度来讲,递延所得税资产的期末账面价值代表了其为企业带来未来经济利益的潜力。

我国会计准则对于递延所得税负债的确认,并没有限制条件,在《企业会计准则讲解》中作了如下解释:"基于谨慎性原则,企业应尽可能地确认与应纳税暂时性差异相关的递延所得税负债。"递延所得税负债的确认意味着未来经济利润很可能以税款支付的方式流出企业。Guenther 和 Sansing(2000)指出,递延所得税资产和递延所得税负债改变了其潜在资产和负债的账面价值,进而影响到了税后现金流的估计。基于以上分析,我们提出假说 2。

假说 2:递延所得税资产和递延所得税负债具有价值相关性。

（三）税率变化对增量价值相关性的影响

在资产负债表债务法下,递延所得税资产和递延所得税负债会在未来期间抵扣或转回,从而影响未来资产和净利润状况。递延所得税资产和递延所得税负债的形成不仅受到暂时性差异数额、转回期间、转回可能性的影响,还同时受预期所得税税率的影响。当税率变化时,会影响已确认的递延所得税资产和递延所得税负债的数值及转回的可能性。对于所得税税率的变化,一方面,在无效或弱势有效、甚至半强势有效的市场上,投资者可能来不及作出判断,从而导致"锁定功能"效应的第一种情况,即税率变化降低了递延所得税资产和递延所得税负债的价值相关性。另一方面,投资者也有可能会对税率的变化作出反应,给由税率变化带来的递延所得税的变化进行定价,但由于受反应时间等因素的限制,会出现定价不足,从而使得税率变化公司的递延所得税的价值相关性可能会低于税率不变的公司。

由此,我们提出假说 3。

假说 3.1:市场对由税率变化引起的递延所得税的变化进行了定价。

假说 3.2:税率变化公司的递延所得税项的价值相关性低于税率不变的公司。

第三节 研究设计

一、样本选择

以 2007 年、2008 年在深交所、上交所上市的全部 A 股公司为初始样本。我国所得税会计处理是从 2007 年开始实施资产负债表债务法,在 2007 年前绝大部分公司采用应付税款法,少部分公司采用利润表债务法,由此我们将样本公司分为原采用应付税款法和原采用利润表债务法两组,分别检验两个样本组采用资产负债表债务法后会计信息价值相关性的改变。2008 年我国新企业所得税法规定,法定所得税率由 33% 降为 25%。部分原税率低于 25% 的公司可在 5 年内逐步调到 25%。用 2008 年作为样本年度,可以检验税率变化对价值相关性关系的影响。在检验过程中,进一步作了以下剔除:① ST,*ST 公司。② 金融、保险行业公司。③ 期末净资产为负的公司。④ 数据缺失的公司。最终,我们共得到 1 113 个样本观测值,其中原采用应付税款法的有 997 个样本观测值,原采用利润表债务法的有 116 个样本观测值。本章的数据主要来自国泰安公司开发的 CSMAR 数据库,少数由手工收集。

二、研究模型

现有文献通常采用 3 种模型来检验会计信息的价值相关性,分别是收益模型、资产负债模型和价格模型。其中收益模型是对利润表价值相关性的检验,资产负债模型是对资产负债表价值相关性的检验,价格模型同时涵盖了收益和净资产的信息,是对资产负债表和利润表的联合检验。因此,本章测度会计信息价值相关性的基础模型是以 Ohlson(1995)价格模型为基础,并参考 Collins,Pincus 和 Xie(1999) 所用的方法,检验模型为:

$$P_{i,t} = \beta_0 + \beta_1 EPS_{i,t} + \beta_2 BV_{i,t-1} + \varepsilon_{it} \qquad 模型(1)[①]$$

其中,$P_{i,t}$ 为股价,$EPS_{i,t}$ 为年末每股盈余,$BV_{i,t-1}$ 为年初净资产账面价值。

[①] 模型(1)中的 $P_{i,t}$ 为包含股利的股价。

（一）假说 1 的检验模型

为了检验本章的假说 1，我们构建了如下模型：

$$P_{i,\,t+1} = \beta_{0,\,1} + \beta_{1,\,1}EPS_{i,\,t}^{nd} + \beta_{2,\,1}BV_{i,\,t-1}^{nd} + \varepsilon_{it} \qquad 模型（2）$$

$$P_{i,\,t+1} = \beta_{0,\,2} + \beta_{1,\,2}EPS_{i,\,t}^{nd} + \beta_{2,\,2}BV_{i,\,t-1}^{d} + \varepsilon_{it} \qquad 模型（3）$$

$$P_{i,\,t+1} = \beta_{0,\,3} + \beta_{1,\,3}EPS_{i,\,t}^{d} + \beta_{2,\,3}BV_{i,\,t-1}^{nd} + \varepsilon_{it} \qquad 模型（4）$$

$$P_{i,\,t+1} = \beta_{0,\,4} + \beta_{1,\,4}EPS_{i,\,t}^{d} + \beta_{2,\,4}BV_{i,\,t-1}^{d} + \varepsilon_{it} \qquad 模型（5）$$

资产负债表债务法较应付税款法或利润表债务法是否更具价值相关性，有两种判断方法：一种是看 $\beta_{2,\,2}$，$\beta_{1,\,3}$，$\beta_{1,\,4}$，$\beta_{2,\,4}$ 是否显著，且 $\beta_{2,\,2}$ 比 $\beta_{2,\,1}$，$\beta_{1,\,3}$ 比 $\beta_{1,\,1}$，$\beta_{1,\,4}$ 比 $\beta_{1,\,1}$，$\beta_{2,\,4}$ 比 $\beta_{2,\,1}$ 相关系数增量是否显著；另一种是看模型（3）、模型（4）、模型（5）的 R^2 比模型（2）的 R^2 增量是否显著（Vuong-test）。

（二）假说 2 的检验模型

为了检验本章的假说 2，我们构建了如下模型：

$$P_{i,\,t+1} = \beta_0 + \beta_1 EPS_{i,\,t}^{nd} + \beta_2 BV_{i,\,t-1}^{nd} + \beta_3 CHDTA_{i,\,t} +$$
$$\beta_4 CHDTL_{i,\,t} + \varepsilon_{it} \qquad 模型（6）$$

（三）假说 3 的检验模型

为了检验本章的假说 3，我们构建了如下模型：

$$P_{i,\,t+1} = \beta_0 + \beta_1 EPS_{i,\,t}^{nd} + \beta_2 BV_{i,\,t-1}^{d} + \beta_3 DTE\_AD_{i,\,t} +$$
$$\beta_4 DTE\_TX_{i,\,t} + \varepsilon_{it} \qquad 模型（7）$$

$$P_{i,\,t+1} = \beta_0 + \beta_1 EPS_{i,\,t}^{nd} + \beta_2 BV_{i,\,t-1}^{d} + \beta_3 DTE_{i,\,t} + \varepsilon_{it} \qquad 模型（8）$$

对模型（8）进行检验时，将样本分为两组：税率不变样本组和税率变化样本组。分别用价格模型进行回归，检验税率变化组和税率不变组递延所得税项目价值相关性的变化。检验模型中的各变量定义如表 7-1 所示：

表 7-1　价值相关性检验的变量定义

代码	名称	定　义
$P_{i,\,t+1}$	股票价格	第 $t+1$ 年 4 月 30 日收盘价
$EPS_{i,\,t}^{d}$	资产负债表债务法下的每股盈余	第 t 年度净利润/第 t 年年末在外发行总股数

代码	名称	定　义
$BV_{i,t-1}^d$	资产负债表债务法下每股净资产	第 $t-1$ 年末净资产/第 $t-1$ 年年末在外发行总股数
$EPS_{i,t}^{nd}$	应付税款法下① 每股盈余	（第 t 年度净利润＋第 t 年确认的递延所得税）/第 t 年年末在外发行总股数
$BV_{i,t-1}^{nd}$	应付税款法或利润表债务法下每股净资产	应付税款法下每股净资产＝（第 $t-1$ 年年末净资产＋第 $t-1$ 年年初追溯调整的递延所得税）/ 第 $t-1$ 年年末在外发行总股数；利润表债务法下每股净资产＝［第 $t-1$ 年年末净资产＋（第 t 年初追溯调整的递延所得税负债－第 $t-1$ 年年末的递延所得税负债）－（第 t 年初追溯调整的递延所得税资产－第 $t-1$ 年年末的递延所得税资产）］/ 第 $t-1$ 年年末在外发行总股数
$CHDTA_{i,t}$	本期确认的每股递延所得税资产	（期末递延所得税资产－期初递延所得税资产）/总股数
$CHDTL_{i,t}$	本期确认的每股递延所得税负债	（期末递延所得税负债－期初递延所得税负债）/总股数
$DTE_{i,t}$	每股递延所得税	［（期末递延所得税负债－期初递延所得税负债）－（期末递延所得税资产－期初递延所得税资产）］/总股数
$DTE\_AD_{i,t}$	假设税率不变时的递延所得税	2008 年每股递延所得税/2008 年所得税税率×2007 年所得税税率
$DTE\_TX_{i,t}$	税率变化引起的递延所得税改变	2008 年每股递延所得税/2008 年所得税税率×（2007 年所得税税率－2008 年所得税税率）

第四节　实证结果及分析

一、变量描述性统计

变量描述性统计结果见表 7-2。

表 7-2　价值相关性检验变量的描述性统计

变量	均值	标准差	最小	25%	中位数	75%	最大
P_{2008}	14.588 5	12.338 6	4.3	7.87	11.00	16.62	183.13
EPS_{2007}^d	0.369 2	0.457 3	−1.63	0.11	0.27	0.50	5.53
BV_{2006}^d	2.978 3	1.429 1	0.082 3	1.938 6	2.777 0	3.788 5	12.009 8
EPS_{2007}^{nd}	0.393 1	0.631 2	−1.651 9	0.073 7	0.249 3	0.511 7	9.028 2
BV_{2006}^{nd}	2.936 0	1.417 6	0.020 0	1.909 9	2.784 0	3.760 0	11.987 0

---

①　利润表债务法下每股盈余与资产负债表债务法下每股盈余基本相等。

（续表）

变量	均值	标准差	最小	25%	中位数	75%	最大
DTE_{2007}	0.023 9	0.441 7	−1.461 1	−0.066 3	−0.022 2	−0.000 6	8.555 2
$CHDTA_{2007}$	0.066 0	0.101 2	−0.023 0	0.009 7	0.033 7	0.082 8	1.206 3
$CHDTL_{2007}$	0.076 0	0.329 0	−0.445 7	0	0	0.018 1	4.757 1
P_{2009}	10.262 5	6.658 1	3.370 0	5.970 0	8.210 0	12.520 0	59.990 0
EPS_{2008}^{nd}	0.168 1	0.669 2	−5.022 2	0.006 1	0.135 2	0.376 5	5.874 4
BV_{2007}^{d}	3.335 8	2.021 8	0.012 2	2.024 0	2.960 0	4.150 0	20.850 0
DTE_{2008}	−0.081 5	0.412 4	−6.113 4	−0.052 6	−0.011 6	0.001 2	2.415 5
DTE_AD_{2008}	−0.113 8	0.672 1	−12.276 4	−0.060 5	−0.012 7	0.001 6	0.183 4
DTE_TX_{2008}	−0.032 3	0.299 8	−6.696 2	−0.013 1	−0.000 9	0.005 6	0.773 0

表7-2报告了各变量的描述性统计结果,所得税会计准则实施的第一年(2007年),样本公司确认的每股递延所得税资产均值为0.066,略低于本年确认的每股递延所得税负债(均值0.076),进一步查看整体样本,发现在1 113家样本公司中,523家确认的递延所得税负债为0,46家确认的递延所得税资产为0,我们设定净递延所得税负债=递延所得税负债的变化−递延所得税资产的变化,853家公司确认了负的净递延所得税负债,233家公司确认了正的净递延所得税负债,27家净递延所得税负债为0。由此可见,约有75%的样本公司本年确认的递延所得税资产多于递延所得税负债,即负的递延所得税费用,因此约有75%的样本公司的净利润的一部分来自递延所得税的影响。

二、所得税会计准则价值相关性增量作用的检验结果

表7-3和表7-4分别报告了应付税款法、利润表债务法与资产负债表债务法下的价值相关性比较。

表7-3 应付税款法与资产负债表债务法价值相关性比较结果

变量	模型(2)		模型(3)		模型(4)		模型(5)	
	系数	t值	系数	t值	系数	t值	系数	t值
常数	5.315 3***	7.26	4.849 7***	6.62	6.267 1***	9.53	6.062 7***	9.15
EPS_{2007}^{nd}	8.589 7***	13.84	8.527 7***	13.93				
BV_{2006}^{nd}	2.039 4***	8.32			0.732 8***	3.12		
EPS_{2007}^{d}					16.911 6***	22.06	16.761 2***	21.8

变量	模型(2)		模型(3)		模型(4)		模型(5)	
	系数	t 值	系数	t 值	系数	t 值	系数	t 值
BV_{2006}^d			2.171 0 ***	9.03			0.808 0 ***	3.46
NO	997		997		997		997	
R^2	0.298 4		0.306 5		0.438 1		0.439 4	
$AdjR^2$	0.297 0		0.305 1		0.437 0		0.438 2	
F值(P值)	211.37(0.000 0)		219.68(0.000 0)		387.55(0.000 0)		389.50(0.000 0)	

注：*，**，*** 分别显著性水平为 10%，5% 和 1%。

表 7-3 报告了资产负债表债务法与应付税款法比较下每股收益、每股净资产与股价的回归结果，四个回归模型分别是应付税款法下的每股收益、每股净资产的基础模型(2)，应付税款法下的每股收益、资产负债表债务法下的每股净资产的比较模型(3)，以及应付税款法下的每股净资产、资产负债表债务法下的每股收益的比较模型(4)和资产负债表债务法下的每股净资产、每股收益的比较模型(5)。所有变量均与股价正相关(1%的显著水平下)，其中，模型(3)比模型(2)的 R^2 增量为 0.306 5－0.298 4＝0.008 1，Vuong 检验 Z-statistic＝3.694 4(双尾 P 值＝0.000 2)；模型(4)比模型(2)的 R^2 增量为 0.4381－0.298 4＝0.139 7，Vuong 检验 Za-statistic＝5.016 2(双尾 P 值＝0.000 0)；模型(5)比模型(2)的 R^2 增量为 0.439 4－0.298 4＝0.1410，Vuong 检验 Z-statistic＝5.033 3(双尾 P 值＝0.000 0)。可见，模型(3)、模型(4)和模型(5)比模型(2)提供了增量信息，即资产负债表债务法下的每股盈余、每股净资产相比应付税款法下的每股盈余、每股净资产提供了增量价值相关性，支持了假说 1.1。

表 7-4 利润表债务法与资产负债表债务法价值相关性比较结果

变量	模型(2)		模型(3)	
	系数	t 值	系数	t 值
常数	3.724 8	1.31	1.341 1	0.49
EPS_{2007}^{nd}	5.343 5 ***	4.31	5.558 1 ***	4.82
BV_{2006}^{nd}	2.868 3 ***	3.17		
BV_{2006}^d			3.602 9 ***	4.33

（续表）

变量	模型（2）		模型（3）	
	系数	t 值	系数	t 值
NO	116		116	
R^2	0.279 3		0.326 9	
Adj R^2	0.266 6		0.315 0	
F 值（P 值）	21.90(0.000 0)		27.45(0.000 0)	

注：*、**，*** 分别表示显著性水平为 10%，5% 和 1%（双尾）。

同样，表 7-4 报告了资产负债表债务法与利润表债务法比较下的每股净资产的增量价值相关性[①]。模型（3）比模型（2）的 R^2 增量为 0.326 9－0.279 3＝0.047 6，Vuong 检验 Z-statistic＝2.921 0（双尾 P 值＝0.003 5），即资产负债表债务法下的每股净资产相比利润表债务法下的每股净资产提供了增量价值相关性，支持了假说 1.2。

进一步比较表 7-3、表 7-4 的结果，发现原采用应付税款法的公司比原采用利润表债务法的公司应用资产负债表债务法后价值相关性增量更多（R^2 增量更多、更显著），支持了假说 1.3。

三、所得税会计准则影响价值相关性的因素的检验结果

表 7-5 分别检验了原采用应付税款法和原采用利润表债务法的样本企业分别列示递延所得税资产和递延所得税负债的价值相关性。假说 2 是对假说 1 的进一步检验，表 7-5 检验了形成递延所得税各项目的定价功能，结果显示，$CHDTA_{2007}$ 项的符号为正，在 1% 的水平下显著大于 0；$CHDTL_{2007}$ 项的符号为负，在 1% 的水平下显著小于 0。且比较系数绝对值可知，当年确认的递延所得税资产比当年确认的递延所得税负债提供了更具价值相关性的信息。因此，分开列示递延所得税资产和递延所得税负债比单独列示一个"递延税款"（或应付税款法下不列示任何递延税项）为股票定价提供了更价值相关的信息，支持了假说 2。

---

① 相比应付税款法，利润表债务法下的每股盈余与资产负债表债务法下每股盈余基本相同，因此不需要检验资产负债表债务法与利润表债务法比较下的每股盈余的增量价值相关性。

表 7-5 递延所得税资产/负债价值相关性的检验结果

变量	原采用应付税款法		原采用利润表债务法	
	系数	t 值	系数	t 值
常数	6.122 1***	9.14	5.665 2***	3.30
EPS_{2007}^{nd}	16.725 0***	21.34	20.763 8***	14.98
BV_{2006}^{nd}	0.724 0***	3.09	0.023 2	0.04
$CHDTA_{2007}$	20.937 8***	2.81	23.102 6***	9.59
$CHDTL_{2007}$	−17.406 1***	−14.85	−19.935 9***	−12.48
NO	997		116	
$Adj\ R^2$	0.437 4		0.737 6	
F 值(P 值)	194.55(0.000 0)		81.83(0.000 0)	

注:*,**,*** 分别表示显著性水平为10%,5%和1%(双尾)。

四、税率变化对增量价值相关性影响的检验结果

表 7-6 税率变化对所得税会计准则价值相关性影响的检验结果

变量	税率变化样本组		税率变化样本组		税率不变样本组	
	系数	t 值	系数	T 值	系数	t 值
常数	6.329 7***	16.47	6.434 1***	16.94	5.929 6***	5.12
EPS_{2008}^{nd}	7.392 9***	19.68	7.407 0***	19.70	9.230 2***	6.59
BV_{2007}^{d}	0.629 7***	5.72	0.603 0***	5.53	1.340 7***	3.88
DTE_AD_{2008}	−7.906 8***	−9.26				
DTE_TX_{2008}	9.617 8***	5.73				
DTE_{2008}			−7.011 0***	−10.44	−28.145 6***	−3.87
NO	687		687		173	
$Adj\ R^2$	0.446 7		0.445 2		0.368 2	
F 值(P 值)	139.49(0.000 0)		184.52(0.000 0)		34.41(0.000 0)	

注:*,**,*** 分别表示显著性水平为10%,5%和1%(双尾)。

表 7-6 报告了税率变化组中,税率变化引起的递延所得税费用的变化与股价的回归结果。结果显示,DTE_TX_{2008} 在 1% 的水平下显著大于 0,即市场对税率变化引起的递延所得税费用的变化作出了反应,给予了定价,支持了假说 3.1。

表 7-6 还分别报告了税率变化组与税率不变组递延所得税费用与

股价的回归结果,显示无论税率是否变化,当年确认的递延所得税费用均在 1‰ 的水平下显著小于 0。但是对于税率变化的样本组,DTE_{2008} 项系数绝对值较税率不变组小,支持了假说 3.2,也符合了前文的推论,即投资者对税率的变化引起的递延所得税的变化作出了反应,但由于诸多因素的限制,会出现定价不足,从而削弱了其与股价的相关性程度。

第五节 本 章 结 论

所得税会计处理采用资产负债表债务法作为会计准则改革的重要部分于 2007 年 1 月 1 日开始实施,且 2008 年新实施的企业所得税法将所得税税率由 33% 调低到 25%,新所得税会计准则和新企业所得税法的实施为研究资产负债表债务法下的信息质量提供了良好契机。本章首先比较了应付税款法、利润表债务法与资产负债表债务法下会计信息的价值相关性,其次检验了分别列示递延所得税资产和递延所得税负债的价值相关性,最后分析了由于所得税税率改变对资产负债表债务法价值相关性的影响。研究结论如下:

第一,相比原采用应付税款法或利润表债务法的公司,资产负债表债务法提供了增量的价值相关性,且原采用应付税款法的公司比原采用利润表债务法的公司价值相关性的增量更显著。

第二,进一步研究所得税会计准则影响会计信息质量的因素发现,分别列示递延税项对价值相关性提供了增量作用,且当年确认的递延所得税资产比当年确认的递延所得税负债提供了价值更为相关的信息。

第三,通过研究税率变化对递延所得税费用价值相关性的影响,发现市场对由税率变化引起的递延所得税的变化作出了反应,但由于反应时间等诸多因素的影响而呈现定价不足,从而削弱了递延所得税费用的价值相关性。

本章为资产负债表债务法的引入意义提供了经验证据,虽然递延税项不会对当期现金流量产生影响,但会影响当期的资产、负债项目,并且通过资产、负债信息质量的改变,进一步影响投资者对未来现金流量的判断,从而增强了会计信息的定价功能。较之 SFAS109,我国所得税会计准则对递延所得税资产的确认略有差别。SFAS109 允许对递延所得税资产计提递延所得税资产减值准备,而我国会计准则则谨慎地确认递延所得税资产,而之后不计提任何减值准备。针对我国相关会计准则的特征,本章仍有进一步研究的空间,如对于资产负债表债务法影响会计信息质量的因素研究,还可以进一步将形成递延所得税资产和递延所得税负债的项目进行分类,以探测不同项目的定价功能水平是否有可能会不同。

参 考 文 献

陈丽花,黄寿昌,杨雄胜.2009.资产负债观会计信息的市场效应检验[J].会计研究,(5):29-37.

孙雪娇.2013.所得税会计方法比较视角下会计信息定价功能研究[J].当代会计评论,(2):73-94.

AMIR E, KIRSCHENHEITER M, WILLARD K. 1997. The valuation of deferred taxes [J]. Contemporary Accounting Research, 14(4):597-622.

AMIR E, SOUGIANNIS T. 1999. Analysts' interpretation and investors' valuation of tax carryforwards [J]. Contemporary Accounting Research, 16(1):1-33.

AYERS B. 1998. Deferred tax accounting under SFAS No. 109:an empirical investigation of its incremental value-relevance relative to APB No. 11[J]. The Accounting Review, 73:195-212.

BARTH M E. 1994. Fair Value Accounting:Evidence from Investment Securities and the Market Valuation of Banks[J]. The Accounting Review, 69:1-25.

BARTH M E, BEAVER W H, LANDSMAN W. 2001. The Relevance of the Value Relevance Literature for Financial Accounting Standard Setting:Another View [J]. Journal of Accounting and Economics, 31:77-104.

BEAVER W, DUKES R. 1972. Intraperiod tax allocation, earnings expectations, and the behavior of security prices [J]. The Accounting Review, 47:320-332.

CHANEY P, JETER D. 1994. The effect of deferred taxes on security prices [J]. Journal of Accounting, Auditing, and Finance, 9:91-116.

COLLINS D W, PINCUS M, XIE H. 1999. Equity valuation and negative earnings: The role of book value of equity[J]. The Accounting Review, 74(1):29-61.

DIEHL K. 2010. Ratio of Deferred tax liabilities to shares as a predictor of stock prices[J]. Accounting & Taxation, 2(1):95-105.

FELTHAM G, OHLSON J. 1995. Valuation and clean surplus accounting for operating and financial activities [J]. Contemporrary Accounting Research, 11(2):689-731.

GUENTHER D, SANSING R. 2004. The valuation relevance of reversing deferred tax liabilities[J]. The Accounting Review, 79:437-451.

GUENTHER D, SANSING R. 2000. Valuation of the firm in the presence of temporary book-tax differences: The role of deferred tax assets and liabilities[J]. The Accounting Review, 75(1):1-12.

LAUX R C. 2011. The association between deferred Tax assets and liabilities and future tax payments[J]. Working Paper. http://ssrn. com/abstract=1859633.

OHLSON J. 1995. Earnings, Book values and dividends in equity valuation[J]. Contemporrary Accounting Research, 11: 661 - 687.

RAYBURN J. 1986. The association of operating cash flow and accruals with security returns [J]. Journal of Accounting Research, 24:112-133.

第八章　会计准则趋同对会计信息
　　　质量的影响
——基于债务重组准则的经验证据①

债务重组准则自 1998 年首次制定以来,经历了 2000 年和 2006 年两次修订,会计处理方法和会计计量属性发生了明显的变化。2006 版新准则实施的第一年,有不少上市公司利用准则变更进行债务重组的行为,使得债务重组再次成为会计监管重点,并引起学术界对于准则修订正确与否的广泛讨论。由于不同阶段市场化水平与制度背景的不同,2006 年再次修订的新准则经济后果如何,仅依据规范性研究与讨论并不足以确定。本章研究基于单个具体准则,从制度变迁视角,研究发现 2006 年我国债务重组准则的再次修订对会计信息质量有所影响,债务重组准则的变迁确实导致了公司经济行为的变化,给上市公司提供了更多的盈余操纵空间。这说明,在准则执行的制度安排和制度环境没有明显改善的情况下,单纯的准则变迁并不一定有利于会计准则质量的提高。

第一节　国内外债务重组准则研究综述

一、债务重组会计准则的国外文献研究

国外对债务重组准则的研究多集中于企业债务重组发生的动机、企业会计选择与违反债务契约关系、债务重组采取的方式的研究,对相关经济后果的研究较少,主要研究具体公司债务重组公告发布后的市场反应,缺乏对债务重组准则经济后果的系统研究。

在企业债务重组发生动机方面,Hart 等(1989)以一家为长期项目

---

① 吴倩倩. 债务重组准则经济后果研究——基于制度变迁视角[D]. 厦门大学,硕士学位论文.

融资的企业为研究对象,认为由于企业进行清算时资产价值非常低,所以银行宁愿接受债务重组这一条件。债务重组的发生是因为借款者追求项目和承担风险的行为并不会改变。Dewatripont 和 Maskin(1990)同样以一家为长期项目融资的企业作为研究对象,指出债务重组的发生是因为银行存在最大化回收贷款的目标和借款者有着最小化破产声誉成本的动机。Deangelo 等(1994)选择了 76 家出现财务困难并减少股利发放的公司作为样本,以及 29 家因为债务契约的约束而减少股利发放的公司,研究是否面临债务契约潜在约束的公司比没有这类约束的公司更有动机采取增加收益的会计政策。研究发现,两个样本组在会计政策选择上没有统计上的显著差异,会计政策选择反映出公司陷入财务困境,其并非为了避免违反债务契约或粉饰公司的财务困境。

在企业会计选择与违反债务契约关系的研究中,Lilien 等(1982)研究得出,高资产负债率的企业更可能违约,因而更偏向采用完全成本法来使得约束他们的条件变得宽松。同样,开采风险较高的企业更可能选择完全成本法。Healy 等(1990)用可供发放股利的资金与已支付股息的比率,研究公司改变会计政策是否是出于避免违反债务契约中对股息的限制。研究发现,样本组与对照组相比,会计政策的变化频率并没有显著差别。此外,研究还发现那些将要违反股利发放这一限制条款的公司往往减少甚至不发放股利,只有当不能以较低成本解决的时候,公司才会采用会计政策变更来回应这种潜在的违约行为。Francis(1990)指出,有大量数据表明,会计政策选择和违反债务契约之间存在关联。

Sweeney(1994)检验了实际上违背债务契约的样本组和对照组,指出那些违反债务契约的公司存在改变了会计政策以提高收益的经济行为,同时还采用一些可提高现金流量的会计政策。由此文章得出,那些处于不履行债务违约临界状况公司的管理人员会采取增加收益的会计政策。DeFond 和 Jiambalvo(1994)也对即将违反债务契约的公司在会计政策选择上是否遵循债务契约,即对处于违约边缘的公司是否会选择增加收益的会计政策进行研究。文章发现,在违约前一年和违约当年,非经常性应计项目总额和营运资本具有显著的非经常增加额。

部分学者针对债务重组的重组方式进行研究。其中一些学者(如Riddiough et al.,1994;Anderson et al.,1996)提出,在对债务进行重组中选择债务减免的方式能够消除与资产清算相关债务的成本。Mella-Barral 和 Perraudin(1997)通过模型说明：当企业面临财务困境时，借款者提出需要债权人减免债务的要求对于借贷双方都更有利。另外一些学者在研究中发现，债务重组经常采用债务减免以外的其他方式，如对债务的期限进行重新谈判。Asquith，Gertner 和 Scharfstein (1994)在研究陷入财务困境的企业时，发现银行几乎不会接受债务减免这一要求，而是选择包括期限等贷款条件在内的债务重组其他方式。Mann(1997)研究了 72 家存在问题债务的金融机构(包括金融公司、银行和保险公司等)，发现其中 21 家保险公司中，有 14％选择了债务减免的方式，83％选择了债务延期的方式。以往对债务重组的研究已经证实相对于破产法下的法律强制重组而言，债权债务双方协商重组是一个可行的、成本更加低廉的替代方法。

关于债务重组是否具有经济后果的研究中，相关文献主要将债务重组与市场反应相联系进行研究。Gilson(1990)评价了市场对债务重组公告发布后的平均反应，并指出，对于已经破产与在重组 1 年内还未破产的公司，市场的异常回报率显著不同。Brown 等（1993）和 Chatterjee 等(1995)研究了在信息不对称条件下，证券公开发行与定向发行的选择，发现重组公司中一半有正的超额回报率。Mine(2000)检验了财务危机公司在试图重组债务时的超额回报率。同公司财务与资产特征建议相一致，重组交易的经济后果与期权定价理论显示，公司重新谈判后公告日及日后对股东的累计超额回报有显著正的市场反应。异常回报并不是高风险的补偿，也不是资产现有价值或者市场非理性的结果。相反，公告似乎提供了已发布财务困境信号的大公司一个非预期的、有利的信号。

二、债务重组会计准则的国内文献研究

国内对于债务重组会计准则的研究主要以规范性研究为主，并且学者们主要针对债务重组会计准则的制度变迁各抒己见。

1998 年，我国首次颁布债务重组会计准则，将公允价值的计量属性引入了准则之中，并规定将重组收益计入当期损益。这一准则虽然与国外相关债务重组会计准则相趋同，但是却引起了相关专家学者的质疑。

肖凌(2000)指出，1998 年债务重组准则制定的目的是让债务人尽量少计收益,让债权人尽量少计损失。但是,在准则实施过程中出现了问题:企业利用公允价值以及重组收益计入当期损益的规定进行了盈余管理。王君君(2000)认为,财政部1998年发布实施的债务重组准则中关于对债务重组损益的处理存在问题。文章指出债务重组损失不应归入"营业外支出"。岳彦芳(2001)指出:1998年《企业会计准则——债务重组》准则在企业执行过程中,由于准则对债务重组业务会计处理规定上的某些缺陷,导致了某些企业尤其是某些上市公司利用此法规上的便利,粉饰财务报表,随意调节年度利润,给国家在会计信息失真的治理工作方面制造了障碍。

2001年,财政部对债务重组会计准则进行了修订,回避公允价值的使用,将重组收益不再作为收益而是列为资本公积。这一变更从监管角度出发,在一定程度上抑制了上市公司利用债务重组进行盈余管理的行为,但是变更却与国际上相关会计处理方法相背离,也与会计理论的某些方面相矛盾。针对这一修订,学者们的观点出现了分歧。

大部分学者肯定了财政部对于债务重组会计准则的这一修订,指出这一变更提高了会计信息的可靠性。张翠波(2001)通过对美国资本市场的案例分析得出启示:2001年会计准则将债务重组收益由原来的确认为"当期损益"调整为"资本公积",可有效地防止管理层利用债务重组来进行盈余管理。陈淑贤(2001)认为,在旧会计准则时大多面临ST或陷入窘境的"T族"会在年底大做债务重组的文章以虚增利润,但新会计准则的出台使这些公司的如意算盘化为泡影。债务重组将不再会产生利润,公司也不能将其作为操纵利润的工具,这有助于真实地反映上市公司正常的经营状况。张家平(2002)认为,2001年新修订的债务重组准则将债务重组交易看成了"一个静态的过程",但这种静态交易能够遏制上市公司年终进行突击"假重组"的行为。葛家澍、刘峰(2003)认为,把债务重组收益计入资本公积,提高了上市公司保牌摘帽的成本,有利于遏制人为利润操纵。

然而,也有一些学者认为,由于《公司法》第六章第一百七十九条规定,公司的公积金可以用于弥补公司亏损,扩大公司生产经营或者转为增加公司资本。这样,连续亏损的公司可以根据《公司法》以资本公积补亏,从而使2001年债务重组准则的约束作用失效。

邱晔等(2001)指出,新会计准则的出台,一方面使债务公司无法通过债务重组而进行盈余操纵,从而提高了公司业绩披露的真实性。但另一方面,由于对资本公积金是否可以补亏的问题,法律、法规及相关制度都没有明确的规定,造成一些企业利用债务重组准则,先将重组收益计入资本公积,再利用法律的漏洞,用资本公积弥补亏损,同样可实现扭亏为盈。程海燕(2001)通过案例分析发现,一些公司对财政部颁布的 2001 年版债务重组准则采取了用资本公积金弥补亏损的对策,2001 年债务重组准则并不能从实质上防止人为操纵利润。不过,由于投资者对净利润和亏损弥补容易鉴别,新会计准则更好地保护了投资者利益。黄震(2001)认为,新的债务重组准则虽能很好地控制上市公司操纵利润,但由于我国会计制度对资本公积补亏并没有明确限制,仍存在利用债务重组准则操纵的可能性。

2006 年,随着我国新会计准则的出台,我国对债务重组准则再次进行修订,重新使用公允价值,再次将重组收益计入当期损益,力图建立一套符合我国实际情况、指导重组交易行为并能够与国际会计惯例接轨的准则。然而,公允价值衡量的主观性,以及新债务重组准则可能带来的盈余操纵,使得债务重组准则的经济后果又引起了会计学界的关注。

吴宝兰(2007)运用规范研究的方法,提出新债务重组准则存在的问题及改进思路。一方面,新会计准则将使投资者了解上市公司更真实的经营状况。但另一方面,公允价值及现值的可操作性问题、谨慎原则的应用问题和债务重组的所得税问题等仍值得我们进一步探讨。王霞(2007)认为,新债务重组准则使企业可以通过人为调高所转让资产的公允价值,再将公允价值与账面价值的差额计入当期损益,为企业操纵利润、粉饰业绩提供可能。王雁庆、迟程(2008)通过新旧债务重组准则差异比较指出,理论上而言,我国采用公允价值计量,一是能合理、真实地反映企业的财务状况和经营成果;二是能够与国际准则接轨。实务中利用公允价值来操纵利润并不是公允价值本身不公允,而是由一些环境和人为因素造成的。

关于债务重组会计准则的实证研究国内屈指可数,并且主要采用控制样本配对的方式,来对比发生债务重组公司与未发生债务重组公司之间特征变量是否具有显著性差异,从而来确定公司是否利用债务重组进行了盈余管理。

颜敏、王平心(2003)以我国 1999 年债务重组会计准则为背景,通过特征变量差异检验结果证明,与控制样本公司相比,发生债务重组的公司大多具有经营业绩差、资产负债率高、上市年限长等特征,并且这些公司大多数于当年更换了会计师事务所,以避免被出具"不清洁"审计意见。同时,文章得出结论:降低资产负债率不是导致实施债务重组的主要因素,而是债务重组的一个附带结果。分红计划假设与上市公司实施债务重组基本无关。实施债务重组并不只是扭亏公司所为,而是经营业绩差的各类上市公司较为普遍的行为。

李现宗、杨红娟(2005)结合盈余分布法和 T 参数检验、Wilcoxon 非参数检验法对我国上市公司 2001 年债务重组公司的特征进行了分析。发现负债率、扭亏与否、资本补亏与否、上市年限、是否 ST 或 PT 公司以及更换会计师事务所等变量,确认重组收益的企业和控制样本有系统差异。

谢海洋(2005)采用颜敏和王平心(2003)的方法,通过采用特征变量配对 t 检验,将 2001 年发生债务重组收益和债务重组损失的上市公司进行分类研究,从而证明当年发生债务重组收益的上市公司和部分当年发生巨额亏损的债务重组损失公司均利用债务重组准则的实施进行了盈余管理。文章通过对特征变量差异检验证明,与控制样本公司相比,发生债务重组的上市公司经营业绩较差,大多是扭亏公司和 ST 公司,且上市年限长,资产负债率较高。并将研究结论与颜敏和王平心(2003)中的 1999 年债务重组准则下的盈余管理行为进行比较,发现债务重组收益与业绩的关联度在减弱。

谢海洋、万勇(2006)采用谢海洋(2005)相同的方法却得出了不同的结论。文章通过对 2002 年深市上市公司中债务重组的公司与未进行债务重组的控制样本公司进行特征变量配对 t 检验,发现反映债务重组公司经营业绩的变量净利润/资产总额、营业利润/资产总额、当年的净资产收益率及当年的每股经营现金流量的均值这 4 项盈利指标与控制样本公司相比不存在显著性差异,未能证明 2001 年债务重组准则的实施导致了上市公司的盈余管理行为。

谢德仁、樊鹅和卢靖(2005)从盈余管理角度研究了财政部 2001 年修订债务重组准则的适当性。结果发现,1998 年和 1999 年有增加利润之盈余管理动机的上市公司更可能进行增加收益的债务重组,其他线下项目收益率高的上市公司则更少可能地进行增加收益的债务重组。由此,作者得出,债务重组准则的修订减少了公司盈余管理。

罗炜、王永、吴联生(2008)则以债务重组公司是否利用重组收益以达到扭亏为盈、股权再融资和撤销 ST 的动机为研究对象,以债务重组准则的不同阶段为虚拟变量,实证研究了 1999 年和 2001 年债务重组准则下重组公司盈余管理动机是否有差别,以及重组后公司长期业绩的差异。从而证明,与 1999 年债务重组准则相比,2001 年债务重组准则减少了重组公司盈余管理动机,同时,2001 年债务重组准则下重组公司重组后的长期业绩比 1999 年债务重组准则下要好。

三、文献总结

从国内外文献回顾可以得出,国外目前对于债务重组的研究多集中于企业债务重组发生的动机、企业会计选择与违反债务契约关系、债务重组采取的方式的研究,对债务重组准则经济后果缺乏系统性研究;而国内债务重组准则的相关研究多集中于规范性研究,经验性研究屈指可数,并且在检验结果上也值得进一步商榷。首先,用相关的盈余管理动机和财务指标对债务重组收益进行回归,并不能够说明公司进行债务重组是为了进行盈余管理,两者不存在必然的联系。其次,对于债务重组准则变迁与盈余管理动机的研究,直接引入时间虚拟变量,只能说明不同时间段内盈余管理动机的差别,但并不能够说明是由于债务重组准则的变更所导致的。再次,文章普遍存在样本量偏小、时间跨度短的缺陷。

因此,针对规范性研究中会计学者们对于债务重组准则的政策变迁经济后果的意见分歧,缺乏经验性证据。

第二节　研　究　设　计

宏观的会计政策制定者进行强制性会计制度变迁的本意是在实现对上市公司的有效监管的同时,提高会计信息的质量。相关文献表明,会计信息质量的表现之一为执行该会计准则的公司盈余的可持续性。会计盈余的持续性是指盈余的可重复特征,即盈余在未来各会计期间重复发生的可能性。若公司本期的盈余与公司下一期的盈余显著相关,则说明该公司的盈余所含的信息含量较高,在该项会计准则下所进行的会计处理能够较好地反映出公司的真实业绩。相关研究(lipe,1990;Potter & Rayburn,1993;et al.)对盈余持续性的直接度量可以依据对盈余时间序列特征的分析,将盈余的自回归系数作为盈余持续性的度量。自回归系数越大,表明当期盈余中能够持续到未来继续发生的部分越高,盈余的持续性越强。具体如模型(1)所示:

$$EPS_{i,\,t+1} = \beta_0 + \beta_1 EPS_{i,\,t} \qquad\qquad 模型(1)$$

虽然通过上述的方程检验能够说明不同阶段会计盈余的持续性,但是并不能证明这种持续性是由于债务重组准则的变迁而导致的。因此,我们将每股收益 EPS 进一步拆分为每股经常性收益 Core_EPS 以及每股非常性收益 NR_EPS,以检验盈余的不同组成部分的持续性是否随着准则的变迁而显著不同。由于 1999—2000 年准则及 2007—2008 年准则中的每股收益还包含债务重组利得,因此,我们将这两个阶段的每股非常性收益 NR_EPS 又拆分为每股债务重组利得 DR_EPS 与排除每股债务重组利得后的每股非经常性收益 NRE_EPS。而 2001—2006 年准则中债务重组利得不包含于每股收益中,故而不纳入。具体拆分情况如图 8-1 和图 8-2 所示。

图8-1　2001—2006 年准则下每股收益拆分示意图

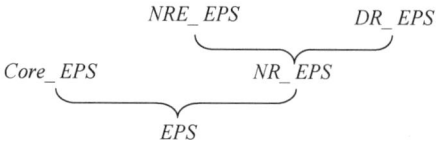

图 8-2　1999—2000 年、2007—2008 年准则下每股收益拆分示意图

一、样本选择与数据来源

本章样本是在第五章所取样本的基础上,剔除了未指明债务重组利得的公司,得到的数据样本为 587 个。同时,按照年份相同、行业相同、资产规模相近的原则,配对选取了 587 家没有发生债务重组事项的沪深上市公司作为控制样本。

二、研究模型

在研究程序设计方面,我们采纳已发生债务重组的公司为样本。首先,引入阶段虚拟变量 R,分别进行盈余持续性研究,以期证明债务重组准则变迁会带来不同的经济后果,从而影响管理层行为,继而对盈余造成影响。其次,为了确定在不同阶段下盈余质量的不同是由于债务重组准则的变迁所导致的,我们进一步将每股收益分解为每股经常性收益、每股非经常性收益(不含债务重组利得)以及每股债务重组利得,以考察每股收益的各组成部分在不同准则阶段下的持续性,试图找寻可归于债务重组利得的影响。

我们引入虚拟变量 R,结合前文的分析,对模型(2)进行 OLS 回归:

$$EPS_{i,\,t+1} = \beta_0 + \beta_1 EPS_{i,\,t} + \beta_2 R \times EPS_{i,\,t} \qquad \text{模型(2)}$$

根据前面对盈余的拆分,模型(2)拓展为模型(3)与模型(4),试图通过考察具有不同经济含义的分部每股收益的持续性,来确定 2001—2006 年、2007—2008 年会计盈余持续性差异的来源。

$$EPS_{i,\,t+1} = \beta_0 + \beta_1 CORE\_EPS_{i,\,t} + \beta_2 NR\_EPS_{i,\,t} + \beta_3 R \times CORE\_EPS_{i,\,t} +$$
$$\beta_4 R \times NR\_EPS_{i,\,t} \qquad \text{模型(3)}$$

$$EPS_{i,\,t+1} = \beta_0 + \beta_1 CORE\_EPS_{i,\,t} + \beta_2 NRE\_EPS_{i,\,t} + \beta_3 DR\_EPS_{i,\,t} + \beta_4 R \times$$
$$CORE\_EPS_{i,\,t} + \beta_5 R \times NRE\_EPS_{i,\,t} + \beta_6 R \times DR\_EPS_{i,\,t}$$
$$\text{模型(4)}$$

三、变量定义

模型中的被解释变量 $EPS_{i,\,t+1}$ 是第 i 个样本公司 $t+1$ 年后的每股收益,表示公司的未来业绩。R 为虚拟变量,当该公司发生债务重组的年份属于是 2007—2008 年时,取值为 1;否则,取值为 0。其他解释变量的定义如表 8-1 所示。

表 8-1　变量定义

变量名称	相关定义
被解释变量 $EPS_{i,\,t+1}$	第 i 个样本公司 $t+1$ 年后的每股收益,表示公司的未来业绩
解释变量 R	虚拟变量,当该公司发生债务重组的年份属于 2007—2008 年时,取值为 1;否则,取值为 0
$CORE\_EPS$	每股经常性收益
NRE_EPS	排除每股债务重组利得后的每股非经常性收益
DR_EPS	每股债务重组利得
NR_EPS	每股非经常性收益

第三节　实证结果与分析

一、描述性统计

从描述性统计中我们可以初步得出，2007—2008 年发生债务重组的公司平均每股收益为正，主要归因于每股经常性收益；反之，2001—2006 年发生债务重组的公司平均每股收益为负，其每股经常性收益也显著为负。由此，我们认为，2007—2008 年发生债务重组的公司经营业绩较好，而 2001—2006 年发生债务重组的公司确实在经营业绩方面不尽如人意。从债务重组定义出发，则 2001—2006 年这些公司更可能是出于财务困难的原因，而 2007—2008 年可能具备盈余管理动机。

继而，在平均每股非经常性收益表现上，2007—2008 年发生债务重组的公司为正值，对平均每股收益有一定的正面贡献。而 2001—2006 年发生债务重组的公司则基本为 0，基本上对平均每股收益未有影响。而平均每股债务重组利得在两阶段下均为正值且相对于平均每股收益而言较大。由于 2007—2008 年债务重组利得计入每股收益，而平均每股非经常性收益扣除平均每股债务重组利得后表现为负值，则可以认为，平均每股债务重组利得对平均每股收益有一定的正面贡献。详见表 8-2。

表 8-2　描述性统计

变量	2001—2006 年				2007—2008 年			
	N	均值	中位数	标准偏差	N	均值	中位数	标准偏差
EPS	224	−0.113 4	0.050 5	0.816 3	363	0.267 9	0.160 8	0.696 2
CORE_EPS	224	−0.115 1	0.029 3	0.764 9	363	0.194 2	0.120 1	0.692 9
NR_EPS	224	0.001 7	0	0.170 3	363	0.073 8	0.002 4	0.228 3
DR_EPS	224	0.235 4	0.002 6	0.680 3	363	0.193 8	0.013 8	0.510 1

注：表中 *EPS* 表示当年每股收益，*CORE_EPS* 表示每股经常性收益，*NR_EPS* 表示每股非经常性收益，*DR_EPS* 表示每股债务重组利得。

二、盈余持续性回归结果

针对发生债务重组的 587 家公司进行了 OLS 回归，结果如表 8-3 所示。

表 8-3 盈余持续性回归结果(被解释变量＝$EPS_{i,\,t+1}$)

Intercept	0. 237 15 (0. 216 14)	Intercept	0. 297 49*** (0. 146 1)	Intercept	0. 245 89 (0. 205 18)
虚拟变量 $R \times EPS$	−0. 233 94*** (0. 127 73)	$R \times CORE\_EPS$	−0. 137 67 (0. 131 77)	$R \times CORE\_EPS$	−0. 143 04 (0. 133 72)
		$R \times NR\_EPS$	−1. 765 9*** (0. 670 52)	$R \times NRE\_EPS$	−1. 810 1*** (0. 674 85)
				$R \times DR\_EPS$	0. 319 05 (0. 268 1)
一般变量 EPS	0. 458 14*** (0. 094 45)	$CORE\_EPS$	0. 373 73*** (0. 099 47)	$CORE\_EPS$	0. 375 69*** (0. 099 6)
		NR_EPS	2. 049 56*** (0. 626 21)	NRE_EPS	2. 076 43*** (0. 629 04)
				DR_EPS	−0. 113 87 (0. 093 99)
$R\text{-}Square$ $Adj.\,R\text{-}Sq$ N	0. 114 8 0. 086 1 587		0. 124 1 0. 097 9 587	$R\text{-}Square$ $Adj.\,R\text{-}Sq$ N	0. 132 2 0. 097 3 587

注:表中从左到右依次列示了在模型(1),模型(2),模型(3)的 OLS 回归结果;系数下方括号内为标准差,*,**,*** 分别表示在 10%,5%和 1%水平上显著(双尾检验)。

在 2001—2006 年准则阶段与 2007—2008 年准则阶段下,发生债务重组的公司的每股收益具有一定的持续性,即前一期的每股收益对于下一期每股收益而言具有解释力与预测性。然而,2007—2008 年相关公司的盈余持续性较 2001—2006 年差,表现为 $R \times EPS$ 的系数显著为负。进而,我们将两个阶段的盈余均分解为每股经常性收益与每股非经常性收益,这两部分对于公司未来业绩仍然都有显著为正的解释力。从 $R \times NR\_EPS$ 的系数显著为负而 $R \times CORE\_EPS$ 的系数不具有显著性可得出,2007—2008 年相关公司的盈余持续性较 2001—2006 年差的原因可归结为每股非经常性收益持续性的不同。2001—2006 年相比 2007—2008 年而言,非经常性收益更具有可持续性与预测性。而 2001—2006 年与 2007—2008 年准则非经常性收益组成的不同主要为债务重组利得是否计入。可见,2007—2008 年准则下,将债务重组利得计入会计盈余,反而降低了其持续性与可预测性。

进一步,我们假设 2001—2006 年计入资本公积的债务重组利得也具有持续性,而将 2007—2008 年每股非经常性收益拆分为每股债务重组利得与排除每股债务重组利得后的每股非经常性收益,来考察不同阶段下债务重组利得的持续性。研究结果表明,两个阶段下债务重组利得均不具有持续性与预测性。2001—2006 年由于债务重组利得计入资产负债表,因此,对下期会计盈余没有显著持续性是符合会计理论的;相反,2007—2008 年这部分债务重组利得计入会计盈余,却不含有信息含量,不具有预测性,不能增加会计盈余的信息含量。

三、稳健性检验

在 2001—2006 年阶段与 2007—2008 年阶段,虽然债务重组准则发生了明显变化,但也存在其他准则与制度背景的变化。即使我们将会计盈余分解为经常性收益与非经常性收益,我们也不能够确定非经常性收益这部分可持续性的差异是由于债务重组准则变化而引起的。基于此,我们针对选定的未发生债务重组的控制样本,再按阶段进行会计盈余的自回归,对比该控制样本是否具有与原样本相同的回归结果。回归结果如表 8-4 所示。

表 8-4 稳健性检验结果(被解释变量 $=EPS_{i,\,t+1}$)

Intercept	0.098 77	Intercept	0.109 80
	(0.082 52)		(0.083 11)
虚拟变量 $R \times EPS$	0.414 14***	$R \times CORE\_EPS$	0.408 03***
	(0.050 3)		(0.064 42)
		$R \times NR\_EPS$	0.558 32
			(0.368 09)
一般变量 EPS	0.134***	$CORE\_EPS$	0.159 37***
	(0.032 28)		(0.047 84)
		NR_EPS	$-0.123\ 62$
			(0.355 81)
R-Square	0.305 8	R-Square	0.3081
Adj R-Sq	0.290 3	Adj R-Sq	0.290 2
N	587	N	587

注:表中从左到右依次列示了在模型(1),模型(2)的 OLS 回归结果;系数下括号内为标准差,* ,** ,*** 分别表示在 10%,5%和 1%水平上显著(双尾检验)。

　　从稳健性检验结果我们可以得出,在 2001—2006 年准则阶段与 2007—2008 年准则阶段下,控制样本的每股收益具有一定的持续性。然而,与发生债务重组公司不同的是,2007—2008 年未发生债务重组公司的盈余持续性较 2001—2006 年好,表现为 $R \times EPS$ 的系数显著为正,并且系数较大。进一步,我们同样将两个阶段的盈余均分解为每股经常性收益与每股非经常性收益,此时,只有每股经常性收益这两部分对于公司未来业绩仍然都有显著为正的解释力,并且 $R \times CORE\_EPS$ 的系数显著为正说明,2007—2008 年每股经常性收益的持续性明显较 2001—2006 年好。而两个阶段下每股非经常性收益均不具有解释力。这一结果与发生债务重组的公司显著不同。

　　稳健性检验通过非债务重组公司的 OLS 回归,不仅证实了 2001—2006 年与 2007—2008 年这两个阶段下每股非经常性收益持续性的不同是由于债务重组所造成的(非债务重组公司未得出这一结论);而且证实了,债务重组准则的变迁降低了 2007—2008 年这一阶段公司会计盈余的可持续性(非债务重组公司中,2007—2008 年的会计盈余可持续性显著比 2001—2006 年好)。

第四节　本 章 结 论

　　由盈余持续性回归结果来看,2001—2006 年准则与 2007—2008 年准则下发生债务重组的公司会计盈余都具有持续性,即前一期的每股收益对于下一期每股收益而言具有解释力与预测性。但是 2007—2008 年公司的会计盈余的可持续性较 2001—2006 年差。进一步剖析原因发现,2007—2008 年公司的会计盈余的可持续性差归因于每股非经常性收益的持续性显著差于 2001—2006 年,并且 2007—2008 年债务重组利得不具有可持续性。

　　在与未进行债务重组公司的会计盈余持续性对比中,我们发现,非债务重组公司中,2007—2008 年的会计盈余可持续性显著比 2001—2006 年好,并且这种差异是由于每股经常性收益差异所造成。

　　综上,2007—2008 年债务重组准则的变迁,降低了债务重组公司会计盈余的持续性与预测性,其导致会计盈余的信息含量降低。而会计盈余的持续性是会计信息质量中的重要部分。从某种意义上说,2007—2008 年债务重组准则的变迁不仅没有提高债务重组准则相对应会计信息的质量,反而在一定程度上降低了会计信息质量。

参 考 文 献

陈淑贤.2001.浅析新《企业会计准则——债务重组》对上市公司的影响
[J].上海会计,(12):34-35.

程海燕.2001.《企业会计准则——债务重组》对上市公司的影响[J].四
川会计,(10):18-19.

葛家澍,刘峰.2003.会计理论——关于财务会计概念结构的研究[M].
北京:中国财政经济出版社.

黄震.2001.论新债务重组准则与风险控制[J].财务与会计导刊,(8):
69-70.

李现宗,杨红娟.2005.新债务重组准则与盈余管理策略的转变——基
于2001年债务重组的上市公司盈余管理的实证检验[J].经济问
题探讨,(5):74-79.

罗炜,王永,吴联生.2008.债务重组会计准则变更的经济后果[J].中国
会计评论,(6):193-206.

邱晔.2001.资本公积补亏可行性研究[J].财会月刊,(24):22-23.

王君君.2000.对债务重组准则的几点思考[J].财会月刊,(8):22-23.

王霞.2007.债务重组准则有关问题的探讨[J].会计之友,(9):68-69.

王雁庆,迟程.2008.刍议我国债务重组准则的演进[J].财会研究,(1):
30-31.

吴宝兰.2007.论债务重组会计准则对上市公司的影响及存在的问题
[J].投资与理财,(9):47-50.

吴倩倩.2010.债务重组准则经济后果研究——基于制度变迁视角
[D].厦门大学,硕士学位论文.

肖凌.2000.浅谈债务重组准则的特色[J].财会月刊,(4):47-48.

谢德仁,樊鹏,卢婧.2004.债务重组会计准则盈余管理对比实证研究
[G].中国会计学会2004年学术年会论文.

谢海洋.2005.债务重组盈余管理实证研究[J].财会通讯,(10):84-87.

谢海洋,万勇.2006.2002年深市上市公司债务重组盈余管理实证研究
[J].经济论坛,(5):95-98.

颜敏,王平心.2003.上市公司 1999 年债务重组准则盈余管理实证研究.中国第二届实证会计国际研讨会论文集[G].重庆:重庆大学,646-658.

岳彦芳.2001.对《债务重组准则》实施中应注意的几个问题的探讨[J].中央财经大学学报,(12):55-58.

张翠波.2001.盈余管理行为导致企业价值被低估的原因及对策研究[J].当代财经,(10):67-70.

张家平.2002.债务重组准则简评[J].财会通讯,(2):45-46.

AKSU M H. 2000. The effect of size, book-to-market ratio and prior distress information on the market reaction to troubled debt restructuring announcements. www. ssrn. com.

ANDERSON R, SUNDARESAN S. 1996. Design and valuation of debt contracts[J]. The Review of Financial Studies, 9: 37-38.

ASQUITH P, GERTNER R, SCHARFSTEIN D. 1994. Anatomy of financial distress: An examination of junk-bond issuers [J]. Quarterly Journal of Economics, 3: 625-658.

BROWN D T, JAMES C M, MOORADIAN R M. 1993. The Information Content of Distressed Restructuring Involving Public and Private Debt Claims [J]. Journal of Financial Economics, 33: 93-118.

CHATTERJEE S, DHILLION U S, RAMIREZ G G . 1995. Coercive Tender and Exchanges Offers in Distressed High-Yield Debt Restructurings An Empirical Analysis [J]. Journal of Financial Economics, 38: 333-360.

DEANGELO H, DEANGELO L, SKINNER D. 1994. Accounting choice in troubled companies [J]. Journal of Accounting and Economics, 17(1): 113-143.

DEFOND M L, JIAMBALVO J. 1994. Debt covenant violation and manipulation of accruals [J]. Journal of Accounting & Economics, 17(January): 145-176.

DEWATRIPONT M, MASKIN E. 1990. Contractrenegotiation in models of asymmetric information [J]. European Economic

Review, 34: 311-321.

FRANCIS J. 1990. Corporate compliance with debt covenants [J]. Journal of Accounting Research, 28(2): 326-47.

GILSON S C. 1990. Bankruptcy, Boards, Banks, and Blockholders: Evidence on Changes in Corporate Ownership and Control When Firms Default [J]. Journal of Financial Economics, 27: 355-387.

HART O D, MOORE J. 1989. Default and renegotiation: A dynamic model of debt[J]. Quarterly Journal of Economics, 1: 1-41.

HEALY P M, PALEPU K G. 1990. Effectiveness of accounting-based dividend covenants [J]. Journal of Accounting and Economics 12: 97-123.

LILIEN S, PASTENA V. 1982. Determinants of intramethodchoice in the oil and gas industry [J]. Journal of Accounting and Economics, 3: 145-170.

LIPE R. 1990. The Relation Between Stock Returns and Accounting Earnings Given Alternative Information[J]. The Accounting Review, 65: 49-71.

MANN R. 1997. Strategy and Force in the Liquidation of Secured Debt [J]. Michigan Law Review, 2: 159-244.

MELLA-BARRAL P, PERRAUDIN W. 1997. Strategic debt service [J]. Journal of Finance, 52: 531-556.

POTTER G, RAYBURN J. 1993. Theimpact of earnings quality on discretionary disclosure: The case of interim reporting, earnings quality (Center for Economics and Management Research, Norman, OK): 1-23.

RIDDIOUGH T J, WYATT S B. 1994. Strategic default, workout, and commercial mortgage valuation [J]. Journal of Real Estate Finance and Economics, 9: 5-22.

SWEENEY A P. 1994. Debt covenant violations and managers' accounting responses [J]. Journal of Accounting and Economics, 17(3): 281-308.

第九章　会计准则趋同对会计信息
质量的影响

——基于非货币性资产交换准则的经验证据[①]

　　当前,围绕公允价值会计作用等问题所展开的激烈争论备受全球瞩目,且尚未取得一致意见。在此背景下,由于公司资产置换作为我国转型经济环境下的一种特殊资产重组形式,其所适用的会计准则在计量属性规范上经历了多次修订,特别是新非货币性资产交换准则变迁的公允价值导向,引起学术界广泛的关注。因此,本章基于非货币性资产交换准则趋同的背景,检验了不同计量属性的价值相关性差异,为准则趋同是否会提高价值相关性以及公司绩效提供经验证据。

第一节　研究背景

　　在我国,首个资产置换适用会计准则《非货币性交易》于2000年开始实施,公允价值为其主要计量属性。但在当时制度环境的再融资利益驱动下,某些上市公司滥用公允价值进行报表性资产置换,导致公允价值计量属性的运用受到质疑。2001年实施的修订版《非货币性交易》会计准则重新强调真实和谨慎,限制了公允价值的作用。然而,2007年实施的、与国际财务报告准则趋同的《非货币性资产交换》新会计准则,又再次引入公允价值计量属性,并首次提出了商业实质性判断对其当期损益影响的问题。显然,新会计准则制定者意在借此提高会计信息决策相关性。但是,资产置换是否会再次成为上市公司利润操纵的重要手段?这成为人们关注的焦点。

　　毋庸置疑,计量属性本身并不是利润操纵的动因,特定制度环境对

---

　　① 肖虹,曲晓辉,肖静怡. 公司资产置换财务绩效特点变化及其计量属性规范实施效果[J]. 会计研究,2009(5):38-45.

利益集团的行为动机具有诱致作用。在我国转轨经济的股权分置制度环境中,非流通股价值基本上由现金股利或非法侵占所决定,资产置换成为某些大股东实现控制权收益的手段。然而,随着制度环境的变革,基于上市公司价值增长的各方利益参与者共同博弈基础正在逐步形成,博弈动机发生了较大变化。作为股价的最大利益相关者,大股东利益不再只体现为净资产的账面价值水平,而是能够通过资本市场独特的定价机制分享股价的溢价收益,上市公司业绩表现将直接影响到大股东的利益。这在一定程度上对其资产重组动机和行为模式产生了显著影响。上市公司并以此吸引投资者关注,成为大股东的基本选择。表现在资产置换[①]上,大股东开始转变掏空上市公司的行为,将资产置换作为做大市值的一种重要盈利模式,借以实现上市公司产业结构调整和大股东场外优质资产资本化。与此同时,在后股权分置时代中,资产置换过程本身也出现了许多新特点。例如,定向增发新股不仅成为上市公司股权再融资的一个重要工具,而且也成为资产置换日益增多的支付方式。

股权分置是我国转轨经济强制性制度变迁过程所产生的特殊阶段性结果,股权分置改革则是对这种阶段性结果所进行的又一次强制性制度变迁。这种特定制度环境变迁会对资产置换公司财务绩效特点产生什么样的影响? 资产置换计量属性规范上的多次变化又分别具有什么不同的实施效果? 针对这些问题所进行的检验研究,可以为准则制定者、监管机构的相关决策以及转轨经济下资产置换的"掏空"与"支持"理论提供证据支持,为公允价值会计的财务报告效用辨析提供论据,这也正是本章的研究目的。

需要指出的是,与现存相关研究文献以年度报告为研究期间不同,我们以沪深上市公司 2000—2007 年的连续 8 个中报期为研究期间,以期间所发生的资产置换以及相关中期财务数据为研究对象。这是因为,首先,现存文献证明,更为经常性的中期披露提高证券价格的信息含量,降低披露日股票价格的波动和交易量,并提高市场的流动性

---

① 当然,这种制度转型环境也为大股东操纵股价提供了更多的机会和动力,资产置换仍然是创造概念以操纵二级市场股价的重要题材,对于 ST、SST 等特定公司而言,保牌与保配的利益驱动依然十分强大。

（Yee，2004）。中期披露不仅能够降低信息不对称，而且其所披露盈余水平与预期盈余的差异程度（即低于、等于和高于预期水平）对投资者的价格反应也具有不同的影响力（Schadewitz et al.，2002）。在我国，中报的未预期会计盈余与股票超额回报率之间也存在着显著的相关性，中报盈余数据披露具有一定的信息含量（赵伟、王中洁和张润，2004）。其次，有别于公司的日常普通交易业务，公司资产置换通常会产生未预期会计盈余，中报期间资产置换的相关信息有助于投资者尽早据此评估资产置换公司当期业绩和预测今后的业绩趋势。因此，在当前投资者决策信息及时性要求日益提高，及时性成为重要会计信息质量标准的背景下，以中报为对象所进行的检验具有独特的重要性。

　　研究结果表明，与 2000—2005 年中报期间样本相比较，2006—2007 年中报期间样本的公司资产置换财务绩效具有显著差异性。具体表现在：不仅资产置换公司具有相对更高的前期盈利能力、成长性以及当期的偿债能力，而且利用关联方资产置换改善公司盈利能力的动机也得到一定的缓解，资产置换公司的盈利能力得到了提高。从资产管理能力变化来看，也得到了一定的改善。而 2001 年限制公允价值运用的修订版《非货币性交易》会计准则实施，抑制了公司利用资产置换所进行的短期利益操纵，并进而显著提升了资产置换绩效的持续性。与 ST 公司相比，非 ST 公司绩效的显著性在较长滞后期内得到体现。2007 年重新引入公允价值计量属性的《非货币性资产交换》新会计准则的实施则显著提高了资产置换公司收益的股价解释力，其资产置换定向股份增发支付方式也具有显著正相关关系，但资产置换的关联方关系则不具有显著的价格反应，显示了投资者对定向股份增发支付方式下资产置换的商业实质判断持积极态度，以及对 2007 年新准则强调关联方资产置换商业实质判断谨慎性的认可。

第二节　文献回顾与研究假说

　　对于转轨经济下的我国上市公司资产置换行为，现存文献大多以"掏空"（tunneling）和"支持"（propping）理论进行解释。同时，这种"掏空"与"支持"在发展中国家和股权分置制度环境背景下往往是对称的（Friedman et al，2003；江伟，2005）。当上市公司存在"扭亏"和"保配"的需要时，控制性股东通常会对其进行利益输送（支持）；当无上述需要时，控制性股东则可能侵占上市公司利益（掏空）（祝祖强和门璎，2000；李增泉等，2005）。例如，谭为民（2002）以 1997 年上市公司资产重组案例为研究对象，发现大多数资产置换具有关联方关系，属于大股东对上市公司的拯救性"支持"行为。卢海（2006）则分析指出，2001 年四川泰港集团通过资产置换形式将权属不清的土地使用权投入 ST 长控，迫使 ST 长控计提 4.3 亿元长期投资跌价准备并导致 2002 年发生巨额亏损，是典型的"掏空"案例。宁宇新和柯大钢（2006）认为，资产置换后上市公司业绩的迅速滑坡以及资产质量水平未达到承诺水平，与资产置换方式下大股东的"掏空"行为密切相关。

　　关于上市公司资产置换绩效的评价，现存文献的研究方法主要包括资产置换事件市场反应评价法和资产置换财务指标影响评价法。其经验证据证明，多数资产置换绩效具有先升后降或先平后降的"报表性"特征，对改善公司业绩指标没有实质性作用（陈信元和张田余等，1999；曹葵和金桩，2003；李哲和何佳，2006）。这与"实质性"资产置换以优化资产质量和增强公司竞争力为动因，从而明显改善经营资产质量的经济后果完全不同。

　　然而，如前所述，股权分置改革在一定程度上形成了上市公司相关利益者的共同博弈基础，促使非流通股股东及流通股股东以追求公司市场价值最大化作为自己的长远利益目标，因此，有必要对这种制度环境变迁下的公司资产置换博弈动机做进一步检验。我们认为，对于上市公司资产置换实质动机的判断，可以从资产置换前后期公司财务绩效特点以及资产置换对公司财务绩效的影响程度、范围入手。一般地，短期利益动机下的报表性资产置换，通常公司具有比较差的置换前盈利能力，置换后的公司经营质量也不会得到有效改善；中长期利益动机下的实质性资产置换，通常公司具有比较强的置换前盈利能力，资产置换后的公司经营质量也会有所提高。

　　由于 2006—2007 年期间股权分置等制度性难题不断破解，因此，对于资产置换公司财务绩效差异显著性检验，应主要针对 2000—2005 年中报期和 2006—2007 年中报期进行比较。同时，由于我国资产置换中"掏空"与"支持"现象所可能带来的利益转移主要发生在关联方之间，关联方采用资产置换进行资产重组的比例远高于非关联方，而且，并未因其具有非市场化的特性就使得重组绩效好于非关联方资产重组

（王跃堂，1999）。因此，有必要就 2006—2007 年两个中报期间资产置换动机的变化是否主要是通过对关联方之间的资产置换改变而起作用进行检验。据此我们提出以下假说：

假说 1：与 2000—2005 年中报期相比较，2006—2007 年中报期内资产置换公司财务绩效具有显著差异性，显示了制度环境变迁下资产置换动机变化对其财务绩效的影响。同时，资产置换的关联方性质对这种差异显著性也具有影响力。

关于不同计量属性运用的规范，是资产置换适用会计准则多次变化的主要内容。毫无疑问，在股权分置状态下，2001 年修订版《非货币性交易》会计准则的实施，意在强调非货币性资产置换的会计信息可靠性，以达到其计量属性规范的预期经济后果。据此，我们提出以下检验假设：

假说 2：在股权分置制度环境下，限制公允价值运用的 2001 年修订版《非货币性交易》准则实施，抑制了公司利用资产置换所进行的短期利益操纵，进而对其资产置换绩效持续性具有显著影响力。同时，这种抑制性对 ST 公司具有更大的显著性。

2007 年不仅是股权分置改革向纵深发展并基本完成的年度，也是重新引入公允价值计量属性的《非货币性资产交换》新会计准则实施的第一年。2001 年修订版《非货币性交易》会计准则的实施，虽然提高了会计信息可靠性，但也导致了某些情况下换入资产入账价值与公允价值的严重背离。例如，该修订版准则规定所有换入资产均以换出资产的账面价值为基础进行计价，因此，只要换出资产的账面价值变化（如采取的提取折旧政策或者计提减值准备额度不同），所确认的换入资产入账价值及其损益也将随之变化。因此，为提高会计信息的决策相关性，《非货币性资产交换》新会计准则重新引入了公允价值计量属性，同时增加了限定条件和更详细的信息披露要求。例如，将资产置换划分为"具有商业实质的交易"和"不具有商业实质的交易"两种类型，规定不具有商业实质的资产置换不能采用公允价值计量，也不能确认其资产置换的损益。在进行商业实质判断时，强调应当关注交易各方之间是否存在关联方关系，以避免企业通过关联方交易等不具有商业实质的手段操纵利润（因为关联方资产置换在交易性质、交易公平性等诸多方面具有其特殊性，使关联方能够利用其对企业的控制权或影响力操纵关联交易,为自身利益服务,从而导致资产置换不具有商业实质)。新会计准则从审慎角度出发而强调特别关注资产置换中关联方关系影响的这种观点,是否得到市场的认同?有必要对此做进一步的检验。

与此同时,以定向股份增发支付方式进行资产置换,是后股权分置时代资产置换支付方式的新特点。中国证监会对这种股权增发方式尚无明确的盈利要求,新会计准则也未对这种资产置换支付方式加以特别考虑。一种观点认为,上市公司在向控股股东及其关联方定向增发过程中,的确有集团公司向上市公司注入优质资产和好项目的动机(章卫东,2007),但关于定向股份增发支付方式下资产置换商业实质判断,目前还缺乏足够的证据,因此我们认为也应当从市场反应的角度对此进行特别的考察。据此,我们提出以下检验假说:

假说3:在股权分置制度改革基本完成的市场环境下,重新引入公允价值的《非货币性资产交换》准则的2007年实施,显著提高了资产置换公司盈余的价值相关性。同时,资产置换的定向股份增发支付方式、资产置换公司之间的关联方关系,也具有显著的市场价格反应。

第三节 研 究 设 计

一、样本选择、数据来源与变量定义

本章研究样本为2000—2007年8个中报期间[①]披露资产置换方案进度为"实施"的上市公司,在剔除金融类上市公司、财务数据或交易数据不完整上市公司后得到330个上市公司样本。在此,之所以在这8个中报期间排除尚未完成、方案进度仅为"通过董事会预案"的资产置换类型,主要是考虑了现行法规框架规定和目前我国大多数上市公司会计处理惯例对中期报告会计指标的影响。资产置换资料来自万德数据库,其相关财务数据和股票交易数据分别来自香港理工大学和深圳市国泰安信息技术有限公司联合开发的《中国股票上市公司财务数据库》和《中国股票市场交易数据库》,变量定义如表9-1所示。

---

① 本书所称中期是指一个完整财务报告期间的一半即半年,所谓的中期报告是指以旨在提供这一中期财务状况、经营成果和现金流动状况信息为目标的对外财务报告。在我国,证监会于1994年6月发布了关于中期报告内容与格式规定的第三号准则,并于2002年重新发布第三号准则(半年报告)以取代之。

表 9-1 变量定义

变量名	变量定义
$EPS_{i,\ t+k}$	公司每股收益。$k=0$，1，2，3 分别代表资产置换交易期公司每股收益、资产置换交易滞后一期公司每股收益、资产置换交易滞后二期公司每股收益、资产置换交易滞后三期公司每股收益
$ROA_{i,\ t}$	公司资产收益率，等于税后净收入/总资产
$ROE_{i,\ t}$	公司股东权益报酬率，等于报告期净利润/报告期末净资产
$Amount_{i,\ t}$	公司资产置换规模，即公司资产置换额的对数
$ReStandard_{i,\ t}$	2001 年修订版《非货币性交易》会计准则实施哑变量。当资产置换适用 2001 年修订版准则时取 1；当适用 2000 年准则时取 0
$NewStandard_{i,\ t}$	2007 年《非货币性资产交换》新会计准则实施哑变量。当资产置换适用 2007 年新会计准则时取 1；当适用 2001 年修订版《非货币性交易》准则时取 0
$ST_{i,\ t}$	上市公司的 ST 性质哑变量。当资产置换上市公司为非 ST 性质时，取 1；当资产置换上市公司为 ST 性质时，取 0
$Relateparty_{i,\ t}$	资产置换双方的关联方关系哑变量。当资产置换双方具有关联方关系时取 1；反之取 0
$Dirstockpay_{i,\ t}$	资产置换的定向股份增发支付方式哑变量。当资产置换采用定向股份增发支付方式时取 1；反之取 0
$Lev_{i,\ t}$	公司资产负债率
$Accrzv_{i,\ t}$	公司应收账款周转率
$Inventoryv_{i,\ t}$	公司存货周转率
$Opersellv_{i,\ t}$	公司主营业务收入同比增长率
$Navps_{i,\ t}$	公司每股净资产同比增长率

二、研究模型

（一）制度环境变迁下公司资产置换财务绩效特点变化

1. 资产置换前后公司财务绩效因子水平分析

以 2000—2007 年中报期间的总样本为研究对象，我们从包括盈利能力、偿债能力、资产管理能力、成长性等方面在内的综合角度，采用因子分析方法对 2000—2005 年与 2006—2007 年两个中报时期内资产置换前后期公司财务绩效特点差异性进行检验。具体分为以下几个步骤进行：首先，对 2000—2007 年全样本上市公司资产置换前一年与置换当年的中报指标进行因子分析，提取公共因子，并根据因子得分和方差贡献率构造综合得分函数值。其次,运用非参数统计方法中的曼-惠特尼 U 检验方法(即两个独立样本的非参数检验)分别对 2000—2005 年中报期以及 2006—2007 年中报期的 4 个公因子进行差异显著性检验。其中,属于 2000—2005 年 6 个中报期,取 1;属于 2006—2007 年 2 个中报期,取 0。第三,按照资产置换是否具有关联方关系,将公司分成关联方和非关联方两组,并对 2000—2005 年中报期和 2006—2007 年中报期做进一步的分组检验。

2. 资产置换前后公司财务绩效因子变化分析

在上述研究样本的研究基础上,我们首先根据"报表性资产置换"与"实质性资产置换"的区别,分别赋予盈利能力因子、偿债能力因子、成长性因子、资产管理能力的因子权重为 0.15,0.25,0.30,0.30,从而构造出上市公司置换前期和当期的综合财务绩效因子。并对同一家公司综合财务绩效因子的置换当期值与前期值进行相减处理,得到其资产置换综合财务绩效因子的变化。其次,同样地,将置换前期和当期的盈利能力因子、偿债能力因子、成长性因子、资产管理能力因子分别进行相减处理,得到从不同侧面反映上市公司资产置换财务绩效的各因子变化值。最后,在此基础上,采用非参数统计方法中的 2 个独立样本的 T 检验方法,对 2000—2005 年与 2006—2007 年 2 个中报期间的公司资产置换财务绩效进行配对检验,分析该两个不同中报期间资产置换财务绩效变化特点是否具有显著性差异。其中,属于 2000—2005 年中报时期,取 1;属于 2006—2007 年中报期间,取 0。

(二)资产置换计量属性规范实施效果

1. 2001 年修订版《非货币性交易》会计准则实施的财务绩效可持续性影响

以《非货币性交易》会计准则发生前后修订变化的 2000—2001 年中报期间子样本为研究对象,我们分别以公司资产置换交易期(T)和资产置换滞后期($T+1$)、($T+2$)、($T+3$)的每股收益指标 $EPS_{i,\,t+k}$ 为被解释变量,运用多元回归分析法进行检验。在解释变量中,ReStandard$_{i,\,t}$ 代表 2001 年修订版《非货币性交易》会计准则实施哑变量,ST$_{i,\,t}$ 代表上市公司 ST 性质哑变量,Amount$_{i,\,t}$ 为置换金额的对数(控制资产置换规模),具体如模型(1)所示。

$$EPSH_{i,+kt} = \alpha_0 + \alpha_1 ReStandard_{i,t} + \alpha_2 ST_{i,t} + \alpha_3 Amount_{i,t} +$$

$$\alpha_4 ReStandard_{i,t} \times Amount_{i,e} + \varepsilon_0 \qquad \text{模型(1)}$$

2. 2007 年《非货币性资产交换》新会计准则实施的价值相关性影响

以 2001—2007 年连续 7 个中报期间的子样本为研究对象,我们首先通过在累计超额回报率回归模型中设置 2007 年资产置换适用准则哑变量 $NewStandard_{i,t}$,对 2001—2006 年与 2007 年两个不同中报期间的资产置换公司每股收益的股价解释能力进行价值相关性比较,具体如模型(2)所示。

$$Return_{i,t} = \beta_0 + \beta_1 EPS_{i,t} + \beta_2 NewStandard_{i,t} +$$

$$\beta_3 EPS_{i,t} \times NewStandard + \beta_4 Lev_{i,t} + \varepsilon_{i,t} \qquad \text{模型(2)}$$

其中,$Return_{i,t}$ 为公司普通股 t 期的累计回报率,其非正常报酬率按照市场调整法计算。$EPS_{i,t}$ 为公司在 t 期经期初权益市场价值调整后的每股盈余;$NewStandard_{i,t}$ 为 2007 年《非货币性资产交换》新会计准则实施哑变量;$Lev_{i,t}$ 为公司财务杠杆。

在模型(2)基础上,我们进一步通过增加资产置换双方关联方关系哑变量 $Relateparty_{i,t}$ 和资产置换的定向股份增发支付方式哑变量 $Dirstockpay_{i,t}$,构建模型(3),对投资者的相关价值判断进行检验。

$$Return_{i,t} = \beta_0 + \beta_1 EPS_{i,t} + \beta_2 NewStandard_{i,t} + \beta_3 EPS_{i,t} \times NewStandard +$$

$$\beta_4 Relateparty_{i,t} + \beta_5 Dirstockpay_{i,t} + \beta_6 Lev_{i,t} + \varepsilon_{i,t} \qquad \text{模型(3)}$$

第四节　实证结果与分析

一、制度环境变迁下公司资产置换财务绩效特点变化

因子分析检验所得到的主成分及对应贡献率总和结果表明[1],可以取前 4 个主成分作为代表因子。其中,第一主成分主要包括 $EPS_{i,t}$,$ROA_{i,t}$,$ROE_{i,t}$的信息,作为盈利指标;第二主成分主要包括

---

[1]　由于篇幅所限,在此未将"主成分及对应贡献率总和结果"表和"旋转因子负荷矩阵"表列示于文章中,只给出结论。

$Lev_{i,t}$，$Curv_{i,t}$，作为偿债能力指标；第三主成分主要包括 $Opersellv_{i,t}$，$Navps_{i,t}$，作为成长性指标；第四主成分主要包括 $Accrzv_{i,t}$，$Inventoryv_{i,t}$，作为资产管理能力指标，据此进行的非参数曼-惠特尼 U 检验结果如表 9-2 所示。由表 9-2 可见，2000—2005 年样本与 2006—2007 年样本的公司置换前期盈利能力、成长性指标显著负相关，而置换当期则在偿债能力指标上显著负相关，即 2006—2007 年中报期发生资产置换的公司，在置换前期具有相对较高的盈利能力和成长性，在资产置换后具有相对较高的偿债能力。

表 9-2　公司资产置换财务绩效水平特点差异性检验结果（全样本）

2000—2005 年与 2006—2007 年两个不同中报期间	资产置换前期绩效差异显著性	资产置换当期绩效差异显著性
盈利能力因子	−1.947** (0.052)	−0.979 (0.328)
偿债能力因子	−1.094 (0.274)	−2.528** (0.011)
成长性因子	−3.771*** (0.000)	−0.718 (0.473)
资产管理能力因子	−1.047 (0.295)	−0.844 (0.399)

注：*，**，*** 分别表示在 10%，5% 和 1% 水平上显著。

表 9-3 结果表明，在公司置换前期，这两个不同中报期的盈利能力显著差异性主要体现在关联方组内（即当具有关联方关系时，2000—2005 年中报期间资产置换公司的前期盈利能力显著低于 2006—2007 年样本）。在公司置换当期，这两个不同中报期的公司偿债能力显著差异性也主要体现在关联方组内（即当具有关联方关系时，2000—2005 年中报期间资产置换公司的当期偿债能力显著低于 2006—2007 年样本）。由表 9-3 结果可认为，与 2000—2005 年中报期样本相比，在 2006—2007 年中报期，利用关联方资产置换改善上市公司盈利水平的动机得到一定程度缓解，关联方资产置换影响公司偿债能力的现象也有所控制，公司资产置换当期的盈利能力有显著提高。

表 9-3　公司资产置换财务绩效水平特点差异性检验结果(分组样本)

2000—2005 年与 2006—2007 年 两个中报期间	资产置换前期绩效差异显著性		资产置换当期绩效差异显著性	
	非关联方组	关联方组	非关联方组	关联方组
盈利能力因子	−1.614 (0.107)	−1.756* (0.079)	−2.614*** (0.009)	−2.274** (0.023)
偿债能力因子	−0.120 (0.905)	−1.166 (0.244)	−1.388 (0.165)	−2.207** (0.027)
成长性因子	−0.687 (0.492)	−4.045 (0.000)	−1.125 (0.261)	−0.868 (0.386)
资产管理能力因子	−0.837 (0.403)	−0.983 (0.325)	−1.212 (0.225)	−0.211 (0.833)

注:*,**,*** 分别表示在 10%,5%和 1%水平上显著。

表 9-4 显示,2006—2007 年与 2000—2005 年两个不同中报期间,资产置换公司在盈利能力变化和资产管理能力变化上具有显著差异。2006—2007 年中报期间发生资产置换的公司在经过资产置换后,其盈利能力和资产管理能力得到更好的改善。关于综合财务绩效因子变化的不显著,我们认为,这说明当前资产置换的作用还具有局部性,并不能解决公司综合财务绩效问题。

表 9-4　公司资产置换财务绩效变化差异性检验结果

2000—2005 年与 2006—2007 年 两个中报期间	盈利能力 因子变化	偿债能力 因子变化	资产管理 能力因子 变化	成长性 因子变化	综合 因子变化
Z	−3.193*** (0.001)	−0.399 (0.690)	−3.078*** (0.002)	−0.511 (0.609)	−0.124 (0.902)

注:*,**,*** 分别表示在 10%,5%和 1%水平上显著。

二、资产置换计量属性规范实施效果

表 9-5 结果表明,$ReStandard_{i,t}$ 与置换当期和置换滞后三期的每股收益显著正相关,与置换滞后一期每股收益显著负相关,对置换滞后二期每股收益的解释力为负但不显著。因此与 2000 年相比,2001 年中期所发生的资产置换不仅当期具有显著解释力,而且这种解释力经过一段滞后期的下降后,在更长的滞后期内仍然存在[即在资产置换交易期(T)和资产置换滞后较长期($T+3$)内均显著好于 2000 年]。同

时,与ST公司相比,非ST公司绩效的显著性在较长滞后期内得到体现。由此推断,资产置换会计准则2001年修订版的实施在一定程度上限制了利用资产置换进行的利润操纵,达到了资产置换计量属性规范的预期经济后果目的。

表9-5　2001年修订版会计准则实施的盈利持续性影响检验结果

$EPS_{i, t+k}$	T	$T+1$	$T+2$	$T+3$
C	−0.019 (−0.359)	−0.015 (−0.365)	0.070 (1.48)	0.064** (2.29)
$ReStandard_{i, t}$	0.054*** (3.097)	−0.048*** (−3.568)	−0.007 (−0.514)	0.043 4*** (5.331)
$ST_{i, t}$	0.01 (0.174)	0.020 (0.611)	0.085 (1.559)	0.088* (1.952)
$Amount_{i, t}$	0.364 (0.882)	0.753** (2.502)	0.283 (1.071)	0.138 (0.936)
$Standard_{i, t} \times$ $Amount_{i, t}$	0.000 (1.678 584)	0.000 (1.290)	0.000 (1.172)	0.000 (0.683)
R^2	0.253	0.407	0.100	0.123
$AdjustR^2$	0.188	0.356	0.021	0.046
Durbin-Watson stat	2.009	2.045	1.884	2.245
F	3.892	6.909	1.273	1.609

注:*,**,***分别表示在10%,5%和1%水平上显著。

模型(2)和模型(3)检验结果如表9-6所示。由表9-6可见,$NewStandard_{i, t}$在1%水平上显著相关,证明新会计准则规范具有增加价值相关性效用。同时,$Dirstockpay_{i, t}$在10%水平上具有正显著相关性,说明投资者认为这类资产置换可能具有商业实质性,因此采取了积极的态度。而$Relateparty_{it}$则具有不显著的负相关性,显示投资者对关联方资产置换商业实质判断的谨慎性。

表9-6　2007年新会计准则实施的收益价值相关性影响检验结果

$Return_{i, t}$	模型(2)	模型(3)
C	−0.032 (−0.356)	−0.032 (−0.295)
$EPS_{i, t}$	0.667*** (2.824)	0.669*** (2.817)

$Return_{i, t}$	模型（2）	模型（3）
$NewStandard_{i, t}$	0.289*** (3.915)	0.263*** (2.984)
$NewStandard_{i, t} * EPS_{i, t}$	0.663* (1.664)	0.678 (0.897)
$Relateparty_{i, t}$		−0.002 (−0.034)
$Dirstockpay_{i, t}$		0.071* (1.794)
$Lev_{i, t}$	−0.02* (−1.802)	−0.002* (−1.761)
R^2	0.137	0.138
Adj・R^2	0.123	0.117
Durbin-Watson stat	2.020	1.736
F	3.604	1.524

注：*，**，*** 分别表示在 10％，5％和 1％水平上显著。

第五节　本　章　结　论

本章研究表明，与 2000—2005 期间相比，2006—2007 期间公司资产置换财务绩效特点具有显著差异性。在 2006—2007 年中报期间，利用关联方资产置换改善上市公司盈利能力的动机得到一定程度缓解，其资产置换后的盈利能力与资产管理能力也得到了改善。而 2001 年限制公允价值计量属性运用的修订版《非货币性交易》会计准则实施，限制了公司利用资产置换所进行的短期利益操纵。2007 年引入公允价值计量属性的《非货币性资产交换》新会计准则实施则显著提高了资产置换公司每股收益的股价解释力。同时，投资者对以定向股份增发支付方式进行资产置换的商业实质判断持积极态度，对关联方资产置换的商业实质判断则具有不显著的价格反应，显示 2007 年实施的新会计准则对关联方资产置换交易商业实质判断谨慎性的强调得到了市场认可。会计数字的重要性及意义取决于公司所处的制度环境。本章研究结果说明，资产置换行为变化及其公允价值计量属性运用时机、实施效果，与制度环境变迁和利益集团博弈动机的变化密切相关。

参 考 文 献

曹葵,金桩.2003.上市公司资产置换类重组绩效的综合财务分析[J].
    上海金融,(12):31-32.

陈信元,张田余.1999.资产重组的市场反应——1997年沪市资产重组
    实证分析[J].经济研究,(9):47-55.

李增泉,余谦,王晓坤.2005.掏空、支持与并购重组——来自我国上市
    公司的经验证据[J].经济研究,(1):95-105.

李哲,何佳.2006.支持、重组与ST公司的摘帽之路[J].南开管理评
    论,(6):39-44.

宁宇新,柯大钢.2006.控制权转移和资产重组:掏空抑或支持——来自
    中国资本市场的经验证据[J].中国会计评论,(2):277-290.

江伟.2005.我国上市公司控制性股东掏空与支持行为的实证分析[J].
    经济科学,(2):77-85.

卢海.2006.我国上市公司资产整体置换会计与监管问题研究[D].厦
    门大学,博士学位论文.

檀向球,提云涛,强立.1999.上市公司报表性和实质性资产重组鉴别与
    分析[J].证券市场导报,(6):49-54.

谭为民.2002.市场报[N],2002年9月20日.第五版.

肖虹,曲晓辉,肖静怡.2009.公司资产置换财务绩效特点变化及其计量
    属性规范实施效果[J].会计研究,(5):38-45.

祝祖强,门璎.2000.买壳上市与资产注入、资产置换两种上市模式的分
    析[J].技术经济,(1):45-47.

王跃堂.1999.我国证券市场资产重组绩效之比较分析[J].财经研究,
    (7):53-59.

赵伟,王中洁,张润.2004.上市公司中期财务报告会计信息含量与股价
    反应的实证研究[J].山东农业大学学报(社会科学版),(4):53-57.

章卫东.2007.定向增发新股、整体上市与股票价格短期市场表现的实
    证研究[J].会计研究,(12):63-68.

FRIEDMAN E, JOHNSON S, MITTTON T. 2003. Propping and
    tunneling[J]. Journal of Comparative Economics, 31:732-750.

YEE K K. 2004. Interim reporting frequency and financial analysts' expenditures[J]. Journal of Business Finance & Accounting, 31:167-198.

SCHADEWITZ H J, KANTO A J, KAHRA H, RBLEVINS D. 2002. An analysis of the impact of varying levels of interim disclosure on Finnish share prices within five days of the announcement[J]. American Business Review 20(2):33-46.

第四篇

会计准则趋同的行为研究

第十章 会计准则趋同的行为分析

——基于 R&D 准则执行动机视角[①]

本章基于实物期权理论和中国制度环境特点,以 A 股上市公司为研究样本,实证检验中国 Research and Development(以下简称 R&D)会计准则国际趋同实施后果与执行动机,考察其不同实施年度的差异性。研究结果显示,中国 R&D 会计准则国际趋同的实施取得了一定效果,具有增量的投资决策信息含量,但 R&D 的资本化确认受到公司盈余平滑动机和 CEO 资本市场财富报酬因素的显著影响。为此,建议准则的执行应严格。

第一节 研究背景与问题的提出

2006 年中国财政部发布的新《企业会计准则第 6 号——无形资产》对研究与开发(R&D)费用的会计处理作出了重大修改,放弃了原先"全部费用化"的美国模式,转而向国际会计准则(IAS)的"有条件资本化"趋同。新会计准则要求公司将研究与开发费用区别开来,由公司管理层基于判断对开发费用会计处理进行资本化与否的选择。这种会计处理选择的实质,与 R&D 不确定性事项中的会计判断态度有关,也是稳健性或激进性原则在 R&D 会计中运用的选择。

在 R&D 会计处理中,"全部费用化"处理倾向于将好项目归类为坏项目,具有较强的稳健性;而"全部资本化"处理则代表了与之相反的激进性(Michael,2007)。这两种政策孰优,始终存在争议。"全部费用化"处理尽管体现了低报资产净值的资产负债表稳健性和相对客观性,但由于会计信息中包含了更多"噪音"而严重损害财务报告相关性

---

① 肖虹、曲晓辉. R&D 会计准则国际趋同实施后果与执行动机——期权模型分析与检验. 会计之友,2012(33):13-18.

(Lev and Zarowin，1999)，影响其在契约中的使用价值（Penman and Zhang，2002）。但"全部资本化"也可能导致资产和收益虚增，使企业和投资者承受较大风险。而"有条件资本化"会计处理又需要管理者对 R&D 项目的技术、商业和财务生存能力作出主观判断，因而在其灵活性下存在会计自由裁量权加大、缺乏具体可行评价标准等缺陷。目前，上述不同会计模式在全球不同国家和地区中均有采用。

会计确认是否反映了相关交易的经济实质，相关披露是否可以满足财务报表使用者对企业活动的理解，是高质量会计准则的重要标准（Rogero，1998）。究竟应当如何确定 R&D 会计稳健程度才能更好地反映 R&D 投资的经济实质？特别是在向国际财务报告准则（IFRS）趋同过程中，允许 R&D 中开发支出资本化的准则规范是否增进了中国投资者对公司 R&D 活动的理解？这种以原则为基础、要求更多职业判断的 IFRS 在中国转轨市场环境下的执行效果，是否受到公司管理者动机的影响而被用于特定盈余管理？在新会计准则实施过程中，随着投资者的会计信息学习与公司被监管和被关注强度的变化，这种动机在第一个实施年度与其后实施年度间有何差异？上述有关中国 R&D 会计准则国际趋同经济后果与执行动机问题，受到实务界和准则制定者高度关注，迫切需要我们加以考察和研究。在此背景下，本章基于期权理论与中国制度环境特点分析提出研究假说，并以新会计准则实施后在 2007—2008 年度财务报告中披露了 R&D 开发费用资本化情况的中国 A 股上市公司为研究样本，对 R&D 会计准则国际趋同的实施后果与执行动机进行实证检验，考察不同实施年度的差异性。

研究结果证明，作为公司管理者对 R&D 不确定性的乐观判断结果，R&D 开发支出资本化提高了会计盈余的持续性及预测力，具有增量的投资决策信息含量。但与 2007 年不同，2008 年 R&D 开发支出资本化确认受到公司盈余平滑动机与 CEO 报酬因素的显著影响。其中，以持股水平衡量的 CEO 报酬指标与 R&D 开发支出资本化确认正相关，而以工资衡量的报酬指标与 R&D 开发支出资本化确认负相关，反映了其 R&D 开发支出资本化确认动机主要来自资本市场的财富驱动。基于 R&D 开发支出资本化会计信息所构造的投资组合价值差异，在一定程度上反映了投资者对 2 个年度不同确认动机的识别。与此同时，公司前期收益越低，R&D 开发支出资本化的动力也越强，对此 2007 年与 2008 年具有一致性。我们的研究结果支持了 Michael (2007)关于 R&D 会计政策必须在好项目产生低信号(错误类型 I)与坏项目产生高信号(错误类型 II)间取得均衡的论点,显示中国 R&D 会计准则国际趋同的实施取得了一定效果。但同时也必须密切关注 CEO 资本市场财富动机驱动下基于收益平滑、前期收益下滑的盈余管理影响,建议进一步完善准则以加强监管。

上述研究结论对于评价新《企业会计准则第 6 号——无形资产》质量提供了一定的证据,对于转轨经济环境下 R&D 会计准则国际趋同研究与监管决策具有一定的理论意义和现实意义。

第二节 理论分析与研究设计

一、假说的提出

作为典型的分阶段连续性投资,R&D 活动是一个受随机投资条件环境影响而演进的动态过程,其基础研究和原型开发阶段的主要风险是技术不确定性和成本不确定性,而其商业化阶段的风险则主要来自市场需求波动等所产生的现金流不确定性。由于实物期权是 R&D 不确定价值评估的一种有效方法,因此,它与 R&D 不确定性会计判断的稳健性或激进性原则权衡之间必然存在着某种联系。

从实物期权角度来看,由于只有研发成功才能进入商业化阶段,因而公司初始阶段的 R&D 投入相当于购买了一个看涨期权,公司可以视未来增长机会决定是否进一步投资,此时是否投入研发费用问题就转变为增长期权价值估计问题。在上述 R&D 阶段演进中,由于 R&D 活动存在高度不确定性和信息不对称性(Aboody 和 Lev, 2000),公司一方面经常需要根据不确定性信息的逐步释放而重新评估项目的经济可行性,从而决定是否继续投资。另一方面当最初资本不能满足下一阶段 R&D 投资时,公司又必须通过会计信息系统的信号传递寻求投资者资金,如投资者不愿意提供资金则可能迫使公司结束和停止该项目。会计信息系统的累计信号传递,是投资者进行 R&D 质量及其未来收益性评价的重要依据。由于会计信号具有"噪音"并可能导致错误的项目质量分类,因而作为公司必须遵循的、传递项目质量信号的信息系统规则,R&D 会计具有重要的投资决策影响力,其准则规范下的会计方法选择不仅影响 R&D 资本市场价格而且影响真实

187

R&D 投资水平。据此,Michael(2007)在最大化经济剩余的会计政策目标假设下,提出了有关 R&D 项目投资决策中会计准则规范作用的期权理论模型,认为必须在增加稳健性(以减少继续投资坏项目的概率)与增加激进性(以降低好项目被放弃的概率)之间取得均衡。

该模型强调了 R&D 阶段性投资模型中会计稳健性和真实期权之间的互动,提出与资产确认相关的会计信号有用性在于为实物期权的是否执行决策提供引导,建立了来自稳健会计政策选择以及公司采用项目决策的参数值空间。与 Basu(1997)以稳健性解释好/坏消息实质相一致,在 Michael(2007)模型中,R&D 会计稳健性对于信号机制具有真实效应。当 R&D 会计变得更稳健时,有关 R&D 项目基本类型的好消息就不太可能被信号捕捉并反映在投资者回报中。其结论是,在 R&D 项目阶段性投资模型中,最优会计政策选择取决于实物期权价值(第二阶段投资)与非条件性的事前预期最终现金流之间的比较,即 R&D 项目实物期权的存在对最优稳健性水平具有直接影响。如果第二阶段投资超过最终现金流,坏项目投资发生的损失较大,有必要设置稳健性会计政策以降低类型 II 错误(经常将坏项目归类为好项目)。如果第二阶段投资比非条件事后预期最终现金流小,则放弃好项目的机会成本高,激进会计政策为最优选择。其模型的信息结构如图 10-1 所示。

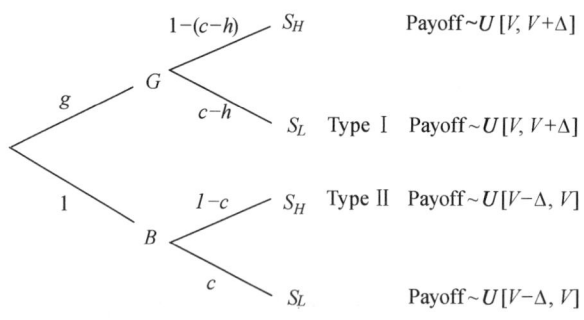

图 10-1　模型的信息结构

在图 10-1 中,公司最初资本不足以进行 TypeII 的投资,因此通过会计信息系统所传递的信号寻求投资者融资。有关该 R&D 项目质量类型(高或低)的"噪音"会计信号先于实物期权决策点(即第二个投资阶段期)到达。参数 c 为会计系统稳健性的度量指标,代表需要确立的未来收益以及因此证明资产确认恰当性证据的可靠程度。参数 h 代表高质量的会计信号,有关该项目是好的推断随着 h 的增加而得到增强。$c\in[h,1]$,如果 $c=1$,稳健性最大,归类为稳健会计;如果 $c=h$,稳健性最小,归类为激进会计。只有当预期最终现金流低于第二阶段投资额时,稳健会计才最优。如果事后预期收益现金流高于第二阶段投资,放弃好项目的机会成本高,则激进的会计信号比稳健的会计信号更优。在该模型中,投资者运用信号更新其先前关于项目类型的看法,会计政策 c 的制订目标是最大化高信号条件下的预期支付,其第一约束条件是贯序理性公司的动机相容约束,第二约束条件是投资者动机相容约束。该模型显示,增加稳健性会降低投资者购买该项目的概率,但也增加了他们可能购买的价格,c 选择通过改变日期 2 的预期销售收益而影响日期 1 的投资决策。

　　以时点 1 的投资比例 α 表达各种临界值,规定参数 α 与贯序投资逆相关、与实物期权潜在价值逆相关,Michael(2007)通过刻画阶段性投资模型的参数空间而提出下面命题:

　　首先,如果 $I_2<V$(等价于 $\alpha>1-V/I$),项目质量好并具有价值,激进会计政策($c=h$)是合适的,否则为避免坏项目产生高信号,即为减弱投资者的预期收益评价,稳健性会计政策是最优选择。其次,如果会计政策是激进的,当 $\alpha<2[1-(1-g)h](V-1)-\Delta[1-g(2-h)-h]/2I(1-gh)$ 时,公司作出最初投资,否则不采用该项目;如果会计准则是稳健的,当 $\alpha<gh(2v-2i+\Delta)/2I(1-gh)$ 时,公司作出最初投资,否则不采用该项目。再次,增加 Δ 则相应增加稳健(或激进)会计为最优且公司采用该项目的区域面积。在保持 Δ 独立的情况下,随着 g 的下降和 h 的增加,稳健会计下的 R&D 项目受资助额与激进会计下的 R&D 项目受资助额比率为 $h(1-g)^2/g(1-h+gh)$。

　　上述因果关系制约显示了稳健性(激进性)R&D 会计政策对被资助项目的相对影响,表明稳健会计适用性随着项目质量好概率 g 的增加而相应下降。据此,可以将该模型扩展至第二个信号及第三阶段投资,将 R&D 项目所具备的可行性条件视为一个高信号序列,把模型中的多重连续信号表现为激进性递增的会计模式,以此解释"早先会计政策是稳健的,而其后来会计政策则是激进的"会计信号顺序。由上述逻辑还可以得出推论,即会计信号的稳健性不只是一个已知的、可逆的偏好,更是一种信息损失,会计稳健性的变化会改变投资者关于公司类型的推测,因而允许 R&D 开发支出资本化的新会计准则,有可能为公司管理层提供了一个与投资者共享企业研究开发活动进展和成功可能性信息的有效渠道。由于公司当期盈余是市场估价的重要因素之一,未来和当前的投资者以及契约者都对其盈余质量感兴趣(Schipper and Vincent,2003),而该盈余的持续性与可预测性则被看作评估盈余质量的一个标准,因此我们预期,新会计准则所允许的 R&D 开发支出资本化处理,将有助于提高盈余质量。

在此应提及的是,王翼虹(2007)检验发现,2002 年中国 A 股投资者将研发活动视为"坏消息",作者认为其原因在于 2001 年版《企业会计准则——无形资产》下很多公司在财务报表中将研发费用视同其他经营费用处理,从而促使投资者也作出了与其他经营费用一样的反应。而梅雪和韩之俊(2006)以 A 股高科技上市公司为对象所进行的研究则发现,R&D 投资信息基本不为市场所关注,也没有证据表明公司净资产收益率受它们所披露的 R&D 投资数据影响。我们预期新会计准则的颁布应当使这种状况有所变化。据此,我们提出如下假说:

假说 1:作为公司管理者对 R&D 不确定性的乐观判断结果,新会计准则下的 R&D 开发支出资本化对当期会计盈余的可持续性与预测性具有正向调节作用。R&D 开发支出资本化金额越大,当期会计盈余的可持续性与对未来会计盈余的预测力越强。

假说 2:作为公司管理者对 R&D 项目前景所释放的好消息,新会计准则下的 R&D 开发支出资本化提高了投资者股价与公司当期收益及净资产之间的相关性,并具有增量的投资决策信息含量。

值得注意的是,上述分析并没有考虑私人信息作用中的逆向选择问题。事实上,在会计国际趋同过程中,公司从一项复杂的法定会计变更中可能受益也可能受损,对此认识十分重要(Christensen et al.,2007)。特别是当公司对满足一定确认条件的研发费用具有资本化选择权时,公司动机因素格外关键。相关文献研究证据也证明了这一点。例如,Cazavan-Jeny 和 Jeanjean(2006)研究发现,由于法国法律环境较弱,因而有关允许企业在资本化和费用化之间作出选择的规定给予了管理层进行资本化研发费用的机会主义处理空间。与法国所不同的是,在中国转轨环境下,2007 年年报作为新会计准则实施第一年,不仅投资者面临着会计信息的学习过程,上市公司也面临着来自管理层更为严格的监管压力和关注强度,因此,这种选择权下的盈余管理动机有可能受到一定的限制,在其之后的 2008 年年报则可能存在一定程度的差异性。

由于 R&D 投入产出的时间滞后性特点,R&D 投资通常带来相应的当期盈余波动。有证据表明,在当期盈余"不好"而预期盈余"好"时,公司经理人会借用未来的盈余在当期使用。反之,则会为了将来可能的使用而保存当期盈余(DeFond 和 Park,1997)。由于在 19 个新兴国家资本市场中,中国公司的收益平滑程度远远高于其他国家的平均水平,仅次于韩国,排名第二(Bhattacharya、Daouk and Welker,2003),因此我们预期其 R&D 会计处理选择权下的盈余管理有可能与公司盈余平滑目的相关。同时,作为公司获取竞争优势的重要经营决策,R&D 投资显然受到主要决策者 CEO 的决策动机影响,而管理报酬契约目标则是 CEO 平滑报告收益的动机之一(Healy,1985;Dechow and Richard,1991)。特别是当公司前期盈余水平偏低时,进行这种资本化的盈余管理压力也会相应增大。上述动机在不同新会计准则实施年度的影响,可能会由于监管等原因而有所差异,投资者在会计信息学习过程中对这种差异也可能有所察觉。因此,我们提出如下假说:

假说 3.1:在新会计准则的不同实施年度中,公司 R&D 开发支出资本化确认动机的盈余平滑与 CEO 报酬驱动效应具有差异性。

假说 3.2:新会计准则执行过程中公司 R&D 开发支出资本化的确认与其前期盈余水平负相关。

假说 3.3:新会计准则实施不同年度中的投资者定价决策,反映出其对 R&D 开发支出资本化确认动机差异的识别。

二、样本选择与模型运用

(一)样本选择

根据研究目的,本章以 2007 年和 2008 年披露了 R&D 开发支出资本化确认情况的中国 A 股上市公司为研究对象,在剔除 ST 类公司、金融公司以及财务数据不全公司后得到研究样本 333 个,并分别按照两个标准进行子样本的比较。其中,按照年度不同,将研究样本分为 2007 年和 2008 年的两个子样本。其次,以零为资本化临界值,将研究样本分为资本化额为 0 子样本和资本化额大于 0 子样本。R&D 数据与其他财务数据均来源于 WIND 数据库,股价数据来源于 CSMAR 数据库。

(二)模型运用与主要变量定义

1. 假说 1 的检验模型

我们运用模型(1-1)和模型(1-2)对假说 1 进行检验。

$$OI_{it} + 1 = \alpha_0 + \alpha_1 OI_{it} + \varepsilon_{it} \qquad\qquad 模型(1-1)$$

$$OI_{it} + 1 = \alpha_0 + \alpha_1 OI_{it} + \alpha_2 R\&D_{it} + \alpha_3 OI_{it} \times R\&D_{it} + \varepsilon_{it} \quad 模型(1-2)$$

2. 假说 2 的检验模型

我们运用增量关联研究法下的价格模型(2-1)、模型(2-2)和模型(2-3)对假说 2 进行检验。

首先,分别以全样本以及分年度子样本,考察在给定其他变量情况下 R&D 资本化会计变量是否有助于解释市场价值。如果估计的回归系数显著不为 0,则认为 R&D 资本化会计信息具有增量价值相关性。在分年度回归中重点考察 2007 年与 2008 年子样本的回归系数及拟合优度 R^2 变化差别。

$$P_{it} = \alpha_0 + \alpha_1 EPS_{it} + \alpha_2 BVPS_{it} + \alpha_3 Industry_{it} + \varepsilon_{it} \qquad 模型(2-1)$$

$$P_{it} = \alpha_0 + \alpha_1 EPS_{it} + \alpha_2 BVPS_{it} + \alpha_3 R\&D_{it} + \alpha_4 Industry_{it} + \varepsilon_{it} \qquad 模型(2-2)$$

其次,以开发支出资本化是否大于 0 的虚拟变量,进一步考察分年度子样本及其资本化 R&D 开发支出大于 0 子样本的定价差异。

$$P_{it} = \alpha_0 + \alpha_1 EPS_{it} + \alpha_2 BVPS_{it} + \alpha_3 D_{it} + \alpha_4 Industry_{it} + \varepsilon_{it} \quad 模型(2-3)$$

3. 假说 3 的检验模型

我们从收益平滑、CEO 报酬、公司前期盈余水平 3 个方面的动机来构建模型,以对假说 3 进行检验。

首先,考察收益平滑、CEO 报酬对公司确定 R&D 资本化水平的影响。在此,收益平滑变量的计量,是根据 Leuz, Nandab 和 Wyscocki (2003)以及 Francis, LaFond, Olsson 和 Schipper (2004)采用会计盈余波动相对于现金流量波动的程度作为衡量收益平滑的方法,以营业利润作为会计盈余的替代变量,以经营现金净额作为现金流量的替代变量,对每个样本公司都使用 $t-4$ 年到 t 年的观测值计算一个收益平滑变量 ISI_t,用公式表达为 $ISI_t = VOI_t/VCFO_t$,该值越小意味着收益越平滑。CEO 报酬则分别从 CEO 持股数和 CEO 薪酬水平两个方面进行考量。

$$R\&D_{it} = \alpha_0 + \alpha_1 ISI_{it} + \alpha_2 CEOEquv_{it} + \alpha_3 CEOSalary_{it} + \varepsilon_i \quad 模型(3\text{-}1)$$

其次,以 $t-1$ 期营业利润除以总资产变量替换收益平滑变量,在控制 CEO 报酬动机情况下,进一步考察公司前期盈余水平因素的影响。

$$R\&D_{it} = \alpha_0 + \alpha_1 Profit_{it-1} + \alpha_2 CEOEquv_{it} + \alpha_3 CEOSalary_{it} + \varepsilon_i \, 模型(3\text{-}2)$$

最后,基于 R&D 开发支出资本化会计信息,进行分年度的投资策略价值比较,考察投资者对新会计准则实施不同年度中公司确认动机的识别与定价决策差异。具体来说,对 2007 年与 2008 年样本分别按 R&D 等于 0 和大于 0 的会计指标构造投资组合,计算比较这些组合的平均超常收益 CAR。在此,计算 CAR 的市场回报时采用 A 股综合指数。

变量及其定义见表 10-1。

$$CAR_{it} = 1/N\Big[\sum_{i=1}^{N}\prod_{t=0}^{T}(1+R_{i,t}) - \prod_{t=0}^{T}(1+R_{m,i,t})\Big]$$

表 10-1　变量及其定义表

变　量	定　义
$R\&D_{it}$	公司 t 年末 R&D 的开发支出资本化金额
D_{it}	虚拟变量,当 $R\&D_{i,t}$ 大于 0 时取 1,否则取 0
EPS_{it}	公司 t 年末每股收益
$BVPS_{it}$	公司 t 年末每股净资产
P_{it}	公司 t 年末每股股价,以 4 月 30 日的收盘价表示
CAR_j	平均累计超常收益。其中,市场回报采用 A 股综合指数
ISI_t	收益平滑指标,$ISIt = VOIt/vCFOt$
$CEOEquv_{it}$	CEO 持股量,等于 CEO 持股数的对数
$CEOSalary_{it}$	CEO 薪资水平,等于 CEO 年度报酬的对数
$Profit_{it-1}$	公司前期盈余水平,$t-1$ 期营业利润除以总资产
$Industy_{it}$	行业控制变量,样本公司属于信息技术行业取 1,否则取 0

第三节 研究检验结果

表 10-2 显示,虽然从研发到商业化阶段还需要一个过程,新技术投资并不总能够实现预期的销售收入(沈坤荣和孙文杰,2009),但模型 (3-2)的 R^2 大于模型(3-1)并且 $OI_{it} \times R\&D_{it}$ 的系数显著为正,显示资本化的 $R\&D_{it}$ 对于提高 OI_{it} 的 OI_{it+1} 预测力发挥了正向调节作用,支持了假说 1。同时,实施新会计准则后 2007 年与 2008 年子样本比较结果表明,与新会计准则实施当年的 2007 年子样本相比较,2008 年子样本 R^2 及 $OI_{it} \times R\&D_{it}$ 的系数均显著增加。

表 10-2 会计盈余预测力中的 R&D 开发支出资本化调节作用检验

	模型(3-1)	模型 (3-2)	2007 子样本		2008 子样本	
			模型 (3-1)	模型 (3-2)	模型 (3-1)	模型 (3-2)
C	0.0161*** (4.07)	0.014 7*** (3.30)	0.012 57** (2.39)	0.011 96* (1.81)	0.006 1 (1.23)	0.005 4 (0.97)
OI_{it}	0.484 2*** (9.12)	0.367 0*** (5.71)	0.377 6*** (6.68)	0.287 9*** (3.89)	1.316 1*** (11.30)	1.156 7*** (8.67)
$R\&D_{it}$		0.080 2 (0.33)		0.158 5 (0.28)		−0.043 0 (−0.17)
$OI_{it} \times R\&D_{it}$		15.652 8*** (3.15)		12.508 2* (1.90)		15.357 2** (2.11)
R^2	0.232 3	0.286 9	0.220 2	0.262 1	0.507 5	0.540 4
$Adj\text{-}R^2$	0.229 5	0.279 0	0.215 3	0.247 9	0.503 6	0.529 1

注:∗,∗∗ 和 ∗∗∗ 分别表示在 10%,5% 和 1% 水平上显著。

R&D 资本化的增量价值相关性检验如表 10-3 所示。价格模型测试结果显示,模型(3-2)拟合度 R^2 比模型(3-1)大,$R\&D_{it}$ 系数在 1% 的水平上显著异于 0,表明 $R\&D_{it}$ 信息具有增量的价值相关性。

表 10-3 R&D 资本化的增量价值相关性检验——全样本

	模型 (2-1)	模型 (2-2)
C	7.987 5*** (6.19)	7.571 7*** (5.92)
EPS_{it}	7.663 3*** (8.25)	7.836 7*** (8.54)

（续表）

	模型（2-1）	模型（2-2）
$BVPS_{it}$	1.467 6*** (6.14)	1.424 4*** (6.02)
$R\&D_{it}$		64.127 3*** (3.12)
$Industy_{it}$	−0.170 5 (−0.16)	−0.174 9 (−0.16)
R^2	0.415 4	0.432 3
$Adj. R^2$	0.408 3	0.423 6

注：*，** 和 *** 分别表示在 10%，5% 和 1% 水平上显著。

如表 10-4 所示，与 2007 年子样本相比较，2008 年子样本的回归方程拟合度 R^2 明显增强，说明会计数据的信息含量在逐年提高。同时，$R\&D_{it}$ 所代表的开发支出资本化变量 D_{it} 大于（等于）0，虚拟变量在 2007 年不具有统计显著性，而 2008 年则与之具有显著差异。由此说明，虽然 2007 年投资者仍未能对开发支出资本化信息予以充分的定价，但这种状况在 2008 年得到了改善。

表 10-4　R&D 资本化的增量价值相关性检验——分年度子样本

	2007 年子样本			2008 年子样本		
	模型（2-1）	模型（2-2）	模型（2-3）	模型（2-1）	模型（2-2）	模型（2-3）
C	6.684 5*** (5.10)	6.390 6*** (4.67)	6.286 8*** (3.07)	5.518 6*** (5.66)	4.823 2*** (4.90)	3.506 7** (2.14)
EPS_{it}	8.341 2*** (6.01)	8.389 4*** (6.03)	8.364 3*** (5.90)	7.658 9*** (5.72)	7.142 9*** (5.39)	8.188 8*** (5.78)
$BVPS_{it}$	1.557 6*** (4.38)	1.545 5*** (4.34)	1.542 7*** (4.32)	1.615 5*** (5.18)	1.654 0*** (5.40)	1.588 6*** (4.74)
$R\&D_{it}$		56.395 7 (0.75)			64.294 7*** (2.97)	
D_{it}			0.384 2 (0.19)			2.398 6* (1.326 3)
$Industy_{it}$	4.260 5* (1.89)	3.848 9 (1.65)	5.238 6*** (2.32)	0.488 1 (0.39)	0.341 7 (0.28)	0.853 9 (0.66)
R^2	0.428 7	0.430 9	0.436 4	0.481 6	0.504 1	0.465 2
$Adj. R^2$	0.417 2	0.415 5	0.421 1	0.473 7	0.493 9	0.453 3

注：*，** 和 *** 分别表示在 10%，5% 和 1% 水平上显著。

表 10-5 结果显示,在 $R\&D_{it}$ 大于 0 的子样本中,2007 年的 $R\&D_{it}$ 虽然具有一定的价值相关性(系数 48.328 7 在 10% 水平上显著),但仍然弱于 2008 年的子样本(系数 58.776 79 在 1% 水平上显著)。

表 10-5　R&D 资本化的增量价值相关性检验——高于临界值子样本

	2007 年子样本		2008 年子样本	
	模型 (2-1)	模型 (2-2)	模型 (2-1)	模型 (2-2)
C	5.265 6*** (5.06)	6.976 4*** (4.57)	5.265 6*** (5.06)	4.625 1*** (4.40)
EPS_{it}	7.473 0*** (5.41)	10.464 8*** (6.25)	7.473 0*** (5.41)	7.003 3*** (5.11)
$BVPS_{it}$	1.828 5*** (5.47)	1.163 5*** (2.98)	1.828 5*** (5.47)	1.838 0*** (5.59)
$R\&D_{it}$		48.328 7* (1.89)		58.776 8*** (2.63)
$Industy_{it}$	0.003 6*** (0.00)	4.668 6* (1.92)	0.003 6*** (0.00)	−0.332 6 (−0.23)
R^2	0.504 8	0.469 1	0.504 8	0.524 6
$Adj.R^2$	0.495 9	0.451 7	0.495 9	0.513 1

注:*,** 和 *** 分别表示在 10%,5% 和 1% 水平上显著。

表 10-6 显示,2007 年收益平滑指标 ISI_{it} 与 CEO 报酬指标均不具有显著性。而 2008 年 ISI_{it},$CEOEquv_{it}$,$CEOSalary_{it}$ 则均显著相关。但其中 $CEOEquv_{it}$ 与 $CEOSalary_{it}$ 方向相反,以持股衡量的报酬指标与 $R\&D_{it}$ 正相关,而以工资衡量的报酬指标与 $R\&D_{it}$ 负相关。由此可见,在 2008 年促使 CEO 增大 $R\&D_{it}$ 资本化金额的主要动机来自资本市场财富而不是其工资。与此同时,公司前期收益越低,$R\&D_{it}$ 资本化的动力也越强,这在 2007 年与 2008 年样本中具有一致性。

表 10-6　基于收益平滑、CEO 薪酬、公司前期绩效的 R&D 资本化动机检验

	2007 年子样本		2008 年子样本	
	模型 (3-1)	模型 (3-2)	模型 (3-1)	模型 (3-2)
C	0.005 1** (2.26)	0.007 0*** (3.05)	0.065 8** (2.07)	0.067 3** (2.51)
ISI_{it}	0.000 6 (0.56)		0.006 4** (2.02)	

（续表）

	2007 年子样本		2008 年子样本	
	模型（3-1）	模型（3-2）	模型（3-1）	模型（3-2）
$Profit_{it-1}$		−0.024 7* （−1.75）		−0.051 7*** （−4.22）
$CEOEquv_{it}$	−0.038 8 （−0.34）	−0.082 5 （−0.62）	0.073 7 （1.94）	0.060 4* （0.060）
$CEOSalary_{it}$	0.000 0 （0.14）	0.000 0 （0.51）	−0.011 5** （−2.00）	−0.010 7** （−2.20）
R^2	0.006 9	0.050 2	0.273 3	0.481 8
$Adj. R^2$	0.003 89	0.007 1	0.200 6	0.429 9

注：*，** 和 *** 分别表示在 10％，5％和 1％水平上显著。

表 10-7 显示，在 2007 年年报公布后，买入并持有 R&D>0 样本公司 2 个月的投资组合收益，大于 R&D＝0 样本公司的投资组合收益。而在 2008 年年报公布后，这种投资组合策略的收益则相反。上述基于 $R\&D_{it}$ 开发支出资本化会计信息的投资策略价值差异，在一定程度上反映了投资者对 2007 年和 2008 年 $R\&D_{it}$ 开发支出资本化确认动机的识别。

表 10-7　基于 R&D 开发支出资本化的投资策略价值比较

分样本	投资组合策略	平均累计超额收益率 CAR		买入与卖出 的收益
		R&D>0 组	R&D＝0 组	
2007 年	买入并持有 2 个月	0.021 5	0.000 7	0.020 8
2008 年	买入并持有 2 个月	−0.012 3	0.030 4	−0.042 8

第四节　本 章 结 论

本章研究主要关注中国 R&D 会计准则规范国际趋同的实施后果与执行动机影响，并对 2007 年与 2008 年的不同情况进行比较。我们主要的结论是，在向 IFRS 趋同过程中，开发费用资本化有助于增进中国投资者对公司 R&D 活动的理解，但这种以原则为基础、要求更多职业判断的 IFRS 在中国转轨市场环境下的执行效果，也受到特定公司管理者动机的影响，公司会利用"有条件资本化"模式的灵活性而进行收益平滑的盈余管理，这种动机在准则实施第一个年度与其后年度间存在差异,具体表现为 2008 年的动机强于 2007 年。

据此,我们建议监管层加强对 R&D 会计准则实施中这种盈余管理动机的防范,对高管持股比例较高以及公司前期收益较不理想的公司予以关注。在准则规范上,可以适当地借鉴日本、英国的做法,进一步要求对资本化的开发支出内容以及可行性进行充分分析和补充说明。

参 考 文 献

梅雪,韩之俊.2006.中国证券市场 R&D 信息披露实证研究[J].江苏商论,(3).

沈坤荣,孙文杰.2009.市场竞争、技术溢出与内资企业 R&D 效率——基于行业层面的实证研究[J].管理世界,(1).

王翼虹.2007.研究与开发费用对企业市场价值的影响[D].厦门大学,硕士学位论文.

肖虹.2008.公司技术创新投资决策战略效应及其杠杆掠夺影响——基于中国、欧盟、美国上市公司的比较检验[J].数量经济技术经济研究,(5).

ABOODY D, LEV B. 2000. Information asymmetry, R &D, and insider gains[J]. Journal of Finance,(12):2747-2766.

AHMED K, FALK H. 2006. The value relevance of management's research and development reporting choice: Evidence from Australia[J]. Journal of Accounting and Public Policy, 26(3):231-264.

BHATTACHARYA U, DAOUK H, WELKER M. 2003. The world price of earnings opacity[J]. The Accounting Review, 78(3):641-678.

BASU S. 1997. The conservatism principle and the asymmetric timeliness of earnings[J]. Journal of Accounting and Economics,(24):3-37.

CAZAVAN-JENY A. JEANJEAN T, 2006. Levels of voluntary disclosure in IPO prospectuses: An empirical analysis, ESSEC.

Working Papers DR 06001, ESSEC Research Center, ESSEC BusinessSchool.

DEFOND M, PARK C W. 1997. Smoothing income in anticipation of future earnings[J]. Journal of Accounting and Economics, (23): 115-139.

FRANCIS J, LAFOND R, OLSSON P, SCHIPPER K. 2004. Costs of equity and earnings attributes[J]. The Accounting Review, (79): 967-1010.

HAN B H , MANRY D. 2004. The value-relevance of R&D and advertising expenditures: Evidence from Korea[J]. International Journal of Accounting, 2004, 39(2): 155-173.

HEALY P. 1985. The effect of bonus schemes on accounting decisions[J]. Journal of Accounting and Economics, (7): 85-107.

LEUZ D N P, WYSOCKI D. 2003. Earnings management and investor protection: An international comparison[J]. Journal of Financial Economics,69(3): 505-527.

SUZANNE L. ANTONELLO C. 2003. The effect of management incentives and cross-listing status on the accounting treatment of R&D spending.

SMITH M J 2007. Accounting conservatism and real options[J]. Journal of Accounting, Auditing and Finance, 22(3): 449-465.

ROGERO L H. 1998. Characteristics of high quality accounting standards[J]. Accounting Horizons, 12(2): 177-183.

SCHIPPER K, L. 2003. Vincent. Earnings quality[J]. Accounting Horizons, 17(Supplement): 97-110.

VENUGOPALAN R. 2001. Conservatism in accounting: Good or bad[D]. University of Minnesota.

第十一章　会计准则趋同的行为分析

——基于 R&D 资本化动机与影响因素视角①

随着企业 R&D 投入的不断增长，R&D 支出会计选择的经济后果变得重要。我国新会计准则由 R&D 费用化政策转为可选择的有条件资本化政策，面对会计准则的国际趋同，研究上市公司管理层 R&D 资本化选择的动机与影响因素成为首要问题。与已有研究不同，本章在考虑管理层机会主义会计选择动机之外，结合制度背景，考察特定公司治理因素对 R&D 会计选择的影响。

第一节　引　　言

在知识经济和经济全球化背景下，研发和创新日益成为提升国家综合实力与企业核心竞争力的关键。随着各国企业 R&D 投入的日趋增长，R&D 支出会计政策逐渐成为学界和实务界的讨论热点。在我国，财政部 2006 年发布的《企业会计准则第 6 号——无形资产》对研究与开发支出的会计处理方法作出了重大改变，由原来一贯执行的全部计入当期损益（即费用化政策）转为可选择的有条件资本化政策，有关该准则变迁的经济后果问题备受人们关注，现存文献对此也存在诸多分歧。

虽然学者们大多数认为资本化政策能更好地反映企业价值，但来自一些调查访谈的结果却表明实务界人士，如公司高管、会计师、审计师和证券分析师更偏好费用化做法，因为费用化政策核算成本低、不易引起审计师和证券分析师怀疑；有效资本市场上，投资者能"看穿"R&D 支出费用化后的会计盈余，自行调整后从而正确估价。而资本

---

① 李莉,曲晓辉,肖虹.R&D 资本化选择动机与影响因素——来自高新技术行业的经验证据.税务与经济,2012(5):1-8.

化 R&D 支出政策是公司管理层常用的盈余管理手段，Markarian 等和 Cazava-Jeny 等对施行资本化 R&D 政策的意大利和法国公司的研究表明，实现预期盈余目标、扭亏和利润平滑等因素是管理层选择资本化政策的重要动因。

事实上，管理当局的会计选择不可避免地会受到其价值取向的动机影响。对此，国外的相关研究提出并检验了 R&D 会计政策选择中的"分红计划假说、债务契约假说和政治成本假说"。但这三大假说在我国新兴加转轨制度背景下是否仍然具有解释力，新兴加转轨的特定公司治理因素对 R&D 会计选择动机具有何种影响，这些问题目前都还有待于进一步分析检验。

本章选取 2007—2010 年高新技术行业公司为样本，发现大规模企业、国有控股公司、机构投资者持股比例越高的公司管理层越倾向于选择资本化 R&D 政策，"四大"会计师事务所审计并未抑制 R&D 资本化，而债务融资约束不能解释 R&D 资本化选择动机。我们的研究将丰富会计选择的研究文献，同时也有助于理解我国上市公司管理层的 R&D 会计选择行为。

第二节　理论分析与假说发展

代理理论认为，实施一套有效的高管薪酬激励方案有助于把具有风险规避和机会主义动机的公司高管利益同公司所有者利益联系起来，从而有效降低公司代理成本，提高公司盈利能力和经营业绩。典型的高管激励方案一般包括货币薪酬和股票期权两种形式，货币薪酬通常与对外报告的会计业绩相关，股票期权则与长期的市场业绩相挂钩。对目前我国大多数上市公司而言，货币薪酬仍然是最主要的方式，股票期权等激励方式并不普遍。基于货币薪酬的激励制度为管理者通过会计政策选择来进行利润操纵从而提高自身报酬提供了充足的动机。如果企业当期盈利水平发生下降，经理层为达到薪酬契约的业绩目标，将倾向于选择 R&D 资本化政策。根据以上分析，我们提出第一个研究假说：

假说 1：盈利水平下降的公司，管理层倾向于选择资本化 R&D 会计政策。

债权人为降低贷款风险保护自己的利益，通常会与债务方签订带有约束条件的契约,要求企业保持一定的偿还能力。公司的经营行为因此受到债务违约的限制,处于债务违约边缘或违约可能性很大的公司通常会采用调增收入和操控性应计的会计政策。选择 R&D 资本化政策可以从两个方面来满足债务契约的限定条件:一是如果债务契约基于公司的盈利能力,则将 R&D 资产化可以增加当期收益率;二是如果债务契约基于公司的资产负债率,则资本化 R&D 将会降低这个比率。基于以上分析,我们提出第二个研究假说:

假说 2:债务比率越高的公司,管理层倾向于选择资本化 R&D 会计政策。

政治成本假说认为公司规模越大,越有可能采用将现在的会计盈余递延到将来的会计政策,以避免政府对高额利润的管制。通常,企业规模越大,在市场中的垄断地位就越强,为了减少政府监管(如征收更多的所得税)和公众舆论所带来的负面影响,大规模企业的管理层往往会采用那些尽可能降低收益的会计政策。从这个角度来说,大规模企业不会选择资本化 R&D 政策来提升当期利润。

然而,企业进行研发活动需要投入大量的资源,真正的技术创新不仅难度远超出一般实物投资,并且研发周期长、市场不确定程度高,小规模企业往往无力承担。熊彼特(Schumpeter)就认为,只有大企业才能负担起研发项目费用,较大而且多元化的企业可以通过大范围的研发创新来消化失败的研发,创新成果的收获需要企业具有某种市场控制能力。Galbraith 和 Kaplan 也强调企业规模在创新中的重要性,认为大企业是引致技术变化的最完整的工具,是技术创新最有效的发明者和传播者。[①] 结合我国现时国情,政府提倡建设创新型和学习型社会,大规模企业拥有优秀的研发科研人员、雄厚的研发资金,自然成为引领科技创新的领头羊和标杆。研发信息的披露有助于大规模企业获得社会公众的认可,形成良好的声誉,并获得更多的融资机会和政府支持。从这个角度来看,资本化 R&D 政策正好满足大规模企业管理层信号传递的动机。基于以上分析,提出第三个研究假说:

假说 3.1:规模越大的公司,管理层倾向于选择费用化 R&D 会计

---

① 转引自:吴延兵. 企业规模、市场力量与创新:一个文献综述[J]. 经济研究,2007(5):125-138.

政策。

假说 3.2：规模越大的公司，管理层越倾向于选择资本化 R&D 会计政策。

Scott 认为过高的盈利也会引发政治成本。同时，盈利能力强且盈余稳定的公司即使采用稳健的会计政策仍能报告出较高的利润，而盈利能力差的公司若采用相似的会计政策则可能出现亏损。因此，盈利高的企业应倾向于选择稳健的费用化 R&D 政策。据此提出假说 3.3：

假说 3.3：盈利水平越高的公司，管理层倾向于选择费用化 R&D 会计政策。

刘芍佳等认为，在中国这样一个转型期的新兴市场上，终极控制人的动机和行为会对其所控制的企业产生重要的影响。我国证券市场上，很大部分上市公司由国有企业改制而来，同时由政府实际控制。据薄仙慧和吴联生的统计，70% 以上的上市公司终极控制人为国家。而国有上市公司更多地承担了政府的多重目标，如经济发展战略、就业、税收、社会稳定等。张海燕、袁新敏对上海闵行区高新技术企业的研发现状进行调查研究后，发现 R&D 投入主要集中在国有大型企业及其控股企业。他们认为国有及国有控股企业肩负着国家科技创新的历史重任和使命，是其 R&D 投入高的一个重要原因。据此可以推断，上市公司终极控制人为国家政府时，管理层在披露 R&D 信息时一定会考虑到政治上的诉求，选择 R&D 资本化政策能向市场更好地传递科技兴国大计下所起的行业领头和榜样作用。基于以上分析，提出假说 4：

假说 4：终极控制人为国有的上市公司管理层倾向于选择资本化 R&D 会计政策。

Kothari 等指出，R&D 资本化调增了当期利润和资产，容易导致外部信息使用者对管理层所作的资本化判断产生怀疑，如 R&D 资本化确认的标准、金额的大小以及将来 R&D 资产带来现金流的可能性。Nelson 等对审计师的调查显示，R&D 资本化是管理层惯常使用的盈余管理手段，审计师签发的审计意见类型与资本化 R&D 密切相关。研究表明，被审计单位采用增加收益和资产的会计政策越多，审计师面临的潜在法律诉讼风险和声誉损失风险将随之大大增加。因此，有理由推断，审计师不会允许管理层通过资本化 R&D 支出调增盈余而使自己声誉受损或面临潜在的诉讼风险。Percy 等以 1993—2002 年间澳大利亚上市公司为研究样本,发现审计质量越高,R&D支出资本化水平越低。

不少研究认为,会计师事务所规模对审计质量影响重大,"四大"会计师事务所对会计选择的监督更为严格。假定R&D投入的预期成果存在重大不确定性,在判断R&D支出是否符合资产定义以及资本化金额是否被夸大,特别是在与管理层沟通审计调整事项的能力上,相比其他声誉较低和规模较小的会计师事务所,"四大"会计师事务所具有更明显的优势。如果管理层打算采取资本化R&D政策,那么将面临被"四大"会计师事务所要求"举证"满足资本化条件的高昂成本,这在一定程度上抑制了管理层选择资本化R&D政策。基于以上分析,提出第五个研究假说:

假说5:由"四大"会计师事务所审计的公司管理层倾向于选择费用化R&D会计政策。

相对于个体投资者而言,机构投资者是"老练的"(sophisticated)——拥有雄厚的资金、训练有素的专业人员和畅通的信息获取渠道。在"超常规发展机构投资者"的战略思想下,我国机构投资者近几年得到了长足发展,并逐渐取代个人投资者成为股票市场的投资主体。Healy等认为,机构投资者更重视信息的真实性和有效性,高质量的信息披露伴随着高持股比例。Shleifer和Vishny、程书强以及宋渊洋和唐跃军研究发现,机构投资者参与公司治理后,能显著抑制管理层的盈余操纵行为。R&D资本化容易被视作管理层调增盈余的手段,为消除机构投资者疑虑,管理层将倾向选择稳健的费用化政策。

然而在我国目前投资者保护法律制度不健全的环境下,机构投资者与公司内部人合谋侵害中小投资者利益的事件时有发生。基金经理"老鼠仓"事件和重啤"乙肝疫苗"研发事件似乎都在表明"基金稳定市场这一理论还只是一个美丽的假设"。在信息透明度较低的中国资本市场中,机构投资者调查R&D信息披露真相所获得的收益可能不及与控股股东和管理者合谋的获利。为迎合公司内部人传递"利好"R&D信息,机构投资者不会反对管理层R&D资本化选择。基于以上分析,提出第六个假说:

假说6.1:机构投资者持股比例越高,管理层越倾向于选择费用化R&D会计政策。

假说6.2:机构投资者持股比例越高,管理层越倾向于选择资本化R&D会计政策。

第三节　研究设计

一、模型与变量选取

因解释变量属于两分类变量,为了考察上市公司管理层 R&D 会计选择动机和影响因素,我们构建了 Logistic 回归模型验证上述假说:

$$
\begin{aligned}
Capitalizer_{it} = {} & \alpha_0 + \alpha_1 Chroo_{it} + \alpha_2 Lev_{it} + \alpha_3 Size_{it} + \alpha_4 Eps_{it} + \alpha_5 Control_{it} + \\
& \alpha_6 Audit_{it} + \alpha_7 Institu_{it} + \alpha_8 Loss_{it} + \alpha_9 IPO_{it} + \alpha_{10} Share1_{it} + \\
& \alpha_{11} Share2_{it} + \alpha_{12} Z_{it} + \alpha_{13} Board_{it} + \alpha_{14} Indepen_{it} + \alpha_{15} Dual_{it} + \\
& \alpha_{16} Hite_{it} + \varepsilon_{it}
\end{aligned}
$$

(一)被解释变量

Capitalizer 为上市公司 R&D 会计选择变量。i 公司在 t 年选择资本化政策时取值为 1,否则为 0。判断公司是否选择资本化 R&D 政策的标准是:当年有计入开发阶段的 R&D 支出且全部或部分形成了期末"开发支出"项目余额;或者当年期末"开发支出"项目余额为零,但形成了无形资产价值。

(二)解释变量

虚拟变量 Chroo 表示营业利润变动,营业利润下降,Chroo 取值 1,否则为 0,预计系数 $\alpha_1 > 0$。未选取利润总额和净利润指标,因其包括了非经常性损益项目,而 R&D 支出属于经营性支出范畴。当期营业利润下降时,说明公司经营业绩下滑,管理层为实现当期的业绩指标从而保持自己的薪酬水平时,具有资本化 R&D 支出动机。Lev 为资产负债率,预计系数 $\alpha_2 > 0$。Size 和 Eps 分别表示公司规模和盈利能力,其中 Size 取期末总资产的自然对数,Eps 为扣除资本化 R&D 支出和非经常性损益后的每股收益,预计系数 $\alpha_4 < 0$。Control 代表上市公司终极控制人性质,终极控制人为国有性质时,取值为 1,否则为 0,预计系数 $\alpha_5 > 0$。Audit 为审计师虚拟变量,当上市公司年报审计为"四大"会计师事务所时,取值为 1,否则为 0。"四大"会计师事务所分别是普华永道中天、毕马威华振、安永华明和德勤华永,预计系数 $\alpha_6 < 0$。Institu 为机构投资者持股比例,取当年年末机构投资者持有上市公司股数占总股数的比例。

(三)控制变量

国内学者发现上市公司管理层通过会计政策选择达到获取 IPO

资格和增发配股资格，以及实现扭亏和平滑盈余目的。加入 *IPO* 虚拟变量，表示上市公司当年首发新股或配股增发；*Loss* 为避免亏损虚拟变量，出于本章的研究目的，将通过资本化 R&D 支出作为扭亏的特征，即是否当期营业利润大于 0 而扣除资本化 R&D 支出后小于 0。宗文龙等以及许罡和朱卫东亦采用了这种做法。

现有文献大多数认为，控股股东的存在造成了公司业绩低下和会计信息质量不高。我国上市公司"一股独大"现象普遍存在，大股东对公司具有较强控制力。加入 *Share*1 控制变量，表示第一大股东持股比例；*Share*2 表示第二至第十大股东的持股比例之和；变量 *Z* 为第一大股东与第二大股东持股比例的比值，表示股权制衡程度。

有效的公司治理结构有助于减少管理层的机会主义会计选择行为。王建新研究发现，董事会和审计委员会独立性越强、成员具有财务背景、董事长与总经理两职分离、董事会规模越小，对会计选择的监督就越有效。加入 *Board* 控制变量，表示董事会规模，取董事会人数的自然对数；*Indepen* 代表董事会中独立董事的比例；*Dual* 为董事长与总经理两职分离虚拟变量。

为考察高新技术企业管理层 R&D 政策选择，加入虚拟变量 *Hite*，上市公司被认定为高新技术企业时取值为 1，否则为 0[①]。最后，为控制行业和年份固定效应，分别加入 *Indus* 和 *Year* 虚拟变量。模型中各变量的定义和计算方法如表 11-1 所示。

表 11-1 变量定义和说明

指标代码	含　义	指　标　说　明
Capitalizer	资本化者	虚拟变量，当年选择 R&D 支出资本化会计政策的公司取值为 1，否则为 0
Chroo	营业利润变动	虚拟变量，当期扣减资本化 R&D 支出后的营业利润较上期下降时取值 1，否则为 0
Lev	财务杠杆	总资产负债率

①　当前高新技术企业认定工作根据国科发火[2008]172 号文件进行，上市公司一般会公布其被认定为高新技术企业的消息。鉴于此，本章将发布了该认定消息的公司归于高新技术企业。由于 2007 年尚未执行该文件，根据文件中关于 R&D 费用的要求是连续 3 年达到一定标准，因此，本章粗略将在 2008 年被认定为高新技术企业的公司也视作 2007 年的高新技术企业。

指标代码	含　义	指　标　说　明
Size	规模	期末总资产自然对数
Eps	每股收益	扣除资本化 R&D 支出和非经常性损益后的每股净收益
Control	最终控制人性质	虚拟变量,最终控制人为国有性质时取值1,否则为0
Audit	审计质量	虚拟变量,审计机构为"四大"时取值1,否则为0
Institu	机构投资者持股比例	期末所有机构投资者持股份额占公司总股份的比率
Ipo	首发上市和增发配股	虚拟变量,当期首发上市或增发配股时取值为1,否则为0
Loss	扭亏	虚拟变量,当期营业利润扣除资本化 R&D 支出后小于零取值1,否则为0
Share1	股权集中度	第一大股东持股比例
Share2	股权集中度	第二大股东至第十大股东持股比例之和
Z	股权制衡度	第一大股东与第二大股东持股比例的比值
Board	董事会规模	期末董事会人数的自然对数
Indepen	独立董事比例	期末独立董事占董事会人数的比例
Dual	两职合一	虚拟变量,董事长与总经理兼任时取值1,否则为0
Hite	高新技术企业	虚拟变量,被认定的高新技术企业取值1,否则为0
Indus	行业	虚拟变量,当属于本行业时取值为1,不属于则为0
Year	年份	虚拟变量,当属于本年度时取值为1,不属于则为0

二、样本选取和数据来源

我们对沪深两市 A 股上市公司 2007—2010 年选择 R&D 资本化政策的公司进行了统计,发现这些公司多属于高新技术行业。具体为:机械设备仪表制造业(C7)、医药生物制品制造业(C8)、石油化学塑胶塑料制造业(C4)、电子元器件制造业(C5)、金属非金属制造业(C6)和信息技术业(G)。这六类(子)行业研发活动较为活跃,并且占全体上市公司的半数以上,对这些行业内公司的 R&D 会计选择行为进行研究具有代表性。由于制度环境和监管要求存在一定的差异,删除 B 股公司、创业板上市公司、同时发行 B 股以及境外上市的公司样本以及当年 ST 和 *ST 的公司。经过上述筛选后,各年选择 R&D 资本化政策

(capitalizer)和费用化政策(expenser)的公司数量和行业分布如表11-2所示。

表 11-2　2007—2010 年 capitalizer 和 expenser 数量和行业分布

行业代码	2007 年公司数		2008 年公司数		2009 年公司数		2010 年公司数	
	Cap	Exp	Cap	Exp	Cap	Exp	Cap	Exp
C4	9	132	11	144	16	139	19	159
C5	9	48	16	47	20	44	15	67
C6	5	103	10	104	14	104	11	126
C7	29	157	38	163	51	161	60	205
C8	23	60	28	57	30	59	33	66
G	18	59	23	60	28	63	38	73
合计	93	559	126	575	159	570	176	696
总计	652		701		729		872	

此外,删除了数据缺失、资产负债率大于 1 的样本,并对有关连续变量的极端值做了上下 1% 的 Winsorize 处理(即将 1% 以下和 99% 以上的变量值分别用 1% 和 99% 分位数代替),最后共获得 2 789 家公司年观测值。其中,2007 年为 597 家,2008 年为 648 家,2009 年为 700 家,2010 年为 844 家。

本章数据来源为:财务数据、股东股权数据等均来源于国泰安金融研究数据库(CSMAR);高新技术企业认定的消息来源于锐思金融研究数据库(RESSET),并与手工检索结果核对;R&D 支出资本化数据根据上市公司的年报资料手工整理而成,上市公司的年报来源于巨潮资讯网以及深交所和上交所网站。数据处理采用 EXCEL,统计软件使用 STATA 11.0。

第四节　实证结果与分析

一、描述性统计

表11-3 列示了模型中各变量的描述性统计。样本中,选择资本化R&D 政策的公司比例平均为 19.18%,这个比例和国外相关研究的结果相近(Wyatt 等;Oswald)。终极控股人性质为国有的平均比例为35.37%,与前面提到的我国上市公司终极控制人为国有的比例相差较

大,这可能是因为研究样本的期间为 2007—2010 年。2009 年和 2010 年首发上市的公司绝大部分为中小企业板和创业板公司,它们大多数属于民营企业,因此终极控制人为国有的公司数比例有下降趋势。4 年中,首发上市以及增发配股公司的平均比例为 21.57%。样本公司中聘请国际"四大"会计师事务所的公司不在多数,平均比例只有 3.78%。机构投资者持有研发密集行业公司的股数比例平均达到了 30.51%,表明其已经成为我国 A 股流通市场的重要投资主体。作为一种外部治理机制,研究该机制对上市公司管理层会计选择行为的影响机理和路径变得重要。第一大股东的持股比例平均为 36.37%,第二到第十大股东的持股比例之和平均为 20.27%,而第一大股东与第二大股东持股比例的比值平均为 14.94,这表明股权制衡机制尚未建立,"一股独大"的现象仍然普遍。独立董事占董事人数的比例平均为 36.15%,这与我国要求上市公司董事会成员中至少有三分之一的独立董事规定相符。样本中被评定为高新技术企业的公司比重为 43.38%,平均资产负债率为 44.08%,其他指标也基本符合正常运营企业的财务状况。

表 11-3　各变量描述性统计

变量	均值	中位数	最大值	最小值	标准差	观测数
Capitalizer	0.191 8	0.000 0	1.000 0	0.000 0	0.393 8	2 789
Chroo	0.378 6	0.000 0	1.000 0	0.000 0	0.485 1	2 789
Lev	0.440 8	0.459 2	0.859 2	0.051 5	0.186 2	2 789
Size	21.462 6	21.351 5	26.156 3	18.265 9	1.053 6	2 789
Eps	0.301 9	0.244 0	1.973 0	−0.901 7	0.436 6	2 789
Control	0.353 7	0.000 0	1.000 0	0.000 0	0.478 1	2 789
Audit	0.037 8	0.000 0	1.000 0	0.000 0	0.190 7	2 789
Institu	0.305 1	0.268 6	1.000 0	0.000 3	0.224 9	2 789
Ipo	0.215 7	0.000 0	1.000 0	0.000 0	0.411 4	2 789
Loss	0.132 3	0.000 0	1.000 0	0.000 0	0.338 9	2 789
*Share*1	0.363 7	0.351 4	0.864 9	0.051 4	0.148 6	2 789
*Share*2	0.202 7	0.185 4	0.619	0.007 2	0.132 2	2 789
Z	14.942 0	4.907 9	144.291 3	1.010 7	31.059 7	2 789
Board	2.186 8	2.197 2	2.833 2	1.098 6	0.192 4	2 789

（续表）

变量	均值	中位数	最大值	最小值	标准差	观测数
Indepen	0.361 5	0.333 3	0.666 7	0.090 9	0.048 1	2 789
Dual	0.202 2	0.000 0	1.000 0	0.000 0	0.401 7	2 789
Hite	0.433 8	0.000 0	1.000 0	0.000 0	0.496 0	2 789

二、回归结果与分析

表 11-4 为 Logistic 回归结果。*Chroo* 的系数在 5% 水平上与资本化 R&D 政策显著正相关，说明当期盈余下降时，管理层为实现任期内薪酬业绩目标，将 R&D 支出资本化，这验证了假说 1 的成立。我国上市公司管理层 R&D 资本化选择动机支持薪酬契约假说。*Lev* 系数为负，与预期符号不一致，且不具有统计上的显著意义，表明债务融资约束并未对管理层 R&D 支出会计选择产生影响。*Size* 回归系数为正，并且在 5% 水平上显著，说明规模越大的公司管理层更倾向于选择 R&D 资本化政策，这与假说 3.2 的预期一致。*Eps* 系数显著为负，说明盈利越多的公司越倾向选择费用化 R&D 政策，以降低当期税赋、平滑盈余。*Control* 系数在 5% 水平上显著为正，表明国有控股公司倾向资本化 R&D 政策，假说 4 成立。*Institu* 也与 R&D 资本化政策显著正相关，说明机构投资者持有越多上市公司流通股，会激发管理层传递资本化 R&D 信息。*Audit* 系数符号为正，但不具有统计上的显著意义，表明审计为"四大"会计师事务所时并未抑制上市公司管理层选择资本化 R&D 政策，这与 Percy 等对澳大利亚上市公司的研究结论不一致。*Ipo* 系数显著为正，表明公司当年首发上市或增资配股时，管理层往往选择资本化 R&D 政策；*Loss* 变量系数为正，但不显著，可能因为我国上市公司更常用调整非经常性损益作为扭亏手段。董事会特征变量的回归系数都十分显著，表明董事会规模（*Board*）越大、董事长与总经理兼任（*Dual*）时，上市公司越倾向于选择费用化 R&D 政策；而独立董事占董事会成员比例（*Indepen*）越高时，上市公司越倾向于选择资本化 R&D 政策。这与王建新的研究结论并不一致，通常认为董事会规模越小、审计委员会独立性越强，对会计选择的监督越有效。上市公司被认定为高新技术企业时，越倾向于选择资本化 R&D 政策，*Hite* 的系数在 5% 水平上显著为正，表明高新技术企业具有通过资本化

R&D 支出来向市场传递其研发动态及成果,以符合政府监管要求和满足社会公众对其研发成功的期望。

表 11-4　Logistic 回归结果

变　　量	预计符号	系数	t 值	P 值
截距		−2.976*	−2.00	0.045
Chroo	+	0.009 74**	2.43	0.015
Lev	+	−0.238	−0.72	0.473
Size	?	0.117**	2.17	0.035
Eps	−	−0.381***	−2.73	0.006
Control	+	0.291**	2.42	0.016
Audit	−	0.344	1.31	0.189
Institu	?	0.660**	2.43	0.015
Ipo	+	0.302**	2.13	0.033
Loss	+	0.085	0.48	0.633
Share1	?	−0.640	−1.48	0.139
Share2	?	−1.163**	−2.14	0.033
Z	?	−0.001 51	−0.66	0.509
Board	−	−0.597**	−2.11	0.035
Indepen	+	3.878***	3.71	0.000
Dual	−	−0.405***	−2.91	0.004
Hite	+	0.234**	2.18	0.030
Indus		控　制		
Year		控　制		
调整 R^2		9.15%		
观测值		2 789		

注:*,** 和 *** 分别为在 10%,5% 和 1% 水平上显著。

三、稳健性检验

为增强结论的可信性,我们做了如下稳健性检验:①替换检验债务契约动机的变量 Lev,改用"长期负债/总资产"指标;②模型中机构投资者持股比例为年末机构投资者持有流通 A 股占总流通股数的比例,为控制其可能产生的内生性,用第三季度末机构投资者持股比例替代。③用净资产报酬率(Roe)、总资产报酬率(Roa)替换每股收益(Eps)指标。回归结果没有发生重大改变。

第五节 本 章 结 论

我们检验了薪酬契约、债务契约和政治成本三大假说是否在我国新兴加转轨的制度背景下仍然具有解释力,并深入探讨了此背景下特定公司治理因素对 R&D 资本化会计选择的影响。以 2007—2010 年研发较密集的高新技术行业上市公司为样本,本章实证发现:①薪酬契约对 R&D 资本化选择影响显著,而债务契约不能解释 R&D 政策选择行为。②规模与资本化 R&D 政策显著正相关,不符合政治成本假说,但盈利水平与资本化 R&D 政策显著负相关。③国有控股公司、机构投资者持股越多的公司以及被认定为高新技术企业和首发上市的公司管理层通常选择资本化 R&D 政策来传递研发责任和研发实力信号,以获得政府和投资者的认可。④"四大"会计师事务所的高审计质量并未抑制公司管理层选用激进的资本化 R&D 政策。

我们的研究结论表明,R&D 会计选择是一个综合、复杂的过程,会计准则的执行效果受制于制度环境。我国上市公司管理层选择资本化 R&D 会计政策既有提高和平滑利润的盈余管理动机,亦有向市场传递研发信号的动机。为更好实现新会计准则的政策效果,发挥 R&D 资本化政策的信号传递作用,应进一步规范上市公司 R&D 信息披露、发挥机构投资者和外部审计的监管作用。

参 考 文 献

黄志忠,冯燕金,郗群.2008.基于上市公司高管薪酬结构的调查研究[J].市场研究,(6):48-51.

宋在科,王柱.2008.企业会计政策选择研究——基于利益相关者理论[J].会计研究,(6):39-45.

WilliamR. Scott. 2001. 财务会计理论[M].陈汉文,等,译.北京:机械工业出版社.

刘芍佳,孙霈,刘乃全.2003.终极产权论、股权结构及公司绩效[J].经济研究,(4):51-62.

薄仙慧,吴联生.2009.国有控股与机构投资者的治理效应:盈余管理视角[J].经济研究,(2):81-91.

李莉,曲晓辉,肖虹.2012.R&D资本化选择动机与影响因素——来自高新技术行业的经验证据[J].税务与经济,(5):1-8.

林毅夫,李志赟.2004.政策性负担、道德风险与预算软约束[J].经济研究,(2):17-27.

张海燕,袁新敏.2011.企业规模与研发投入强度的关系分析——以上海闵行区为例[J].工业技术经济,(3):10-14.

蔡庆丰,宋友勇.2010.超常规发展的机构投资者能稳定市场吗?——对我国基金业跨越式发展的反思[J].经济研究,(1):90-101.

程书强.2006.机构投资者持股与上市公司会计盈余信息关系实证研究[J].管理世界,(6):110-113.

宋渊洋,唐跃军.2009.机构投资者有助于企业业绩改善吗?——来自2003—2007年中国上市公司的经验证据[J].南方经济,(12):56-68.

唐松莲,袁春生.2010.监督或攫取:机构投资者治理角色的识别研究——来自中国资本市场的经验证据[J].管理评论,(8):35-41.

张高擎,廉鹏.2009.可转债融资与机构投资者侵占行为——基于华菱管线可转债案例研究[J].管理世界,(S1):112-114.

宗文龙,王睿,杨艳俊.2009.企业研发支出资本化的动因研究——来自A股市场的经验证据[J].中国会计评论,7(4):439-454.

许罡,朱卫东.2010.管理当局、研发支出资本化选择与盈余管理动机——基于新无形资产准则研发阶段划分的实证研究[J].科学学与科学技术管理,(9):39-43.

王建新.2007.公司治理结构、盈余管理动机与长期资产减值转回——来自我国上市公司的经验证据[J].会计研究,(5):60-66.

BALL R,THOMAS R E,MCGRATH J. 1991. Influence of R&D accounting conventions on internal decision-making of companies [J]. R&D Management,21(4):261-269.

NIXON B. 1998. The accounting treatment of research and development expenditure:Views of UK company accountants [J]. European Accounting Review,6(2):265-277.

ENTWISTLE G M. 1999. Exploring the R&D disclosure

environment [J]. Accounting Horizons, 13(4): 323-341.

GOODACRE A, MCGRATH J. 1997. An Experimental study of analysts' reactions to corporate R&D expenditure [J]. The British Accounting Review, 29(2): 155-179.

NELSON M, ELLIOTT J, TARPLEY R. 2003. How are earnings managed? Examples from auditors [J]. Accounting Horizons, (supplement): 17-35.

MARKARIAN G, POZZA L, PRENCIPE A. 2008. Capitalization of R&D costs and earnings management: Evidence from Italian listed companies [J]. The International Journal of Accounting, (43): 246-267.

CAZAVAN-JENY A, JEANJEAN T, JOOS P. 2011. Accounting choice and future performance: The case of R&D accounting in France [J]. Journal of Accounting and Public Policy, 30(2): 145-165.

DALEY L, VIGELAND R. 1983. The effects of debt covenants and political costs on the choice of accounting methods: The case of accounting for R&D costs [J]. Journal of Accounting and Economics, (5): 195-211.

OSWALD D R. 2008. The determinants and value relevance of the choice of accounting for research and development expenditures in the United Kingdom [J]. Journal of Business Finance & Accounting, 35(1&2): 1-24.

SWEENEY A P. 1994. Debt-covenant violations and managers' accounting responses [J]. Journal of Accounting and Economics, 17(3): 281-308.

DEFOND M L, JIAMBALVO J. 1994. Debt covenant violation and manipulation of accruals [J]. Journal of Accounting and Economics, (17): 145-176.

KOTHARI S P, LAGUERRE T E, LEONE A J. 2002. Capitalization versus expensing: Evidence on the uncertainty of future earnings from current investments in PP&E versus R&D

[J]. Review of Accounting Studies, 7(4): 355-382.

LYS T, WATTS R L. 1994. Lawsuits against auditors [J]. Journal of Accounting Research, 32: 65-93.

TUTTICCI L, KRISHNAN G, PERCY M. 2007. The role of external monitoring in firm valuation: the case of R&D capitalization [J]. Journal of International Accounting Research, 6(2): 83-107.

BECKER C L, DEFOND M L, JIAMBALVO J, SUBRAMANYAM K R. 1998. The effect of audit quality on earnings management [J]. Contemporary Accounting Research, 15(1): 1-24.

FRANCIS J R, KRISHNAN J. 1999. Accounting accruals and auditor reporting conservatism [J]. Contemporary Accounting Research, 16(1): 135-165.

HEALY P M, HUTTON A P, PALEPU K. 1999. Stock performance and intermediation changes surrounding sustained increases in disclosure [J]. Contemporary Accounting Research, 16(3): 485-520.

SHLEIFER A, VISHNY R W. 1986. Large shareholder and corporate control [J]. Journal of Political Economy, 94(3): 461-488.

第十二章　会计准则趋同的行为分析
——基于 R&D 支出资本化资源配置视角①

本章以 2007—2010 年 711 个披露开发支出的公司为样本,考察了我国公司 R&D 支出资本化动机及其资本市场资源配置经济后果。将 R&D 支出资本化成果分为两个部分:一是形成当年无形资产的 R&D 支出,二是增加盈余而形成期末开发支出余额的 R&D 支出。本章研究发现,前者显著提升了公司市场价值,并拉动公司经营业绩的增长,是真实信号的传递;后者则为名义上的 R&D 资产,扮演了盈余管理的角色,与操控性应计水平显著正相关,降低了盈余质量。

第一节　引　言

在我国新兴加转轨制度背景下,管理层的资本化 R&D 信息是真实信号传递还是盈余管理? 这是一个颇为值得深入探讨的问题。与稳健的费用化 R&D 支出会计政策不同,资本化 R&D 支出会计政策的最大好处在于"企业管理层为投资者提供了一个共享企业创新活动进展和成功可能性信息的有效渠道"。在实施资本化 R&D 支出会计准则的国家中,经验研究结论表明公司管理层披露的 R&D 信息向市场传递了"研发成功的资本化支出以及研发失败的费用化支出"的可靠信号,资本化 R&D 支出对未来盈余波动的影响最小,资本化 R&D 支出与股价、收益率以及经营业绩都存在显著的正相关关系,以及资本化 R&D 信息提高了分析师的追踪率、减少了盈余预测差错。然而资本化的 R&D 支出会计政策同时也是可操纵的,管理当局可以通过选择是否资本化以及资本化的时点和金额实现盈余管理目的。Markarian,

① 李莉,曲晓辉,肖虹. R&D 支出资本化:真实信号传递或盈余管理? [J]. 审计与经济研究,2013(1):60-69.

Pozza 和 Prencipe 发现意大利家族企业管理层利用资本化 R&D 支出平滑盈余；Cazavan-Jeny，Jeanjean 和 Joos 以法国公司为样本，发现小规模和高负债率的公司管理层偏好资本化 R&D 支出政策，以达到平滑盈余、扭亏和实现预期盈余的目标。

在我国，虽然刘斌和李翔、许罡的研究表明投资者"捕获"了管理层传递的资本化 R&D 支出信号，并对这些公司的价值予以正面评价，但与此同时，我国新兴加转轨的资本市场上盈余管理现象较为普遍，出于扭亏、获取 IPO 和配股资格以及利润平滑动机的盈余管理手段屡见不鲜。由于 R&D 资本化政策赋予了管理层更多的职业判断空间，叶建芳和刘大禄、许罡和朱卫东、王艳等的研究也发现上市公司管理层存在利用该政策进行盈余管理的行为。显然，R&D 支出资本化是把"双刃剑"：一方面为上市公司管理层传递"私人信息"提供了良机。另一方面也为管理层进行盈余管理打开了方便之门。

已有文献虽指出资本化 R&D 信息具有"两面性"，却并未深入探寻何种资本化 R&D 信息具有信号传递作用，而何种资本化 R&D 信息扮演了盈余管理的角色。本章根据资本化 R&D 会计政策实务处理方法，结合上市公司"开发支出"年报附注，将资本化 R&D 支出分为两部分：一为研发成功最终形成的无形资产价值，二为增加本期盈余形成的开发支出"资产"；再就这两部分 R&D 资产的信号传递功能、与盈余质量的关系进行实证检验。结果发现，市场认同的是真正资本化的 R&D 支出，研发形成的无形资产才具有信号传递作用；而名义上的 R&D 资产则与操控性应计显著正相关，降低了盈余质量。据我们所知，本章是首篇对资本化 R&D 信息的信号传递和盈余管理实现路径的研究。我们的研究将丰富资本化 R&D 支出会计准则的经济后果文献，也有助于理解我国上市公司管理层选择资本化 R&D 会计政策的行为。

第二节　理论分析与假说发展

按照新准则，R&D 支出有条件资本化的处理原则为：研究阶段 R&D 支出计入当期损益；开发阶段 R&D 支出经判断同时符合 5 项资本化条件时，按实际发生的金额计入无形资产。实务中要求通过"研发支出——费用化支出"和"研发支出——资本化支出"两个明细科目进行核算。因此，R&D 支出资本化的"成果"可以表现为两部分：一为项目开发成功形成无形资产的，即由"研发支出——资本化支出"转入无形资产的 R&D 支出；二为尚未开发完毕，形成期末"研发支出——资本化支出"余额的 R&D 支出（即资产负债表中"开发支出"金额）。我们认为，这两部分 R&D 资产在性质上有所区别。形成无形资产的 R&D 支出才是真正的资本化 R&D 支出，其代表了公司研发创新的最终成果（以下简称资本化 R&D 支出）；而开发支出项下的 R&D 支出，很大程度来自管理层的职业判断（以下简称资产化 R&D 支出）。资产的一个重要特性是能为企业带来未来经济利益，按照 R&D 支出是否能带来未来经济利益和管理层 R&D 政策选择进行组合，信号类型分类如表 12-1 所示。

表 12-1　R&D 支出信号传递类型

	资本化	费用化
具有未来经济利益的 R&D 支出	可靠信号	"虚假信号"（稳健性）
不具有未来经济利益的 R&D 支出	虚假信号（盈余管理）	可靠信号

对于资本化 R&D 支出，即研发成功形成的无形资产，我们手工收集数据时发现一般为企业的专利和专有技术[①]，这两类技术性无形资产能显著增加企业未来现金流量，提升企业价值和经营业绩，因此将具有未来经济利益的 R&D 支出确认为资产符合资本化 R&D 准则的要求。此外，虽然资本化 R&D 支出增加了当期盈余，但在将来期间需要摊销，会减少未来利润总额，管理层通过资本化 R&D 支出调增利润的动机应该不强烈。基于以上分析，我们认为资本化 R&D 支出是管理层向市场传递的真实 R&D 信息信号，借此提出假说 1：

假说 1.1：资本化 R&D 支出与公司市场价值正相关。

假说 1.2：资本化 R&D 支出与公司经营业绩正相关。

然而与此同时，R&D 资本化政策也是可操纵的，Chambers，

---

① 在手工收集数据的过程中，我们关注了企业这部分自主研发所形成的无形资产与无形资产报表附注的对应关系，发现自主研发所形成的无形资产绝大多数为专利和非专有技术，计算机通讯行业的则为软件资产。如 2010 年有 112 家公司披露了当期研发转入无形资产的金额，与无形资产报表附注披露比照后，有 93 家公司研发转入的无形资产属于专利、专有技术、软件、药品生产权等，占比为 83.04%。

Jennings 和 ThompsonII 指出,在财务报表中确认 R&D 支出能带来显著的经济收益,这取决于公司管理层在多大程度上运用资本化政策。资本化准则赋予管理层较大的职业判断空间,如可以更早地将研发项目划入开发阶段,从而形成资产化 R&D 支出,避免当期盈余减少或发生亏损。我们手工收集数据时发现,鲜有公司明确制定研究和开发阶段的划分界限,很多公司披露的研发项目未经研究阶段直接进入开发阶段。叶建芳、刘大禄分析了大族激光(股票代码:002008)2007 年实施新准则后,由于确认了"资产化"R&D 支出,当期利润增加了 1 785.75 万元,占公司净利润总额 16 820.28 万元的近 10%①。我国属于新兴资本市场,经济尚处于转轨时期,研究发现我国上市公司盈余操纵现象较为普遍,投资者对盈余管理较为敏感,资产化 R&D 信息很可能为公司进行盈余操纵的"坏消息"。基于以上分析,我们提出第二个假说:

假说 2:资产化 R&D 支出与盈余管理程度正相关。

第三节　研　究　设　计

一、模型与变量选取

(一) 假说 1.1 的检验模型

我们采用模型(1)和模型(2)检验假说 1.1。

$$P = \beta_0 + \beta_1 Eps + \beta_2 Bvps + \beta_3 Intan + \beta_4 Deye + \beta_5 Size + \beta_6 Lev +$$
$$\beta_7 TobinQ + \beta_8 Indus + \beta_9 Year + \varepsilon \qquad \text{模型(1)}$$

$$Ret = \beta_0 + \beta_1 Roe + \beta_2 \Delta Roe + \beta_3 Intan + \beta_4 Deye + \beta_5 Size + \beta_6 Lev +$$
$$\beta_7 TobinQ + \beta_8 Indus + \beta_9 Year + \varepsilon \qquad \text{模型(2)}$$

其中,模型(1)由 Ohlson 的价格模型发展而来。R&D 资本化政策下,有两部分未计入损益的 R&D 支出(即资本化 R&D 支出和资产化 R&D 支出)会对期末净资产产生影响,可将期末净资产账面价值分

---

① 大族激光(002008)在 2007 年财务报表"开发支出"附注中披露:期末开发支出项目的余额为 22 471 786.89 元,其中包括尚未消耗的材料 683 万元(按原会计制度该部分未消耗掉的材料亦不计入损益)以及人工费等其他项目共计 1 564 万元;当期转入无形资产 231 万元并摊销 9.25 万元,因此,这项变更增加 2007 年度利润 1 785.75 万元(1 564+231−9.25)。

解为"(期末资产化 R&D 支出余额＋本期资本化 R&D 支出①)＋其他净资产"。模型(1)中 P 表示次年 4 月份最后一个交易日的收盘价；Eps 表示每股收益；$Bvps$ 为年末经调整的每股净资产价值；$Intan$ 表示当年资本化 R&D 支出；$Deye$ 为年末资产化 R&D 支出余额。为与模型中 Eps 和 $Bvps$ 2 个基本解释变量一致，$Intan$ 和 $Deye$ 均除以期末流通普通股股数。根据上文的分析，预期 $\beta_3 > 0$，$\beta_4 < 0$。

影响股票价格的因素较多，基于以前文献的研究，加入以下控制变量：规模 $Size$，取期末总资产自然对数，用以控制公司规模对股价的影响；财务杠杆 Lev，取总资产负债率，用来控制债务对股价的影响；成长性 $TobinQ$ 值，市值账面价值比(市值为股权市值与净债务市值，其中非流通股权市值用净资产代替)，用来控制公司成长性对股价的影响；行业 $Indus$ 哑变量，属于本行业时取值为 1，不属于则为 0(制造业取前两位行业代码，其他取前一位)；年份 $Year$ 为哑变量，属于本年度时取值为 1，不属于则为 0。

模型(2)在 Easton 和 Harris 的报酬率模型上发展而来。其中，Ret 为当年 5 月初至次年 4 月末的累积股票报酬率(以下简称同期收益率)，计算方法为 $[\prod(1 + return_j) - 1$，j 为月份](月度报酬 $return$ 为考虑现金红利再投资因素后的个股月报酬率，数据来源于 CSMAR 股票市场交易数据库)；Roe 表示当年净资产报酬率；ΔRoe 表示净资产报酬率差额。$Intan$ 和 $Deye$ 以及控制变量的含义与模型(1)一致。由于季度和半年报的披露不及年报详细充分，投资者一般难以获取 R&D 的具体信息，这可能是造成 R&D 支出(不论是费用化还是资本化)与同期收益率不显著相关的原因，因此我们还将考察下期收益率与资本化 R&D 支出的关系。

最后，不少研究分别高新技术企业和非高新技术企业进行对比检验，如罗婷、刘斌等，发现两者存在显著差异，因此我们也分两组进行考察。当前高新技术企业认定工作根据国科发火[2008]172 号文件进行，

① 期末资本化 R&D 支出对净资产的影响还应考虑当期开发支出转入无形资产在本期的摊销额，即期末净资产＝(期末开发支出余额＋本期开发支出转入的无形资产－本期转入无形资产的摊销额)。但笔者手工收集数据时发现，无形资产的附注中一般没有单独披露研发转入无形资产的价值和摊销金额，也没有披露具体转入的时间和摊销年限，因此这里未估算摊销金额对净资产的影响。

从 2008 年开始执行。我们将发布了该认定消息的公司归于高新技术企业，否则为非高新技术企业。由于 2007 年尚未执行该文件，根据文件中关于 R&D 支出的要求是连续 3 年达到一定标准[1]，粗略将在 2008 年被认定为高新技术企业的公司看作 2007 年的高新技术企业。

（二）假说 1.2 的检验模型

我们采用如下模型来检验本章的假说 1.2：

$$Gsale = \beta_0 + \beta_1 Cap\_Int + \beta_2 Size + \beta_3 Lev + \beta_4 TobinQ + \\ \beta_5 Share + \beta_6 Area + \beta_7 Indus + \beta_8 Year + \varepsilon \qquad 模型（3）$$

式中，$Gsale$ 代表经营业绩，用销售毛利率表示。R&D 活动对经营业绩的增长一般体现在新产品的市场表现上，并且 R&D 支出属于经营活动支出范围，而其他用净利润来计算的报酬率则加入了非经营活动对业绩的影响，因此用销售毛利率作为因变量更合适。

解释变量 Cap_Int 表示资本化 R&D 支出比例，取资本化 R&D 支出与年末无形资产价值之比。控制变量包括：公司规模 $Size$，控制可能存在的规模效应；资产负债率 Lev，控制资本结构的影响；$TobinQ$ 值，控制成长性；股权集中度 $Share$，取前十大股东持股比例，控制大股东对公司盈利的影响；市场化进程 $Area$ 哑变量，根据樊纲、王小鲁编制的各地区市场化进程指数，当公司注册地市场化指数大于中位数时取值为 1，否则为 0，用来控制市场化进程对经营业绩的影响。与假说 1.1 的检验模型一样，本模型分高新技术企业组和非高新技术企业组进行检验。考虑到当期 R&D 投入可能对企业的盈利增长作用不会马上显现，存在一定的滞后性，我们还将检验资本化 R&D 支出对未来 1 年经营业绩的滞后效应。

（三）假说 2 的检验模型

我们以操控性应计作因变量，建立模型（4）来检验本章的假说 2：

$$DA = \beta_0 + \beta_1 De\_Int + \beta_2 Loss + \beta_3 \Delta Eps + \beta_4 Size + \beta_5 Lev + \\ \beta_6 Share + \beta_7 Hite + \beta_8 Indus + \beta_9 Year + \varepsilon \qquad 模型（4）$$

操控性应计（DA）采用夏立军的研究成果，分行业估计并且采用线上项目应计作为因变量估计特征参数的截面 Jones 模型最能有效地揭

---

[1] 详见国科发火〔2008〕172 号文第十条。

示出盈余管理。

解释变量 De_Int 表示资产化 R&D 支出程度,即不包括转出无形资产和费用化的开发阶段支出与营业利润之比,该比率越高,对当期利润减少的程度就越大。如果公司管理层存在利用资产化的 R&D 支出来调整当期会计盈余的动机,则会加重当期盈余管理程度,损害盈余质量,预计其系数符号为正。

国内研究表明,债务契约安排和政治成本动因总的来说不如资本市场因素对盈余质量的影响明显,因此在模型中加入扭亏($Loss$)和利润平滑(ΔEps)这两个主要的资本市场因素作为对盈余质量的解释变量。虚拟变量 $Loss$ 当会计盈余小于零时取值为 1,否则为 0,系数符号预计为负;ΔEps 表示利润平滑动机,盈余波动越大,则管理层进行盈余平滑的动机越大,预计系数符号为正。

其他控制变量包括:$Size$ 为规模变量,取当年营业收入的自然对数;Lev 为资产负债率,用以控制资本结构的影响。Shleifer 和 Vishney,Fan 和 Wong 以及王化成和佟岩的研究表明,控股股东对公司的盈余质量有重大影响,因此加入第一大股东持股比例 $Share$ 作为控制变量。最后,加入高新技术企业哑变量 $Hite$,被认定为高新技术企业时取值为 1,否则为 0。

二、样本和数据来源

选取 2007—2010 年深沪两市在年度财务报告中曾确认过"开发支出"的上市公司为研究样本。同时,由于制度环境和监管要求存在一定的差异,删除 B 股公司、创业板上市公司、同时发行 B 股以及境外上市的公司。各年样本的选取过程如表 12-2 所示。各模型存在因相关变量数据缺失而导致样本数不一致的情况。

表 12-2 2007—2010 年开发支出样本公司

项 目	2007 年	2008 年	2009 年	2010 年
年内确认过"开发支出"余额的非金融类公司(家)	186	235	283	366
其中:B 股公司(家)	2	14	14	15
同时发行 B/H/N 股的公司(家)	15	19	16	22
ST 或退市的公司(家)	4	8	9	6
创业板上市公司(家)	—	—	10	56
正常上市的非创业板、非金融类纯 A 股公司(家)	165	194	234	267

（续表）

项　　目	2007 年	2008 年	2009 年	2010 年
其中:披露有误的公司(家)①	49	34	33	33
最终样本开发支出样本公司(数)	116	160	201	234
其中:高新技术企业(家)	55	77	96	100
形成当期无形资产的公司数(家)	16	52	90	112

本章数据来源为:股票市场数据、财务数据等来源于国泰安金融研究数据库(CSMAR)和 WIND 金融数据库;高新技术企业认定的消息来源于锐思金融研究数据库(RESSET)并与手工检索结果相核对;相关 R&D 支出数据根据上市公司的年报资料手工整理而成,上市公司的年报来源于巨潮资讯网以及深交所和上交所网站。数据整理和计算使用 EXCEL,统计软件采用 STATA 11.0。

第四节　实证结果与分析

一、描述性统计

表 12-3 至表 12-5 列示了各模型主要变量的描述性统计结果。有关 R&D 支出的变量有四个:$Intan$,$Deye$,Cap_Int 和 DE_Int,分别表示每股资本化 R&D 支出、每股资产化 R&D 支出余额、资本化 R&D 支出占无形资产比重和资产化 R&D 支出占营业利润的比重。

表 12-3 统计数据显示,高新技术企业组 $Intan$ 和 $Deye$ 的中位数分别为 0.024 5 元/股和 0.024 4 元/股,比非高新技术企业组的 $Intan$ 和 $Deye$ 中位数(分别为 0.021 7 元/股和 0.014 9 元/股)高,说明高新技术企业的研发投入和研发能力均高于非高新技术企业。从均值来看,非高新技术企业组的这两个变量都比高新技术企业组高,主要受极端值的影响。据我们的手工数据,当年资本化 R&D 支出和资产化 R&D 支出余额的最小值在万元之下,最大值则高达 48 亿元。

表 12-4 统计数据显示,高新技术企业组 Cap_Int 无论均值还是中位数都比非高新技术企业组高。高新技术企业组的均值为 20.21%,中

223

---

① 这里披露有误的情况包括:2007 年年初"开发支出"有余额;当年确认过"开发支出"余额却进行附注披露;"开发支出"期初期末余额相等,并且附注表明当年并无开发阶段支出;"开发支出"本期期初余额与上期期末余额不相等,附注无解释说明;以及个别明显的数字错误。

位数为 8.74%;非高新技术企业组分别为 14.13% 和 8.41%。这个结果符合情理,但也表明上市公司无形资产中通过自主研发所形成的部分比重不高、无形资产的"含金量"不够。这与我国现有对上市公司无形资产构成和比重的研究结论一致:各类使用权尤其是土地使用权的比重偏高,而技术性无形资产(专利、专有技术)的比重偏低。

表 12-3　模型(1)和模型(2)主要变量描述性统计

变　量	观测数	均　值	中位数	标准差	最大值	最小值
Panel A:高新技术企业组						
P	327	23.257 9	18.040 0	18.921 6	162.038 2	3.775 0
Ret_t	300	0.215 2	0.147 4	0.416 8	1.552 7	−0.519 5
Ret_{t+1}	217	0.272 3	0.216 1	0.396 0	1.552 5	−0.465 1
$Intan$	136	0.044 4	0.024 5	0.061 2	0.422 3	0.000 2
$Deye$	328	0.051 7	0.024 4	0.083 9	0.667 9	0.000 0
Panel B:非高新技术企业组						
P	372	31.297 8	19.515	43.549 3	588.047 0	3.750 0
Ret	320	0.174 2	0.046 4	0.488 8	2.498 8	−0.627 6
Ret_{t+1}	221	0.239 6	0.098 0	0.483 8	2.498 4	−0.583 9
$Intan$	134	0.062 9	0.021 7	0.148 8	1.391 6	0.000 1
$Deye$	383	0.059 2	0.014 9	0.184 4	2.237 1	0.000 0

表 12-4　模型(3)主要变量描述性统计

变　量	观测数	均　值	中位数	标准差	最大值	最小值
Panel A:高新技术企业组						
$Gsale_t$	136	0.273 7	0.242 5	0.154 0	0.863 1	0.005 0
$Gsale_{t+1}$	85	0.287 7	0.251 5	0.149 9	0.828 3	0.025 0
Cap_Int	136	0.202 1	0.087 4	0.169 2	1.000 0	0.000 3
Panel B:非高新技术企业组						
$Gsale$	130	0.291 8	0.234 9	0.188 3	0.943 3	0.049 9
$Gsale_{t+1}$	73	0.273 9	0.208 2	0.191 1	0.943 3	0.050 0
Cap_Int	130	0.141 3	0.084 1	0.264 2	1.000 0	0.000 3

表 12-5　模型(4)变量描述性统计

变　量	观测数	均　值	中位数	标准差	最大值	最小值
DA	581	0.005 3	−0.001 3	0.103 0	0.506 1	−0.326 1
DE_Int	581	0.378 0	0.081 0	1.026 3	11.082 1	0.000 0
$Loss$	581	0.154 9	0.000 0	0.362 1	1.000 0	0.000 0

变　量	观测数	均　值	中位数	标准差	最大值	最小值
ΔEps	581	0.223 3	0.157 6	0.294 7	2.331 1	−0.758 9
$Size$	581	21.078 9	20.917 6	1.401 0	26.467 8	18.561 5
$Share$	581	0.356 2	0.337 5	0.1550	0.838 3	0.052 1
$Hite$	581	0.457 8	0.000 0	0.498 6	1.000 0	0.000 0

表 12-5 统计数据显示，DE_Int 的均值为 37.80%，中位数为 8.10%，两者相差较大，主要是受到最大值（1 108.21%）的影响。从中位数看，选择 R&D 支出资本化会计政策的上市公司，将当期发生的 R&D 支出进行资产化的做法对营业利润的提升幅度在 8% 左右。

二、回归结果与分析

表 12-6 为模型（1）回归结果。其中，高新技术企业组的 $Intan$ 系数在 1% 水平上显著为正，说明市场认同高新技术企业的资本化 R&D 支出；非高新技术企业组 $Intan$ 系数虽然也为正，但并不显著，这与刘斌、李翔的研究结论一致；从样本整体来看，$Intan$ 系数在 10% 水平上显著为正，表明市场总体对资本化 R&D 支出信息持肯定态度。而对于 $Deye$，市场都予以负面评价，但系数不显著。这在一定程度上说明市场对这部分可能形成未来无形资产的开发支出表示怀疑。由于研发活动的巨大不确定性以及我国资本市场上普遍存在的盈余管理现象，投资者倾向于将这部分支出视作"费用"而非"资产"。以价格模型检验资本化 R&D 支出的短期市场反应证实了假说 1.1。

表 12-6　模型（1）回归结果

变　量	P		
	全样本	高新企业组	非高新企业组
常数项	72.202 0*** (5.71)	79.442 2*** (5.52)	34.098 8** (1.82)
$Intan$	9.231 5* (1.68)	32.195 2*** (3.20)	2.178 4 (0.91)
$Deye$	−3.330 3 (−0.96)	−2.196 5 (−0.35)	−3.043 1 (−0.48)
Eps	13.578 3*** (8.27)	15.533 4*** (7.11)	13.792 4*** (5.06)

（续表）

变　量	P		
	全样本	高新企业组	非高新企业组
$Bvps$	1.743 9***	1.589 8***	1.415 2***
	(6.56)	(3.67)	(4.04)
$Size$	−2.843 9***	−3.818 0***	−1.498 8*
	(−4.98)	(−5.66)	(−1.72)
Lev	5.752 2	2.070 4	−1.125
	(1.64)	(0.48)	(−0.18)
$TobinQ$	1.982 5***	0.613 4*	2.734 5***
	(5.00)	(1.77)	(3.62)
$Indus$	控制	控制	控制
$Year$	控制	控制	控制
调整 R^2	64.10%	67.51%	57.54%
F 值	16.58***	17.90***	14.86***
观测值	711	328	383

注：*，** 和 *** 分别为在10%，5%和1%水平上显著。括号内为 t 值。

表 12-7 为模型（2）回归结果。发现同期收益率 Ret_t 与资本化 R&D 支出 $Intan$ 虽然正相关，但系数不显著；与短期市场反应相同，$Deye$ 系数为负，也不显著。这样的结果不论高新技术企业组还是非高新技术企业组都一样。原因可能在于我国上市公司中期财务报告只披露资产化 R&D 支出余额，其增减变动情况要等到次年年报报出时才揭晓，这就导致投资者无法及时获取被投资公司研发信息，因此同期收益率与资本化 R&D 支出没有表现出显著的正向关系。当以下一期收益率（Ret_{t+1}）为因变量时，发现样本总体 $Intan$ 系数转为显著，其中高新技术企业组系数的显著水平为5%，非高新技术组企业系数不显著。$Deye$ 系数全样本和高新技术企业组样本则转为非显著的正向关系。

表 12-7　模型（2）回归结果

变量	Ret_t			Ret_{t+1}		
	全样本	高新组	非高新组	全样本	高新组	非高新组
常数项	0.050 4**	1.136 0**	0.321 2	−0.005 9	−0.275 9	−0.332 5
	(1.98)	(2.22)	(0.64)	(−0.16)	(−0.46)	(−0.29)

变量	Ret$_t$			Ret$_{t+1}$		
	全样本	高新组	非高新组	全样本	高新组	非高新组
Intan	0.011 3 (0.76)	0.197 3 (0.41)	0.196 0 (0.83)	0.055 6* (1.69)	0.359 6** (2.01)	1.200 0 (0.88)
Deye	−0.004 0 (−0.58)	−0.248 5 (−0.94)	−0.035 5 (−0.33)	0.017 4 (1.04)	0.621 7 (1.39)	0.210 7 (1.24)
Roe	0.026 1*** (2.74)	0.161 1 (0.73)	0.425 7** (2.59)	−0.033 4** (−2.24)	−1.069 1* (−1.88)	−0.653 6* (−1.90)
ΔRoe	0.015 9* (1.70)	0.427 0** (1.93)	0.156 7 (0.89)	0.062 9*** (3.15)	0.882 7* (1.82)	1.452 7*** (3.00)
Size	−0.002 7** (−2.28)	−0.055 8** (−2.32)	−0.030 8 (−1.35)	−0.000 4 (−0.25)	0.014 7 (0.56)	−0.003 8 (−0.07)
Lev	0.024 3*** (3.35)	0.176 5*** (3.22)	0.511 3*** (3.70)	0.017 8 (1.28)	0.009 0 (0.23)	0.337 7 (0.91)
TobinQ	0.004 5*** (5.67)	0.033 1** (2.10)	0.081 2*** (5.16)	0.005 0*** (4.83)	0.034 2* (1.73)	0.086 4*** (3.44)
Indus	控制	控制	控制	控制	控制	控制
Year	控制	控制	控制	控制	控制	控制
调整 R^2	33.43%	32.61%	43.71%	32.05%	40.75%	35.98%
F 值	15.74***	10.04***	15.57***	12.42***	7.19***	8.63***
观测值	620	300	320	437	217	220

注：*，** 和 *** 分别为在 10%，5% 和 1% 水平上显著。括号内为 t 值。

表 12-8 为模型（3）回归结果。发现高新技术组 Cap_Int 与同期销售毛利率（Gsale$_t$）没有显著的正向关系，而非高新技术组在 5% 水平上显著为正，样本总体正向关系不显著。我们认为可能的原因源自 2008 年执行高新技术企业认定工作后，高新技术企业所处行业和相关研发活动（项目）、机构、人员以及投入上有明确的要求，被认定的高新技术企业多属于战略新兴行业或国家重点扶持的产业，研发难度和投入较非高新技术企业更大、研发周期则更长，因而研发成果不一定在投入当期就表现出明显的绩效；而非高新技术企业的研发活动相对周期短、创新程度低，多为对现有产品和技术的改良，所处行业已趋饱和、经营渠道稳定，因此当期资本化 R&D 支出就已显示出效果。当检验 Cap_Int 与滞后一期经营业绩（Gsale$_{t+1}$）的关系时，结果发生了改变：

高新技术企业组表现出显著的正相关关系,非高新技术企业组仍然保持了 5% 水平上的正相关关系;整体上,当年资本化 R&D 支出与下一年经营业绩呈显著的正向关系。这与周亚虹、许玲丽以及罗婷等的发现一致,假说 1.2 成立。

表 12-8　模型(3)回归结果

变　量	$Gsale_t$			$Gsale_{t+1}$		
	全样本	高新组	非高新组	全样本	高新组	非高新组
常数项	0.383 1** (2.10)	0.706 7*** (3.82)	−0.211 6 (−0.70)	0.222 5*** (4.44)	1.247 0*** (4.43)	0.443 0 (0.89)
Cap_Int	0.044 8 (1.14)	0.029 9 (0.82)	0.128 1** (2.31)	0.103 9** (2.10)	0.109 3* (1.79)	0.184 3** (2.15)
$Size$	−0.004 (−0.90)	−0.024 3*** (−2.68)	0.032 7** (2.25)	−0.028 2*** (−2.85)	−0.038 4*** (−2.67)	−0.028 3 (−1.24)
Lev	−0.358 6*** (−6.62)	−0.1411** (−2.19)	−0.594 2*** (−7.40)	−0.354 3*** (−4.76)	−0.322 8*** (−3.48)	−0.4321*** (−4.45)
$TobinQ$	0.017 8*** (2.99)	0.022 7*** (3.61)	0.011 6 (1.00)	0.033 5*** (3.75)	0.036 6 (0.92)	0.034 9 (1.20)
$Share$	0.146 1*** (2.65)	0.153 5*** (2.67)	0.102 2 (1.16)	0.019 4 (0.54)	0.033 6 (0.45)	0.131 6 (1.21)
$Area$	0.022 4 (1.05)	0.050 7** (2.15)	0.026 4 (0.74)	−0.017 0 (−0.52)	0.052 3 (1.35)	0.034 8 (0.68)
$Indus$	控制	控制	控制	控制	控制	控制
$Year$	控制	控制	控制	控制	控制	控制
调整 R^2	51.48%	62.50%	48.48%	33.59%	35.50%	32.92%
F 值	11.41***	17.07***	7.29***	6.47***	5.20***	3.93**
观测值	266	136	130	158	85	73

注:*,** 和 *** 分别为在 10%,5% 和 1% 水平上显著。括号内为 t 值。

表 12-9 为模型(4)回归结果。回归结果显示,DE_Int 与操控性应计水平(DA)呈正向关系,并在 10% 水平上显著,说明公司管理层有动机提前将发生的 R&D 支出划入开发阶段或推迟将不符合资本化条件的 R&D 支出转为费用,以形成账面资产,调高当期利润,进行盈余管理。假说 2 得以证实。扭亏变量($Loss$)与盈余管理程度在 10% 水平上显著负相关,利润平滑变量(ΔEps)与盈余管理程度在 1% 水平上显

著正相关,表明上市公司为实现扭亏和平滑利润进行了盈余管理。这与已有研究如陆正飞和魏涛、叶建芳等的结论一致。另外,规模 *Size* 系数显著为负,表明公司规模越大,盈余管理程度越低。这可能与公司规模越大,其财务管理制度更为规范、执行也更加严格,因此降低了盈余管理的可能性有关;当然也有可能与大公司的政治要求有关,其有业绩上的需求。*Share* 系数在 5％水平上显著为负,表明我国上市公司第一大股东对公司盈余管理行为能产生重大影响。*Hite* 虚拟变量系数在 10％水平上显著负相关,说明非高新技术企业的盈余管理行为比高新技术企业更严重,这可能缘于 2008 年年底开始实施的高新技术企业认定办法相比以前的规定更严格,审批手续须经管辖公司的各省、市、区的科技、财政和税务部门共同把关,因此公司提供的财务信息可靠性相对较高。

表 12-9　模型(4)回归结果

变量	*DA*	*t* 值
常数项	0.190 1**	2.49
DE_Int	0.006 9*	1.68
Loss	−0.024 6*	−1.87
ΔEps	0.046 7***	4.51
Size	−0.006 6*	−1.69
Lev	−0.028 8	−1.08
Share	−0.069 4**	−2.41
Hite	−0.015 3*	−1.70
Indus	控制	
Year	控制	
调整 R^2	8.75％	
F 值	3.77***	
观测值	581	

注:＊,＊＊和＊＊＊分别为在 10％,5％和 1％水平上显著。

　　三、稳健性检验

　　我们对模型(1)和模型(2)做了如下稳健性测试:①股价(P)取财务报告报出日的收盘价。②用超额累积收益率代替股票收益率

(RET)，超额累积收益率的算法是：$[\prod(1+return_{i,j})-\prod(1+return_{m,j})]$，$return_{i,j}$为$i$公司$j$月考虑现金红利再投资因素后的个股月报酬率，$return_{m,j}$为分市场的$j$月报酬率。替换变量后的检验结果均未发生改变。

第五节 本章结论

本章以2007—2010年披露年开发支出的公司为样本，研究发现资本化R&D支出，即当期研发成功所形成的无形资产与年度财务报告披露日的股价显著正相关，并且与滞后1年的股票收益率显著正相关，在高新技术企业中表现尤为明显。对于资产化R&D支出余额的长短期市场反应则为负，但不显著。进一步发现，资本化R&D支出对非高新技术企业当期和滞后一期的销售毛利率具有显著的提升作用，而对高新技术企业销售毛利率的显著提升作用在滞后一期才体现。本章的经验证据总体上表明资本化R&D支出是管理层向市场传递"私人信息"的真实信号，并为投资者捕获。资产化R&D支出与公司操控性应计水平呈显著正相关关系，表明资产化R&D支出加重了盈余管理，管理层存在提前确认R&D资产以调节盈余的现象。资本化R&D支出和资产化R&D支出在本质上有所区别：资本化R&D支出主要起信号传递的作用，资产化R&D支出则扮演了盈余管理的角色。

为了更好地发挥R&D资本化政策的信号传递作用，降低公司管理层利用准则空间进行盈余操纵，我们认为，监管层应进一步规范上市公司关于R&D信息的披露要求，如要求企业明确制定划分研究阶段和开发阶段的界限、明确披露在研项目的进展程度、披露本期R&D支出对损益和资产价值的影响等，提高R&D资本化政策下信息的可靠性和相关性。

参 考 文 献

薛云奎，王志台.2001.R&D的重要性及其信息披露方式的改进[J].会计研究，(3)：20-27.

李莉，曲晓辉，肖虹.2013.R&D支出资本化：真实信号传递或盈余管理?[J].审计与经济研究(1)：60-69.

刘斌,李翔.2010.R&D信息披露的市场反应研究[J].技术经济,29(3):5-12.

许罡.2011.企业研发支出资本化和费用的价值研究[J].统计与决策,(12):56-58.

叶建芳,刘大禄.2008.从大族激光公司看研发支出的处理[J].财政监督,(9):67-68.

许罡,朱卫东.2010.管理当局、研发支出资本化选择与盈余管理动机——基于新无形资产准则研发阶段划分的实证研究[J].科学学与科学技术管理,(9):39-43.

王艳,冯延超,梁莱歆.2011.高科技企业R&D支出资本化的动机研究[J].财经研究,37(4):103-111.

魏涛,陆正飞,单宏伟.2007.非经常性损益盈余管理的动机、手段和作用研究[J].管理世界,(1):113-121.

程小可,孙健,姚立杰.2010.科技开发支出的价值相关性研究——基于中国上市公司的经验证据[J].中国软科学,(6):141-150.

罗婷,朱青,李丹.2009.解析R&D投入和公司价值之间的关系[J].金融研究,(6):100-110.

徐莉萍,辛宇,陈工孟.2006.控股股东的性质与经营绩效[J].世界经济,(10):78-88.

樊纲,王小鲁,朱恒鹏.2010.中国市场化指数——各地区市场化相对进程2009年报告[M].北京:经济科学出版社,4-48.

文芳.2010.产权性质、债务来源与企业R&D投资——来自中国上市公司的经验证据[J].财经论丛,(3):16-26.

夏立军.2003.盈余管理计量模型在中国股票市场的应用研究[J].中国会计与财务研究,5(2):94-122.

张菊香.2007.基于动机视角的盈余管理文献综述[J].审计与经济研究,(6):60-65.

王化成,佟岩.2006.控股股东与盈余质量——基于盈余反应系数的考察[J].会计研究,(2):66-74.

邵红霞,方军雄.2006.我国上市公司无形资产价值相关性研究——基于无形资产明细分类信息的再检验[J].会计研究,(12):25-32.

周亚虹,许玲丽.2007.民营企业R&D投入对企业业绩的影响——对浙江省桐乡市民营企业的实证研究[J]. 财经研究,33(7): 102-112.

王跃堂. 2000. 会计政策选择的经济动机——基于沪深股市的实证研究 [J]. 会计研究,(12):31-40.

AHMED K, FALK H. 2006. The value relevance of management's research and development reporting choice: Evidence from Australia [J]. Journal of Accounting and Public Policy, (25): 231-264.

AHMED K, FALK H. 2009. The riskiness of future benefits: The case of capitalization of R&D and capital expenditures [J]. Journal of International Accounting Research, 8(2): 45-60.

LEV B, SOUGIANNIS T. 1996. The capitalization, amortization, and value-relevance of R&D [J]. Journal of Accounting and Economics, (21): 107-138.

SMITH D, PERCY M, RICHARDSON G. 2001. Discretionary capitalization of R&D: Evidence on the usefulness in an Australian and Canadian context [J]. Advances in International Accounting, 14: 15-46.

OSWALD D R. 2008. The determinants and value relevance of the choice of accounting for research and development expenditures in the United Kingdom [J]. Journal of Business Finance & Accounting, 35(1&2): 1-24.

MATOLCSY Z, WYATT A. 2006. Capitalized intangibles and financial analysts[J]. Accounting and Finance, 46(3): 457-479.

ANAGNOSTOPOULOU S C. 2010. Does the capitalization of development costs improve analyst forecast accuracy? Evidence from the UK [J]. Journal of International Financial Management & Accounting, 21(1): 62-83.

MARKARIAN G, POZZA L, PRENCIPE A. 2008. Capitalization of R&D costs and earnings management: Evidence from Italian listed companies [J]. The International Journal of Accounting, (43): 246-267.

CAZAVAN-JENY A, JEANJEAN T, JOOS P. 2011. Accounting choice and future performance: The case of R&D accounting in France [J]. Journal of Accounting and Public Policy, 30(2): 145-165.

ABOODY D, LEV B. 1998. The value relevance of intangibles: The case of software capitalization [J]. Journal of Accounting Research, 36(Supplement):161-191.

WYATT A. 2008. What financial and non-financial information on intangibles is value relevant? A review of the evidence [J]. Accounting and Business Research, 38(3): 217-256.

EDMANS A. 2011. Does the stock market fully value intangibles? Employee satisfaction and equity prices [J]. Journal of Financial Economics, 101(3): 621-640.

CHAMBERS D, JENNINGS R. THOMPSON II R B. 2001. Excess returns to R&D-intensive firms [J]. Review of Accounting Studies, 2001, 7(2-3): 133-158.

CHAN H W H, FAFF R W, GHARGHORI P, HO Y K. 2007. The relation between R&D intensity and future market returns: Does expensing versus capitalization matter? [J]. Review of Quantitative Finance and Accounting, 29(1): 25-51.

OHISON J A. 1995. Earnings, book values, and dividends in equity valuation [J]. Contemporary Accounting Research, 11(2): 661-687.

EASTON P D, HARRIS T. 1991. Earnings as an explanatory variable for returns [J]. Journal of Accounting Research, 29(1): 19-36.

SHLEIFER A, VISHNY R. 1986. W. Large shareholder and corporate control [J]. Journal of Political Economy, 94(3): 461-488.

FAN J P H, WONG T J. 2002. Corporate ownership structure and the informativeness of accounting earnings in East Asia [J]. Journal of Accounting and Economics, 33(3): 401-425.

233

第五篇

会计准则趋同的经济后果研究

第十三章　会计准则趋同的经济后果

——基于境外投资和市场流动性的经验证据[①]

我国 2006 年发布的《企业会计准则》实现了与 IFRS 的实质性趋同，自 2007 年起在上市公司执行，其执行效果及经济后果如何一直备受瞩目。IFRS 以其被 IASB 所赋予的"能吸引外国投资者投资、降低资本成本以及提高财务报告信息质量"的特点被广泛推崇。国外已有大量文献从资本成本以及信息质量方面探讨 IFRS 在欧洲各国实施的经济后果，还有一些文献从契约角度研究了 IFRS 实施的后果。

我们以 2005—2009 年中国上市公司为研究样本，主要检验了企业会计准则（2006）的实施是否吸引了境外投资者的投资，是否提高了市场流动性。这既是对 IFRS 对各国准则与其趋同宣言的一个验证，也是大多数国家采用 IFRS 的初衷。会计准则的趋同如果能提高信息质量，或是投资者预期准则的趋同能提高信息质量，这势必会增强投资者信心，吸引更多资本注入（包括外资资本），从而提高市场流动性。我们分别引入了 QFII 投资比例和投资绝对额代表外资资本，以改进的 Amivest 流动性指标、换手率和相对买卖差价代表市场流动性。有关与国际准则趋同的国家会计准则对资本成本和市场流动性影响方面的研究，国外文献也鲜有提及，国内基本上还未发现。Daske 等（2008）研究了各国强制采用 IFRS 是否提高了市场流动性，我们从更直观的视角研究我国企业会计准则（2006）与 IFRS 的趋同是否真正吸引了更多的境外投资，以及提高了市场的流动性。

第一节　研究假说

现有的文献研究了采用 IFRS（或向 IFRS 趋同）能否提高盈余质量、

[①] 孙雪娇.境外投资、市场流动性与准则趋同[J]. 山西财经大学学报，2011（9）：108-115.

提高会计盈余的价值相关性,以及是否降低了资本成本,本章从准则趋同经济后果更为直接的视角研究趋同对境外融资的影响。我国资本市场是世界上最大的资本市场之一,作为新兴的资本市场,我国需要来自境内外的投资,以活跃并增强市场流动性。作为新兴资本市场,投资者保护的法律还不是很健全,为了保持资本市场的稳定,资本项目尚未完全开放。2002 年,中国证监会和中国人民银行联合发布了《境外机构投资者境内证券投资管理暂行办法》,允许"合格的境外机构投资者"(以下简称 QFII)投资于我国的资本市场,这是资本市场的一种过渡性安排,也是我国 A 股市场吸引外资的最主要形式。我们接下来的研究假说基于一个前提,即投资者预期企业会计准则(2006)的实施能提高财务报告的质量。准则趋同带给投资者的信号是财务报告质量的提高和信息不对称的减少,这样的信号传递一般会对未来有好的预期,会吸引更多的投资,尤其是跨境资本。Covrig,DeFond 和 Hung(2007)研究发现,自愿采用 IFRS 降低了投资者对本土准则的偏好(home bias),有利于投资者跨境投资,实现资本市场的国际化。Bradshaw 等(2004)认为准则的多样化是跨境投资的主要障碍,投资者更偏好于投资他们所熟悉的按本国准则编报的公司(home bias)。因此我们提出以下假说:

假说 1:企业会计准则的变迁(即准则趋同)与 QFII 投资正相关。

市场流动性主要受以下方面的影响:信息披露制度、证券交易机制及特征、政策及重大事件、市场和公司结构层面等。其中企业会计准则(2006)的颁布既可以说是政策变更,又是资本市场上信息披露制度的重大改变,因此我们继续提出以下假说:

假说 2:企业会计准则的变迁(即准则趋同)引起了市场流动性的提高。

第二节　研究设计

一、研究思路

(一)以年度为基础的准则趋同对境外投资者影响的研究

首先,我们确定了所要研究的 2 个关键时间段:第一个研究时间段是企业会计准则颁布的前后 2 年 2005 年和 2007 年;第二个研究时间段是准则实施前后,即实施前 2005 年、2006 年和实施后 2007—2009年。投资本身就是投资者对信息预期的现实反应,是对信息的预期评估在当前所采取的实际行动(投资或不投资),既可以是对一个事件短时间的反应,也可以是长时间的持续反应。如投资者在 2006 年准则颁布时可能会预期中国资本市场的信息质量将会因执行了更高质量的会计准则而得到提高,在当期增加投资,但过一段时间后,投资者会根据准则实施后的效果改变预期。因此,我们将研究时间分为两段。

其次,对自变量 QFII,我们选了 2 个变量代表。在控制变量的选择上,Dahlquist 等(2001)研究了瑞士上市公司,发现外国投资者更倾向于投资那些规模相对较大、发放股利相对较少以及现金流较大的公司,不倾向于一股独大的上市公司。Aggarwal 等(2005)研究发现美国共同基金投资于新兴资本市场时倾向投资于高质量会计准则、投资者保护和法律规定相对健全的国家。基于以上研究,我们在研究时,同时加入了以下控制变量[主要参照 Dahlquist et al. (2001)]:公司规模($SIZE$)、每股股利(DPS)、资产负债率(D/A)、总资产利润率(ROA),以及成长能力($GROWTH$)、股权集中度($CON10$)、是否是"四大"会计师事务所审计($BIG4$)以及稳健性检验时加入了股改的控制变量($GUGAI1$ 和 $GUGAI2$)。变量定义详见表 13-1。

239

表 13-1 变 量 定 义

变 量	定 义
因变量:	
$VALUE$	i 公司拥有的 $QFII$ 投资资金,$VALUE = \sum$ 季度 $QFII$ 资金$/4$
$RATIO$	i 公司拥有的 $QFII$ 持股比例,$RATIO = \sum$ 季度持股$/4/$总流通股
自变量:	
$ADOPT$	是否采用了企业会计准则(2006),对样本区间 1,当 $year = 2007$ 年时 $ADOPT = 1$;当 $year = 2005$ 年时 $ADOPT = 0$。对样本区间 2,当 $year = 2007$—2009 年时 $ADOPT = 1$;当 $year = 2005$、2006 年时 $ADOPT = 0$
NHB	是否同时发行 B 股或 H 股,当没有同时发行 B 股或 H 股时 $NHB = 1$;否则 $NHB = 0$
$ADOPT \times NHB$	$ADOPT \times NHB = 1$ 代表既采用了企业会计准则(2006)又只发行 A 股的公司(即没同时发行 B 股或 H 股)
控制变量:	
$\text{Log}(SIZE)$	公司 i 期末总资产的自然对数
LEV	带息债务$/$股权价值
D/A	资产负债率
ROA	总资产利润率
ROE	净资产利润率

（续表）

变　　量	定　　义
GROWTH	营业收入同比增长率
DPS	每股股利（税前）
*CON*10	股权集中度，*CON*10＝前十大股东持股比例
*BIG*4	是否是四大审计，如果是 *BIG*4＝1，否则为 0
*GUGAI*1	哑变量，到 2005 年年底已经股改的公司 *GUGAI*1＝1，否则为 0（包括 2005 以后股改和未股改的公司）
*GUGAI*2	哑变量，到 2006 年年底已经股改的公司 *GUGAI*2＝1，否则为 0
Industry	哑变量，按证监会标准分为 12 个行业

第三，对于样本和模型"噪音"的控制，我们在验证假说时，把样本分为两组：一组是只发行 A 股的 815 家样本公司，我们称为研究样本组（treatment sample）；另一组为既发行 A 股又同时发行 B 股或 H 股的上市公司 85 家，我们称为对照样本组（benchmark sample）。因为同时发行 B 股或 H 股的上市公司准则变更前就已披露按 IFRS 编制的财务报告，如果准则趋同确实能吸引境外投资者投资，那么变量 $ADOPT \times NHB$ 就应该是显著的，说明境外投资者投资针对于只发行 A 股的上市公司准则趋同而言会有显著增加，采用对照组的方法剔除了境外投资者投资显著增加是由于年度变化所引起的"噪音"。

第四，在敏感性检验中，我们加入了股改的控制变量（*GUGAI*1 和 *GUGAI*2）。其中 *GUGAI*1 控制样本为 2005 年、2007 年的模型，*GUGAI*2 控制样本为 2005—2009 年的模型。因为股改的时间和企业会计准则变更的时间同时发生在样本时间段，所以要控制该变量以期结果更具说服力。

（二）以月度为基础的准则趋同对市场流动性影响的研究

第一，在研究的时间段上，为剔除股改，文章采用的样本公司都是在 2006 年 10 月前就完成股改并复盘的公司。为避免 2006—2007 年 8 次加息对市场流动性的冲击，我们选取了 2006 年 10 月至 2007 年 2 月为研究时间，并且是以月度数据为研究基础。

第二，流动性是一个具有多维度的概念，对于流动性指标的选取，国内外已有较多的研究成果，我们选取了稍作改进的 Amivest（*adjusted-Amivest*）流动性指标、相对买卖差价（*Bid-Ask Spread*）及换手率（*Turnover*）作为因变量，基本上能涵盖市场流动性的深度、宽度和即时性。指标构成如下：

$$Adjusted\text{-}Amivest = \frac{1}{D_{it}} \sum \frac{Rvolume}{VOLA}$$

其中 $Rvolume$ 是第 i 支股票的第 t 日成交额；$VOLA = \frac{(P_{high} - P_{low})}{(P_{open} + P_{dose})/2}$；$P_{high}$，$P_{low}$，$P_{open}$ 和 P_{dose} 分别代表每个交易日的第 i 支股票的最高值、最低值、开盘价和收盘价；$Bid\text{-}Ask\ Spread = \frac{(P_{high} - P_{low})}{(P_{high} + P_{low})/2}$；换手率是基于流通股的月均换手率。

第三，对于控制变量，根据国内外文献，Franz(1995)，Brockman(1999)等都研究发现交易量、波动性、价格水平、股权结构等会影响市场流动性，因此，我们加入了月交易量($VOLUME$)、月均价($PRICE$)、流通 A 股数($OUTSHARE$)、流通股市值($MPRICE$)、股权集中度(前十大股东持股比例 $CON\ 10$)作为控制变量。

二、样本选取及研究模型

本章数据主要来源于万德(WIND)和国泰安(CSMAR)数据库。在对外资资本的研究中，选取了中国沪深两市 A 股全部上市公司 2005—2009 年数据作为初始样本，为研究相同公司在 2005—2009 年准则变化的经济后果，本章采用 2005—2009 年的面板数据，并作以下剔除：首先剔除金融保险类上市公司；其次是 ST 类上市公司；再次是财务数据缺失和资产负债率大于 1 的上市公司。在对市场流动性的研究中，我们选取了 2006 年 10 月至 2007 年 2 月的面板数据，同样是做了以上剔除。

为检验假说，设置如下模型：

QFII 方程：

$$QFII = \beta_0 + \beta_1\ ADOPT \times NHB + \sum \beta_j\ controls_j + \varepsilon$$

Liquidity 方程：

$$Liquidity = \beta_0 + \beta_1\ ADOPT \times NHB + \sum \beta_j controls_j + \varepsilon$$

第三节 实证结果与分析

一、描述性统计

描述性统计结果见表 13-2～表 13-6。

表 13-2　QFII 方程 2005 年和 2007 年描述性统计

变量	样本数	均值	标准差	最小值	1/4分位	1/2分位	3/4分位	最大值	偏度
VALUE	1 800	1 605.81	12 497.9	0	0	0	0	466 667	29.690
RATIO	1 800	0.004	0.015	0	0	0	0	0.199	6.562
NHB	1 800	0.906	0.293	0	1	1	1	1	−2.776
SIZE(亿)	1 800	291.1	3 305.39	0.41	11.06	21.59	46.54	8 684.28	20.204
D/A	1 800	0.511	0.182	0.013	0.387	0.521	0.639	0.984	−0.140
GROWTH	1 800	0.284	1.550	−1	0.027	0.162	0.313	45.518	21.450
ROA	1 800	0.250	3.363	−1.384	0.004	0.024	0.081	112.863	29.064
DPS	1 800	0.084	0.138	0	0	0.030	0.110	2	4.027
CON10	1 800	0.580	0.139	0.133	0.487	0.594	0.676	0.969	−0.26
BIG4	1 800	0.068	0.251	0	0	0	0	1	3.442
GUGAI1	1 800	0.206	0.404	0	0	0	0	1	1.458

表 13-3　QFII 方程 2005—2009 年描述性统计

变量	样本数	均值	标准差	最小值	1/4分位	1/2分位	3/4分位	最大值	偏度
VALUE	4 500	1 543.25	10 793.3	0	0	0	0	466 667	25.15
RATIO	4 500	0.004	0.014	0	0	0	0	0.199	6.463
NHB	4 500	0.906	0.292	0	1	1	1	1	−2.774
SIZE(亿)	4 500	353.2	3 983.51	0.41	12.34	24.40	54.48	11 785.1	20.491
D/A	4 500	0.515	0.183	0.013	0.388	0.525	0.644	0.984	−0.163
GROWTH	4 500	1.13	56.42	−1	0.022	0.160	0.348	3 784	67.043
ROA	4 500	0.203	2.451	−1.689	0.003	0.021	0.083	112.863	34.791
DPS	4 500	0.068	0.132	0	0	0	0.100	3	5.962
CON10	4 500	0.559	0.145	0.113	0.459	0.569	0.660	0.974	−0.124
BIG4	4 500	0.068	0.251	0	0	0	0	1	3.440
GUGAI2	4 500	0.898	0.303	0	1	1	1	1	−2.627

　　由表 13-2 和表 13-3 的描述性统计可知,各年样本公司拥有 QFII 投资情况如下:2005 年 154 家(占总公司数的 17.11%),2006 年 244 家(27.11%),2007 年 274 家(30.44%),2008 年 165 家(18.33%),2009 年 242 家(26.89%)。两段样本区间投资比例平均为 0.4%,只发行 A 股的样本公司占样本的 90.6%。

表 13-4 Liquidity adjusted-Amivest 方程描述性统计

变量	样本数	均值	标准差	最小值	1/4 分位	1/2 分位	3/4 分位	最大值	偏度
Adjusted-Amivest	2 015	2 529 829 444	4 155 270 840	131 635 378	784 662 498	1 418 713 730	2 939 793 652	76 879 988 755	9.929
OUTSHARE	2 015	257 263 433	509 258 808	300 960 00	911 917 47	168 480 000	272 845 408	832 000 000	11.476
CON10	2 015	53.449	13.584	19.701	43.830	54.140	63.410	93.340	-0.088
PRICE	2 015	7.699	5.612	1.943	4.201	5.967	9.131	63.349	2.829
MPRICE	2 015	1 834 485 878	3 227 445 148	125 979 525	526 798 107	939 983 200	1 885 291 200	44 039 987 799	6.914
VOLUME	2 015	198 649 531	459 616 593	0	530 009 07	106 597 365	218 061 772	10 222 115 997	14.317

表 13-5 Liquidity Bid-Ask Spread 方程描述性统计

变量	样本数	均值	标准差	最小值	1/4 分位	1/2 分位	3/4 分位	最大值	偏度
Bid-Ask Spread	2 260	0.012	0.004	0.003	0.009	0.012	0.015	0.025	0.306
OUTSHARE	2 260	293 342 139	611 818 522	30 096 000	93 477 970	169 387 231	287 243 503	8 320 000 000	8.535
CON10	2 260	53.827	14.058	19.701	43.850	54.330	63.700	93.340	-0.010
PRICE	2 260	7.984	6.270	1.943	4.255	6.025	9.343	63.349	3.125

（续表）

变量	样本数	均值	标准差	最小值	1/4 分位	1/2 分位	3/4 分位	最大值	偏度
MPRICE	2 260	2 412 392 525	6 069 466 361	125 979 525	529 737 758	98 452 835	203 243 782	85 291 393 776	7.929
VOLUME	2 260	213 370 733	468 827 892	0	54 306 978	108 668 765	224 432 008	10 222 115 997	12.541

表 13-6　Liquidity turnover 方程描述性统计

变量	样本数	均值	标准差	最小值	1/4 分位	1/2 分位	3/4 分位	最大值	偏度
Turnover	4 750	4.071	2.455	0.465	2.239	3.597	5.468	46.030	2.481
OUTSHARE	4 750	224 699 960	385 763 538	11 133 130	83 850 000	141 952 893	249 710 760	8 320 000 000	12.460
CON10	4 750	54.355	13.741	13.480	44.950	54.990	63.980	93.880	-0.070
PRICE	4 750	8.254	7.052	1.914	4.355	6.151	9.570	99.156	4.297
MPRICE	4 750	1 717 069 019	3 127 152 054	69 834 322.56	512 978 582	894 534 844	1 734 719 692	57 632 849 267	8.097
VOLUME	4 750	173 579 792	331 849 101	115 144	49 905 148	98 631 627	199 080 932	10 222 115 997	16.611

244

二、QFII 的 difference—in—difference analysis 及回归分析

QFII 的 difference-in-difference analysis 分析见表 13-7。

表 13-7　2005 年和 2007 年 QFII 值的 difference-in-difference 分析①

变量		2005 年准则颁布前	2007 年准则颁布后	2007—2005	t 检验（P 值）
VALUE	只发行 A 股上市公司（a）	0.471 4	1.010 3	0.538 8***	0.000 0
	同时发行 B 股或 H 股上市公司（b）	0.795 1	1.289 3	0.494 2**	0.014 7
	a—b	−0.323 7	−0.279 0	0.044 7	0.828 8
RATIO	只发行 A 股上市公司（a）	0.002 7	0.005 0	0.002 2***	0.000 1
	同时发行 B 股或 H 股上市公司（b）	0.011 0	0.004 8	−0.006 2*	0.073 9
	a—b	−0.008 3	0.000 2	0.008 4**	0.017 1

注：**，*，*** 分别表示 10%，5% 和 1% 水平上显著。

通过对研究样本组（treatment sample）与对照组（benchmark sample）做双重差分分析，得出企业会计准则（2006）颁布前后无论是研究样本组还是对照组，投资于企业的 QFII 的绝对金额确实都有显著提高，但从投资比例上来看研究样本组 QFII 的投资比例显著增加，而对照组 QFII 的投资比例却有所降低，两组之间的变化差距是显著的，可以说明在不控制任何变量的前提下，可以初步得出准则趋同引起了 QFII 投资的显著变化。

表 13-8 分别提供了两个时间段的上市公司实施（或即将实施）企业会计准则（2006）与 QFII 的多元回归分析。② 由于各年有 QFII 投资的公司占样本比例较小（2005 年 17.11%，2006 2 年 7.11%，2007 年 30.44%，2008 年 18.33%，2009 年 26.89%），大多数样本值为 0，因此用 Tobit 回归进行分析。

———————————

① 2005—2009 准则实施前后的样本量不同，因此对此时间段样本没法做双重差分检验。

② 本章对 QFII 同一模型中各变量做了 *pearson* 和 *spearman* 相关系数检验，相关系数均在 0.6 以内，说明没有严重的多重共线性。

表 13-8　QFII　Tobit(fixed-industry)回归模型

因变量:VALUE	2005 年和 2007 年		2005—2009 年	
自变量	系数	χ^2值	系数	χ^2值
常数项	2.836 1**	5.21	4.681 9***	34.92
ADOPT×NHB	0.990 0***	37.02	0.398 3***	17.11
Log(SIZE)	0.351 1***	10.07	0.192 6**	7.41
ROA	0.347 5***	19.74	0.281 0***	50.20
D/A	−0.629 5*	6.93	−0.578 2***	15.85
GROWTH	0.476 7**	3.86	0.080 7	1.13
DPS	1.575 6***	14.12	1.701 4***	31.06
CON10	0.573 3	1.48	0.565 3*	3.59
BIG4	1.171 4***	32.15	1.132 1***	65.76
Industry	Control		Control	

注:*,**,*** 分别表示在 10%,5%和 1%水平上显著。

由表 13-8 可知,对于两段时间样本,ADOPT×NHB 与 VALUE 都显著正相关(0.5%的显著水平),支持了假说 1。说明对于只发行 A 股的公司来讲,准则颁布前后和实施前后,境外投资确实有显著提高。研究还发现,对于第一段时间样本,QFII 喜欢投资于规模较大(0.5%的显著水平),盈利能力(0.5%的显著水平)、成长能力(10%的显著水平)较高的公司,以及积极发放股利的公司(0.5%的显著水平),这和 Dahlquist 等(2001)研究的结果不同,可以解释为,对于一些新兴资本市场而言,投资者保护机制还较薄弱,发放股利可以作为对弱投资者保护机制的替代手段(La Porta,1998)。此外,QFII 还倾向于投资经"四大"会计师事务所审计的公司(0.5%的显著水平),这与我们的预期都相符,以及负债率相对较低的公司。对于第二段时间样本,结论基本一致,有些控制变量还表现得更为显著。

三、Liquidity 方程的回归分析[①]

表 13-9　Liquidity adjusted-Amivest 回归模型

因变量	lnadjusted-Amivest	
自变量	系数	T 值
常数项	1.900***	16.85

---

① Volume,outshare 和 mprice 两两间都存在多重共线性,因此以下方程都只采用了三者中的一个作为控制变量,另两个留作敏感性分析。

自变量	系数	T 值
$ADOPT \times NHB$	0.183 9***	19.73
ln$OUTSHARE$	0.858 0***	66.02
$CON10$	0.000 5	1.45
$PRICE$	0.023 1***	25.90
Industry	*control*	
Adj R-Sq	0.768 9	
F VALUE	292.35　（<.0001）	

注：*，**，*** 分别表示在 10%，5% 和 1% 水平上显著。

表 13-10　Liquidity Bid-Ask Spread 回归模型

因变量	Bid-Ask Spread	
自变量	系数	T 值
常数项	−0.013 3***	−12.14
$ADOPT \times NHB$	0.003 8***	33.10
l$VOLUME$	0.002 8***	22.25
$CON10$	0.000 01***	3.82
$PRICE$	0.000 1***	14.72
Industry	*control*	
Adj R-Sq	0.580 3	
F VALUE	136.71　（<.0001）	

注：*，**，*** 分别表示在 10%，5% 和 1% 水平上显著。

表 13-11　Liquidity turnover 回归模型

因变量	turnover	
自变量	系数	T 值
常数项	−11.056 4***	−17.11
$ADOPT \times NHB$	2.000 3***	30.38
ln$VOLUME$	1.816 4***	24.34
$CON10$	0.009 1***	4.01

（续表）

自变量	系数	T 值
PRICE	−0.056 4***	−12.49
Industry	*control*	
Adj . R-Sq	0.367 8	
FVALUE	121.11(<.0001)	

注：*，**，*** 分别表示在 10%，5%和 1%水平上显著。

由表 13 - 9、表 13 - 10 和 13 - 11 均得出 $ADOPT \times NHB$ 与 *Liquidity* 的三个指标都显著正相关（0.5%的显著水平），改进的 *AMIVEST* 指标（Adjusted－Amivest）和换手率（*Turnover*），验证了对于只发行 A 股的公司来讲，准则实施前后的几个月内，市场流动性得到了正向的提高。实际上，高质量的准则并不意味着高质量的信息，但是，高质量准则确实是高质量信息的必要非充分条件。新会计准则的颁布意味着信息披露制度的改变，尤其是新会计准则实现了与国际财务报告准则的实质性趋同，该事件可能提高了财务信息的质量，也可能带给境内外投资者对信息质量好的预期。但是对于相对买卖差价指标（*Bid-Ask Spread*），结论却正好相反，这可能是由于研究样本时期为 2006 年 10 月至 2007 年 2 月的月度数据，而这段时间恰好是股市由熊市转向牛市的转型期间，多数投资者在积极建仓而惜售。因此，绝大多数的流动性指标显示准则实施前后市场流动性得到了显著提高。

四、敏感性检验

为保证结果的稳健性，我们做了如下敏感性检验。

（一）改变自变量和控制变量及研究方法

1. 以年度为基础的 QFII 方程

我们将控制变量采用多种定义替代，如用净资产收益率替换总资产收益率，用资产负债率替代有息债务与权益比率等，结果仍没变。我们又控制了每个公司的个体效应（fixed firm-effect）进行回归，结果仍显著。

我们采用因变量 *VALUE* 和 *RATIO*，并加入 QFII 个数每年的累积数 *NOQFII* 作为控制变量，将研究方法改为面板数据回归方法进行回归（如表 13-12 所示），以 2005—2009 年为样本研究时段，$ADOPT \times NHB$ 均仍显著为正，研究结果稳健。

表 13-12　QFII 模型面板数据回归的稳健性检验

因变量	VALUE	RATIO
intercept	0.403 4	0.005 4
	(1.60)	(0.63)
ADOPT	−0.045 4	−0.007 8
	(−0.39)	(−1.21)
NHB	0.033 6	−0.005 4***
	(0.24)	(−3.86)
ADOPT×NHB	0.267 4**	0.007 7***
	(2.27)	(6.60)
$SIZE_{t-1}$	−0.033 1***	−0.000 2
	(−11.13)	(−0.88)
ROA_{t-1}	−0.001 9	−0.000 02
	(−0.38)	(−0.36)
$GROWTH_{t-1}$	0.001 1	1.615E-6
	(1.51)	(0.22)
DPS_{t-1}	0.941 7***	0.008 7***
	(5.71)	(5.32)
D/A_{t-1}	−0.005 1	−0.000 04
	(−0.41)	(−0.36)
CON10	0.693 1***	0.010 2***
	(3.60)	(5.29)
BIG4	0.813 8***	0.003 6**
	(5.74)	(2.49)
NO_{QFII}	−0.002 5**	−0.000 03
	(−2.11)	(−0.19)
fixed effects Adj R-Sq	industry 0.061 0	industry 0.033 4
No. of firms	900	900
No. of observations read	4 500	4 500

注：*，**，*** 分别表示在 10％，5％和 1％水平上显著。

2. 以月度为基础的 Liquidity 方程

由于 VOLUME，OUTSHARE 和 MPRICE 两两间都存在多重共线性，因此在模型中只加入了三者，其中一个作为控制变量，后两个也分别做了敏感性分析,$ADOPT \times NHB$ 对于 $Liquidity$ 3 个指标仍然都显著为正。

另外,文章还扩大了时间跨度,采用 2001—2010 年中国深沪两市的 A 股公司作为研究样本,并采用了非流动性指标 Price Impact(价格影响力)作为流动性的代理变量。其中 Price Impact 取当年日价格影响力的中值,而日价格影响力采用 Amihud(2002)的方法,用日价格变化的绝对值除以日交易额来计算。该指标的值越高,说明其股票价格变化受到交易额的影响越大,即该股票的流动性越差。结果仍是稳健的。

(二)剔除股权分置改革的影响

股权分置改革开始于 2005 年下半年,与企业会计准则(2006)颁布到实施的时间有一定重合。对于 QFII 方程,为了剔除股权分置改革的影响,我们在两个样本时间段分别加入了 2 个哑变量 $GUGAI1$ 和 $GUGAI2$(前文有定义),2005 年 900 家公司有 185 家完成了股改(20.56%),2006 年为止有 808 家完成股改(89.78%)。$GUGAI1$ 对于 2005 年和 2007 年的样本回归来说,和准则趋同哑变量($ADOPT$)不存在多重共线性,我们针对第一个样本区间(即在 2005 年和 2007 年的样本模型中加入 $GUGAI1$)做稳健性检验,结果依然能显著,且 $GUGAI1$ 并不显著,说明准则颁布前后,QFII 投资受股改的影响并不显著;但是对 2005—2009 年样本区间,$GUGAI2$ 和 $ADOPT$ 很可能存在多重共线性(89.78%的样本公司于 2006 年完成股改),不能放在一个模型里,因此将模型中的交乘项 $ADOPT \times NHB$ 换成 $GUGAI2 \times NHB$ 做回归,结果是并不显著(如表 13-13 所示),即已实施股改的样本处理组 QFII 变化并不显著。另外,在做敏感性检验时,文章也剔除了 2008 年金融危机影响,结果没变。

表 13-13　QFII 模型控制股改因素的稳健性检验

因变量	$VALUE$	$RATIO$
$Intercept$	0.100 7 (0.26)	−0.000 3 (−0.08)
$GUGAI2$	0.103 1 (0.31)	0.003 4 (1.01)

因变量	VALUE	RATIO
NHB	0.044 6 (0.13)	0.000 8 (0.24)
$GUGAI2 \times NHB$	0.158 5 (0.45)	$-0.001\,9$ (-0.54)
$SIZE_{t-1}$	$-0.032\,5^{***}$ (-10.91)	$-0.000\,2^{***}$ (-7.18)
ROA_{t-1}	$-0.000\,9$ (-0.18)	$-6.73\text{E-}6$ (-0.14)
$GRTH_{t-1}$	0.001 2 (1.60)	$1.454\text{E-}6$ (0.19)
DPS_{t-1}	$0.932\,5^{***}$ (5.62)	$0.008\,5^{***}$ (5.13)
D/A_{it-1}	$-0.002\,4$ (-0.19)	$-0.002\,1^{***}$ (-3.83)
$CON10$	$0.629\,2^{***}$ (3.28)	$0.009\,1^{***}$ (4.76)
$BIG4$	$0.801\,9^{***}$ (5.66)	$0.003\,6^{**}$ (2.52)
NO_{QFII}	0.000 8 (0.89)	$-0.000\,05^{***}$ (-5.49)
fixed effects	industry	industry
Adj R-Sq	0.058 0	0.039 7
No. of firms	900	900
No. of observations read	4 500	4 500

注：*，**，*** 分别表示在 10%，5% 和 1% 水平上显著。

第四节　本　章　结　论

　　我们以 2005 年和 2007 年准则颁布前后以及 2005—2009 年准则实施前后两个样本区间为考察对象，研究了准则趋同是否提高了境外投资者投资，以及 2007 年准则实施后，是否增强了市场流动性。这不仅是为验证 IFRS 在世界范围内推广的宣言在中国的实际效果，也为我国准则改革的经济后果提供更为直接的证据。研究发现,准则颁布前后及准则实施前后,境外机构投资者的投资均有显著提高,这个提高效应不仅在短期见成效,在中长期也同样得到持续;同时,在准则实施前后的短时期内,市场流动性也得到了提高,支持了我们的理论分析及假说。

本章的贡献有如下几点:①现有文献多是从信息质量、资本成本,抑或是契约等间接角度研究准则趋同的经济后果,我们把目光锁定在更直接的目标上,即从准则趋同的最直接目的——"吸引境外投资者,增强市场流动性"出发研究企业会计准则(2006)的经济后果。②现有关于中国准则趋同经济后果的文献研究还较少,且尚没有文献研究过准则趋同的最直接经济后果——是否吸引了境外投资者,以及是否增强了市场流动性。我们为中国企业会计准则(2006)的实施效果提供了最直接的证据,也为 IFRS 在全球资本市场推进的效果提供了有利信息。③在研究方法上,与现有文献比较,我们引入了对照组(不仅发行A 股还同时发行 B 股或 H 股的公司,benchmark sample)以剔除时间因素的"噪音",同时我们还充分考虑了股改时间对研究问题的影响,以及 2006—2007 年几次银行加息对市场流动性的影响,尽可能剔除这些外部事件带来的"噪音",以使研究结果更具说服力。

参 考 文 献

孙雪娇.2011.境外投资、市场流动性与准则趋同[J].山西财经大学学报,(9):108-115.

AGGARWAL R,KLAPPER L,WYSOCKI P D. 2005. Portfplio preferences of foreign iInvestors[J]. Journal of Banking and Finance,29:1-12.

AMIHUD Y. 2002. Illiquidity and stock returns:cross-section and time-series effects[J]. Journal of Financial Markets 5(1):31-56.

ARMSTRONG C,BARTH M E,JAGOLINZER A D,RIEDL E J. 2010. Market Reaction to the Adoption of IFRS in Europe[J]. The Accounting Review,85(1):31-61.

BALL R,ROBIN A,WU J S. 2003. Incentives versus standards:

Properties of accounting income in four East Asian countries[J]. Journal of Accounting and Economics，36(1-3)：235-270.

BRADSHAW M T，BUSHEE B J，MILLER G S. 2004. Accounting choice, home bias, and U. S. investment non-U. S. firms[J]. Journal of Accounting Research，42(5)：795-841.

BROCKMAN P，CHUNG D Y. 1999. An analysis of depth behavior in an electronic, order-driven environment [J]. Journal of Banking and Finance，21：1861-1886.

COVRIG V M，DEFOND M L，HUNG M Y. 2007. Home bias, foreign mutual fund holdings, and the voluntary adoption of International Accounting Standards[J]. Journal of Accounting Research，45(1)：41-70.

DAHLQUIST M，ABERTSSON G R. 2001. Direct foreign ownership, institutional investors, and firm characteristics[J]. Joural of Financial Economics，59：413-440.

DASKE H，HAIL L，LEUZ C，VERDI R. 2008. Mandatory IFRS reporting around the world: Early evidence on the economic consequences[J]. Journal of Accounting Research，46(5)：1085-1142.

FRANZ D R，RAO R P，TRIPATHY N. 1995. In formed trading risk and bid-ask spread changes around open market: Stock repurchases in the NASDAQ marke[J]. Journal of Financial Research，18：311-327.

LA PORTA R，LOPEZ-DE-SILANES F，SHLEIFER A，VISHNY R. 1998. Law and finance[J]. Journal of Political Economy，106：1113-1155.

第十四章 会计准则趋同的经济后果

——基于权益资本成本和企业 价值的经验证据[①]

我国财政部于 2006 年先后发布了《企业会计准则》和《企业会计准则——应用指南》,并于 2007 年 1 月 1 日起在上市公司范围内施行。新会计准则体系的颁布实施是我国会计近期的一项重大改革,其主旨之一在于提高企业的会计信息质量,实现中国会计准则与国际财务报告准则的实质趋同。高质量的会计信息为资本市场带来了怎样的经济后果,它对企业的资本成本和企业价值产生了怎样的影响,它能否对引导资源有效配置起到良好的促进作用? 这是准则制定者和使用者普遍关注的问题,也有待经验证据予以解答。

Daske 等(2008)和 Li(2010)的研究显示,国际财务报告准则的实施可以在一定程度上增强股票流动性,降低资本成本,提高企业价值。国际会计准则理事会主席 David Tweedie(2006)也指出国际财务报告准则的实施可以降低资本成本,为多元化提供新的机会并提高投资回报。

目前与我国会计准则改革的相关研究,主要集中在会计准则改革对盈余质量、价值相关性或者市场反应的作用上(毛新述、戴德明,2009;朱凯等,2009;杜兴强等,2009),尚未有研究较为全面地检验会计准则改革对资本市场,如资本成本、企业价值等方面的作用。我们以 2001—2010 年的中国 A 股公司为研究样本,以同时发行 A 股和 H 股的中国内地公司(AH 股公司)为控制样本,采用单变量检验和多元回归分析方法检验了会计准则改革对资本市场带来的影响。研究结果显

① 高芳,傅仁辉.会计准则改革、股票流动性与权益资本成本——来自中国 A 股上市公司的经验证据[J]. 中国管理科学,2012,04:27-36.

示,会计准则改革显著降低了 A 股公司权益资本成本,进而提高了企业价值。本章的研究贡献在于:①利用目前可以获得的中国 A 股公司最新数据,首次检验了会计准则改革对企业权益资本成本和企业价值的作用,给出了较为全面的经验证据。②在研究设计上利用 AH 股公司在中国和香港股票市场分别采用中国会计准则和国际(香港)财务报告准则编制财务报表的特点,将 AH 股公司作为控制样本,较好地控制了与中国会计准则改革无关的事件对研究带来的影响,使研究结论更为可靠。本章的结论有助于丰富文献,对我国会计准则的理论建设和实务发展也具有一定的应用价值。

第一节　理论分析与研究假说

本章的理论分析是按两条主线展开的,一条主线是会计准则改革提高了信息披露水平,高的信息披露水平可以降低权益资本成本;另一条主线是会计准则改革提高了会计信息的可比性,从而降低了权益资本成本。由于企业价值是预期自由现金流量以其加权平均资本成本为贴现率折现的现值,权益资本成本的降低最终带来了企业价值的提高。基本的理论分析框架见图 14-1。

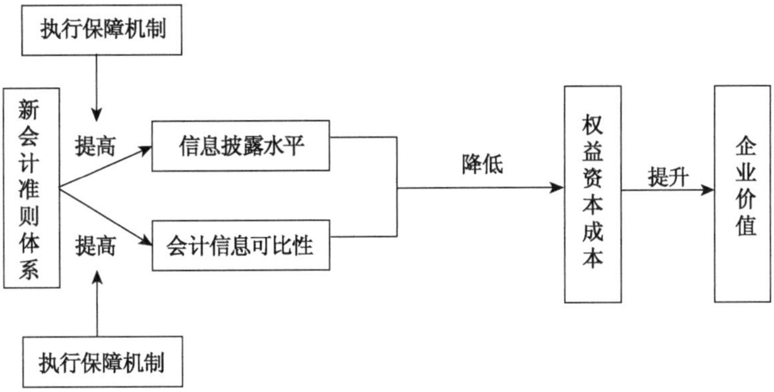

图 14-1　理论分析框架

一、基于信息披露水平的分析

Glosten 和 Milgrom(1985)认为,投资者之间的信息不对称产生了逆向选择问题。Diamond 和 Verrecchia(1991)认为,由于信息不对称所带来的逆向选择,会给投资者形成额外的交易成本,投资者预期在未来时点出售股票时,将面临着由信息不对称带来的折价,这最终将使企业募集资金的成本增加。Gârleanu 和 Pedersen(2004)指出,逆向选择也会误导投资者的交易决策而导致资源配置的无效率,投资者需要对这种无效率的资源配置进行补偿,这同样会增加所要求的回报率或者资本成本。

Verrecchia(2001)认为,公司披露可以减少上述信息不对称产生的逆向选择。这主要体现在两方面:一是公开市场提供更多的信息使得投资者拥有私人信息的成本更高,从而降低了通过信息优势获得交易回报的可能性;二是更多的披露减少了公司价值的不确定性,因而也减少了拥有信息投资者的潜在优势。这两方面都减少了缺乏信息投资者对价格保护的需要,使潜在投资者更愿意投资,也提高了公司股票在市场中的流动性。Amihud 和 Mendelson(1986)认为股票的流动性又会影响到投资者的交易成本,由于交易成本需要在市场均衡中被补偿,如果前期交易成本高,则投资者所要求的股票回报率也会提高。此外,Lambert 等(2007)指出,股票的流动性还会影响到风险共担的程度,由于流动性差而带来的无效率风险,会导致更高的资本成本。

Coles 和 Loewenstein(1995)假定投资者在建立最优投资组合时,需要根据可获得的信息来估计股票报酬分布的重要参数(比如 β 系数),提高信息披露水平可以降低这一估计风险,从而降低投资者要求的投资回报率,使企业的融资成本相应降低。Lambert 等(2007)研究显示,公司披露对于估计未来现金流量具有信息性。当公司披露的质量增加时,该公司现金流量与其他公司现金流量的估计协方差被降低了,这一结果使得公司的资本成本更接近无风险利率,从而降低了风险规避型投资者的风险溢价。

综上,通过提高公司信息披露水平可以降低企业的权益资本成本。这一理论观点也已得到国内外经验研究的证实(Leuz 和 Verrecchia,2000;Botosan 和 Plumlee,2002;Hail 和 Leuz,2006;曾颖、陆正飞,2006)。

信息披露水平的提高既可以是信息披露质量的提高,也可以是信息披露数量的增加,或是两者兼而有之。王军(2007)指出,会计准则改革着眼于提高会计信息透明度、保护投资者和社会公众利益,在信息披露方面突出了充分披露原则。我国会计准则改革提高上市公司的信息披露水平同时体现在质和量两个方面。一方面,我国新会计准则旨在与国际财务报告准则实现实质趋同,特别在披露方面,比旧会计准则更具有可理解性,这使得上市公司的信息披露质量有了明显提高。深交所 2009 年度信息披露的考核结果显示,上市公司信息披露质量整体有所提高。另一方面,新会计准则比旧会计准则要求更多的披露项目,在每一项确认计量准则都规定了应向财务报告使用者披露的会计信息,同时建立了财务报告列报、现金流量表、中期财务报告、合并财务报表、每股收益、分部报告、关联方披露和金融工具列报等报告类准则。刘玉廷等(2010)指出,会计准则实施 3 年来,所有上市公司都按照会计准则统一规定的财务报告格式和要求向报告使用者公开披露了财务报告,上市公司基本上能够较好地按照企业会计准则的规定在财务报表附注中披露相关信息。由此推论,会计准则改革能够提高我国上市公司的信息披露水平,从而降低企业的权益资本成本,进而提高企业价值。

二、基于会计信息可比性的分析

Dye(1990)研究认为加强会计信息的可比性可以带来正的信息外部性。因为一个企业的价值与其他企业的价值具有一定相关性,企业之间所披露的信息可比性高,可以降低信息的不对称性和估计风险,从而增强股票流动性,降低权益资本成本。此外,即使会计准则没能提高企业财务报告的质量,但其所提供的财务报告信息对投资者仍然是有用的,会计准则还是可以帮助投资者区分高质量和低质量的公司,从而降低在投资者中的信息不对称性和估计风险。Armstrong 等(2010)研究认为统一的会计准则可以提高不同公司之间信息的可比性,减少投资者估计不同企业价值的成本,降低权益资本成本。

如前所述,我国会计准则改革旨在与国际财务报告准则实现实质趋同,这必然会使得财务报告信息的可比性大大加强。一方面,与国际财务报告准则的改革思路相一致,它减少了一些不必要的会计处理备选方法。比如:所得税会计处理只采用资产负债表债务法;建造合同收入确认只采用完工百分比法;取消存货发出计价的后进先出法,等等。正如中国证券监督管理委员会在《2010 年上市公司执行企业会计准则监管报告》中指出的:“企业会计准则执行以来,随着各类解释文件的出台和监管标准的细化,特别是针对一些会计准则未予规范的交易在有关监管规范出台以后,实务中对同类交易采取不同做法的会计处理个案进一步减少,上市公司财务信息可比性进一步提高。"另一方面,与会计准则改革之前相比,新会计准则体系下的财务报告信息与实施国际财务报告准则的其他国家财务报告信息之间的可比性得到进一步加强,它为全球投资者提供了更加透明可比的会计信息。特别是我国已经建立了合格境外机构投资者(QFII)制度,投资者可以以较小的成本理解国内公司与海外公司的财务报告信息差异,从而使得 A 股公司更容易吸引到潜在的境外投资者,增强了股票流动性,降低了融资成本。因此从总体上看,新会计准则体系的实施加强了企业财务报告信息的可比性,减少了投资者之间的信息不对称,降低了投资者的估计风险,从而降低了企业的权益资本成本。

三、会计准则的执行保障机制

Ball 等(2003)认为,高质量的会计准则并不必然带来高质量的财务报告,会计准则在提高财务报告质量中起到的作用相对有限。因为会计准则的实施涉及很多的职业判断和私人信息的使用,准则不可避免地给企业提供了实质性的可操控项目,而如何使用可操控项目取决于企业的动机。会计准则的执行保障机制,如:国家的法律制度、监管体系和鉴证机制等,可以直接影响到企业的动机。因此,会计准则改革的效果很大程度上受到了执行保障机制的影响,更为严格的执行保障机制可以使得会计准则实施前后的资本市场效果表现得更为明显。Li(2010)研究发现,较强的法律保障体系可以促进国际财务报告准则降低权益资本成本。

为了保障新会计准则体系的顺利颁布和有效实施,我国从多个层面加强和完善了会计准则的执行保障机制。比如,全国人民代表大会于 2005 年 10 月 27 日分别修订了《中华人民共和国公司法》和《中华人民共和国证券法》,修订后的《公司法》明确指出,"公司应当向聘用的会计师事务所提供真实、完整的会计凭证、会计账簿、财务会计报告及其他会计资料,不得拒绝、隐匿、谎报";修订后的《证券法》明确指出,"上市公司董事、高级管理人员应当对公司定期报告签署书面确认意见。上市公司监事会应当对董事会编制的公司定期报告进行审核并提出书面审核意见。上市公司董事、监事、高级管理人员应当保证上市公司所披露的信息真实、准确、完整"。这两部法律均于 2006 年 1 月 1 日起施行,为新会计准则体系的颁布实施奠定了良好的法律基础。此外,与企业会计准则同时生效实施的审计准则体系,提高了注册会计师的执业质量,有助于提高财务信息质量,降低投资者的决策风险,实现更有效的资源配置。证监会建立和完善了证监会系统内部的综合动态监管体系,修订了上市公司财务信息披露规范,全面加强了对上市公司执行企业会计准则的监管,等等。总之,与会计准则改革之前相比,我国的执行保障机制在不断加强和完善,这促进了我国新会计准则体系的有效实施,为会计准则改革对资本市场产生正面效用起到了促进作用。

基于上述分析,我们提出以下研究假说:

假说1:会计准则改革降低了上市公司的权益资本成本。

假说2:会计准则改革提高了上市公司的企业价值。

第二节 研 究 设 计

一、样本选择与数据来源

我们选取了2001—2010年中国深沪两市的A股公司作为研究样本[①]。考虑到我国新会计准则体系在2007年对所有上市公司强制实施,为确保被解释变量(权益资本成本和企业价值)的变化,是由会计准则改革引起而非一种年度效应(即同一年内影响所有公司的其他事件引起的被解释变量变化),我们选用了同时在香港证券交易所上市的中国A股公司(AH股公司)作为控制样本。这样做的好处在于:AH股公司与A股公司同为中国内地公司,处于相同的经济环境,受到同样的宏观因素影响。对于一家同时在A股上市和H股上市的公司来说,两者的主要差异在于采用会计准则的不同。深沪证券交易所要求年报按中国会计准则披露,香港交易所要求按国际财务报告准则或香港财务报告准则披露。由于中国会计准则体系作出了重大改进并在2007年统一强制实施,而国际财务报告准则和香港财务报告准则在本章的研究区间2001—2010年并无重大变化[②]。一旦两者的资本市场指标

---

① 各模型的样本数因样本公司在计算变量过程中存在缺失值而有所差异,具体样本数见各表。

② 考虑到国际财务报告准则体系的修订基本都是自2005年陆续生效的,而2005年1月1日起生效的新修订的香港财务报告准则也与国际财务报告准则几乎完全一致。我们也以2005—2010年为研究区间进行了实证检验,结论仍然保持一致。

出现显著差异,我们可以较有把握地推断是由会计准则改革带来的。因此,采用 AH 股公司作为控制样本,可以较好地解决以往研究无法辨明一些年度事件与会计准则改革所产生的混合效果这一问题,能在一定程度上控制与会计准则改革无关的事件影响,更准确地反映出会计准则改革的经济后果,使研究结论更为可靠。

本章研究中 A 股公司在中国资本市场的全部数据来自国泰安公司的 CSMAR 数据库,AH 股公司在香港资本市场的全部数据来自 Thomson Financial 公司的 DataStream 数据库。

二、模型构建与变量定义

假说 1 探讨了会计准则改革与企业权益资本成本的关系。针对假说 1,我们构建了模型(1.1)和模型(1.2)进行检验,具体如下:

$$COEC_{i,t} = \beta_0 + \beta_1 \times Reform_t + \beta_2 \times Size_{i,t} + \beta_3 \times Variability_{i,t} +$$
$$\beta_4 \times Leverage_{i,t} + \beta_5 \times Rate_t + \beta_6 \times Bias_{i,t} + \beta_j \times$$
$$FirmD_i + \varepsilon_{i,t} \qquad \text{模型(1.1)}$$

$$COEC_{i,t} = b_0 + b_1 \times Reform_t \times Ashare_i + b_2 \times Ashare_i + b_3 \times Size_{i,t} +$$
$$b_4 \times Variability_{i,t} + b_5 \times Leverage_{i,t} + b_6 \times Rate_t + b_7 \times$$
$$Bias_{i,t} + b_j \times FirmD_i + b_k \times YearD_t + \varepsilon_{i,t} \qquad \text{模型(1.2)}$$

模型(1.1)和模型(1.2)的被解释变量为 COEC(权益资本成本)。为加强研究的可靠性,我们采用 4 种模型计算的权益资本成本的平均值(R_AVG)来衡量。这 4 种模型分别依据 Gebhardt 等(2001),Claus 和 Thomas(2001),Gode 和 Mohanram(2003)和 Easton(2004)的计算方法,详细步骤见本章附录。

模型(1.1)适用于仅包括事件样本(即 A 股公司样本)的回归,模型(1.2)的回归样本同时包括事件样本(即 A 股公司样本)和控制样本(即 AH 股公司样本)。解释变量 Reform 为会计准则改革虚拟变量,会计准则改革之后(2007—2010 年)取值为 1,其他年份取值为 0;Ashare 为 A 股公司虚拟变量,A 股公司取值为 1,AH 股公司取值为 0。模型(1.1)中的系数 β_1 反映了会计准则改革后 A 股公司权益资本成本的变化程度,模型(1.2)中的系数 b_1 反映了与 AH 股公司相比,A 股公司在会计准则改革后权益资本成本的变化程度。根据假说 1,我们预测 β_1 和 b_1 的符号为负,即会计准则改革降低了上市公司的权益资本成本。根据以往文献,我们在模型中加入 $Size$,$Variability$,$Leverage$(财务杠杆)、$Rate$(无风险利率)和 $Bias$(预测偏差)作为控制变量。与前相同,在模型(1.1)中加入 $FirmD$(公司虚拟变量)来控制各公司之间权益资本成本的内在差异,在模型(1.2)中加入 $YearD$(年度虚拟变量)来控制各年度之间企业权益资本成本的差异,由于加入了年度虚拟变量以控制年度固定效应,$Reform$ 变量无需包括在模型(1.2)中。

假说2探讨了会计准则改革与企业价值的关系。针对假说2,我们构建了模型(2.1)和模型(2.2)进行检验,具体如下:

$$FV_{i,t} = \gamma_0 + \gamma_1 \times Reform_t + \gamma_2 \times Size_{i,t} + \gamma_3 \times Leverage_{i,t} +$$
$$\gamma_4 \times Growth_{i,t} + \gamma_5 \times IndustryQ_{i,t} + \gamma_j \times FirmD_i + \varepsilon_{i,t} \quad \text{模型(2.1)}$$

$$FV_{i,t} = c_0 + c_1 \times Reform_t \times Ashare_i + c_2 \times Ashare_i + c_3 \times Size_{i,t} +$$
$$c_4 \times Leverage_{i,t} + c_5 \times Growth_{i,t} + c_6 \times IndustryQ_{i,t} +$$
$$c_j \times FirmD_i + c_k \times YearD_t + \varepsilon_{i,t} \quad \text{模型(2.2)}$$

模型(2.1)和模型(2.2)的被解释变量为 FV(企业价值),采用 Tobin's Q(托宾 Q 值)来衡量。托宾 Q 值用总资产减股东权益的账面价值加股东权益的市场价值,然后除以总资产来计算。

与之前的模型相近,模型(2.1)针对仅包括事件样本(即 A 股公司样本)的回归;模型(2.2)针对同时包括事件样本(即 A 股公司样本)和控制样本(即 AH 股公司样本)的回归。模型(2.1)中的系数 γ_1 反映了会计准则改革后 A 股公司企业价值的变化程度;模型(2.2)中的 c_1 反映了与 AH 股公司相比,A 股公司在会计准则改革后企业价值的变化程度。根据假说2预测 γ_1 和 c_1 的符号为正,即会计准则改革提高了企业价值。根据以往文献,模型(2.1)和模型(2.2)加入 $Size$、$Leverage$、$Asset\ Growth$(资产增长率)和 $IndustryQ$(行业托宾 Q 值)作为控制变量。同时,在模型(2.1)中加入 $FirmD$(公司虚拟变量)来控制各公司之间企业价值的内在差异,在模型(2.2)中加入 $YearD$(年度虚拟变量)来控制各年度之间企业价值的差异。由于加入了年度虚拟变量以控制年度固定效应,$Reform$ 变量无需包括在模型(2.2)中。

变量定义见表 14-1。

表 14-1　变量定义

Dependent Variable 被解释变量		
COEC 权益资本成本	R_AVG 权益资本成本平均值	根据 Gebhardt 等（2001），Claus 和 Thomas（2001），Gode 和 Mohanram（2003），Easton（2004）4 种模型计算的权益资本成本的平均值
FV 企业价值	Tobin's Q 托宾 Q 值	（总资产-股东权益的账面价值＋股东权益的市场价值）÷总资产
Independent Variable 解释变量		
Reform 会计准则改革虚拟变量		会计准则改革之后（2007—2010 年）取值为 1，其他年份取值为 0
AShare A 股公司虚拟变量		A 股公司取值为 1，AH 股公司取值为 0
Control Variable 控制变量		
Size	规模	总资产的对数（以百万元为单位）
Variability	报酬率波动性	当年 5 月至次年 4 月的月股票报酬率的标准差
Leverage	财务杠杆	总负债÷总资产
Rate	无风险利率	当年银行同业拆息率的中值（数据取自 DataStream）
Bias	预测偏差	（分析师上年预测当年每股收益均值－当年每股收益实际值）÷上年 4 月末的股票价格
Growth	资产增长率	当年总资产的变化百分比
IndustryQ	行业托宾 Q 值	当年某行业托宾 Q 值的平均值
FirmD	公司虚拟变量	共设（公司数－1）个虚拟变量
YearD	年度虚拟变量	共设（年度数－1）个虚拟变量

第三节　实证结果与分析

一、描述性统计

表 14-2 列示了 A 股公司和 AH 股公司在会计准则改革前后的各变量描述性统计结果。由表 14-2 可以看出，A 股公司 2007 年后 R_AVG 的均值和中值为 0.072 和 0.068，低于 2007 年前 R_AVG 的均值和中值（0.100 和 0.095），这说明会计准则改革后 A 股公司的权益资本成本有所降低。此外，根据 4 种模型分别计算的权益资本成本值也呈现相同的特点，且 4 种权益资本成本值均显著正相关，说明几种权益资本成本的计算方法具有可靠性。各权益资本成本值的描述性统计结果见表 14-3，各权益资本成本值的相关性分析结果见表 14-4。

表 14-2　描述性统计结果

变量	A 股公司 2007 年前		A 股公司 2007 年后		AH 股公司 2007 年前		AH 股公司 2007 年后	
	均值	中值	均值	中值	均值	中值	均值	中值
R_AVG	0.100	0.095	0.072	0.068	0.087	0.087	0.090	0.081
Tobin's Q	2.283	1.875	2.667	2.135	0.759	0.620	1.203	0.877
Size	20.979	20.900	21.381	21.298	17.247	16.372	18.196	17.825
Variability	0.029	0.025	0.040	0.037	0.034	0.031	0.035	0.033
Leverage	0.479	0.461	0.545	0.523	0.530	0.515	0.617	0.599
Rate	0.060	0.059	0.061	0.053	0.059	0.059	0.061	0.059
Bias	0.010	0.003	0.009	0.004	0.016	0.001	−0.016	−0.015
Growth	0.124	0.078	0.156	0.087	0.158	0.109	0.262	0.192
IndustryQ	2.032	1.953	2.175	2.185	2.013	1.933	2.008	2.018

以上变量对小于 1%分位数和大于 99%分位数的数据进行了 Winsorize 处理。

表 14-3　各权益资本成本值的描述性统计结果

变量	A 股公司 2007 年前		A 股公司 2007 年后		AH 股公司 2007 年前		AH 股公司 2007 年后	
	均值	中值	均值	中值	均值	中值	均值	中值
R_GLS	0.058	0.057	0.032	0.026	0.077	0.071	0.070	0.061
R_CT	0.190	0.179	0.110	0.101	0.085	0.081	0.105	0.094
R_GM	0.170	0.157	0.135	0.123	0.148	0.114	0.115	0.114
R_PEG	0.153	0.140	0.129	0.118	0.132	0.103	0.123	0.119

以上变量对小于 1%分位数和大于 99%分位数的数据进行了 Winsorize 处理。

表 14-4　各权益资本成本值的相关性分析结果

变量	R_GLS	R_CT	R_GM	R_PEG	R_AVG
R_GLS		0.520	0.359	0.374	0.567
R_CT	0.601		0.442	0.417	0.535
R_GM	0.395	0.451		0.938	0.955
R_PEG	0.375	0.501	0.907		0.956
R_AVG	0.597	0.546	0.942	0.934	

右上部分是 Pearson 系数,左下部分是 Spearman 系数,各项均在 0.05 的水平显著。

A 股公司 2007 年后 Tobin's Q 的均值和中值为 2.667 和 2.135，高于 2007 年前 Tobin's Q 的均值和中值（2.283 和 1.875），这说明会计准则改革后 A 股公司的企业价值有所提高。

AH 股公司 2007 年前后 R_AVG 的变化不明显。Tobin's Q 则在 2007 年后有所提高。总体来说，AH 股公司的变化趋势与 A 股公司基本一致，说明当采用 AH 股公司为控制样本时，只有 A 股公司被解释变量的变化程度较 AH 股更为明显，才能验证我们的研究假说，从而也使得我们的研究结论更为保守和稳健。

二、相关性分析

表 14-5 列示了全部样本各变量的相关性分析结果。由表 14-5 可以看出，$Reform$ 与 R_AVG 的相关性系数均显著为负，与 Tobin's Q 的相关性系数均显著为正。这与会计准则改革后，权益资本成本降低、企业价值提高的研究假说基本一致，R_AVG 与 Tobin's Q 显著负相关，均符合理论分析的预期关系。$AShare$ 与 R_AVG 的相关系数均不显著，说明 A 股公司和 AH 股公司在流动性和权益资本成本上无显著差别；$AShare$ 与 Tobin's Q 的相关性系数显著为正，说明 A 股公司相对 AH 股公司的企业价值较高，这有可能是 A 股公司的企业价值在中国资本市场中被高估的表现。$Industry Q$ 与 Tobin's Q 显著正相关，支持了模型中加入相关控制变量的可靠性。

表 14-5 相关性分析结果

变量	R_AVG	Tobin's Q	Reform	AShare	Size	Variability	Leverage	Rate	Bias	Growth	IndustryQ
R_AVG		−0.469	−0.294	−0.062#	0.169	−0.166	0.224	−0.379	−0.035#	−0.094	−0.311
Tobin's Q	−0.349		0.115	0.181	−0.366	0.159	0.048	0.059	−0.116	−0.118	0.399
Reform	−0.326	0.108		0.016	0.160	0.260	0.119	0.021	−0.028	0.053	0.107
AShare	−0.039#	0.114	0.016		0.459	−0.011#	−0.036	0.012#	−0.004#	−0.035	0.022
Size	0.158	−0.427	0.170	0.242		−0.027	0.018	−0.009#	0.027#	0.001#	−0.133
Variability	−0.126	0.135	0.551	−0.036	0.009#		−0.052	0.285	0.012#	0.006#	0.126
Leverage	0.240	−0.215	0.129	−0.046	0.167	0.063		−0.037	0.107	−0.09	−0.108
Rate	−0.385	0.068	−0.006#	−0.006#	−0.051	0.328	−0.020		0.095	0.041	0.183
Bias	−0.087	−0.101	0.012#	0.017#	0.020#	0.074	0.071	0.152		0.079	−0.058
Growth	−0.083	−0.083	0.025	−0.058	0.049	−0.087	−0.005#	0.081	−0.001#		0.028
IndustryQ	−0.320	0.479	0.152	0.025	−0.135	0.153	−0.146	0.149	−0.088	0.012	

右上部分是 Pearson 系数，左下部分是 Spearman 系数，#表示相关系数不显著。其余均在 0.05 的水平显著。

三、单变量检验

本章先以会计准则改革前后的 2006 年和 2007 年为对比年度，对 A 股公司和 AH 股公司的各被解释变量进行均值检验和中值检验；接着以 A 股公司和 AH 股公司为两组对比样本，对两者的被解释变量变化程度再进行均值检验和中值检验，结果见表 14-6。由表 14-6 可以看出，A 股公司权益资本成本变量显著减少，Tobin's Q 显著增加。这基本说明在会计准则改革后，A 股公司的权益资本成本降低、企业价值提高，AH 股公司权益资本成本变量和 Tobin's Q 变化均不显著。这说明在 2006—2007 年间并无事件显著影响 AH 股公司在香港的资本市场指标。对两组样本公司各被解释变量的变化程度再进行均值和中值检验发现：权益资本成本 R_AVG 差异不显著（这可能是由于对比检验的样本量较小造成的）；Tobin's Q 差异显著为正。以上结果在一定程度上说明，与 AH 股公司相比，A 股公司在会计准则改革后的权益资本成本降低程度和企业价值提高程度更为明显。

表 14-6　均值检验和中值检验结果

样本	年份	R_AVG		Tobin's Q	
		均值	中值	均值	中值
A 股公司	2007	0.073	0.073	2.909	2.373
	2006	0.096	0.092	1.428	1.223
	$Diff_A$	−0.023***	−0.019***	1.481***	1.150***
	样本数	69		1 362	
AH 股公司	2007	0.079	0.079	1.265	0.855
	2006	0.087	0.087	1.078	0.847
	$Diff_{AH}$	−0.008	−0.008	0.188	0.007
	样本数	2		31	
$Diff_A - Diff_{AH}$		−0.014	−0.011	1.293***	1.142***

*，**，***分别表示在 10%，5%和 1%水平上显著。

我们还分别对 4 种模型计算出的权益资本成本值进行了相同的均值检验和中值检验，发现根据 Claus 和 Thomas（2001），Gode 和 Mohanram（2003），Easton（2004）3 种模型计算的权益资本成本值差异均显著为负,但根据 Gebhardt 等(2001)模型计算的权益资本成本值差异不显著,4 种权益资本成本的均值检验和中值检验结果见表 14-7。

表 14-7　4 种权益资本成本的均值检验和中值检验结果

样本	年份	R_GLS		R_CT		R_GM		R_PEG	
		均值	中值	均值	中值	均值	中值	均值	中值
A 股公司	2007	0.047	0.039	0.141	0.124	0.123	0.118	0.124	0.119
	2006	0.058	0.058	0.179	0.169	0.185	0.170	0.173	0.159
	$Diff_A$	−0.011***	−0.018***	−0.038***	−0.045***	−0.062***	−0.052***	−0.049***	−0.040***
	样本数	76		66		244		297	
A H 股公司	2007	0.078	0.077	0.108	0.094	0.109	0.107	0.106	0.105
	2006	0.077	0.071	0.075	0.075	0.128	0.114	0.109	0.105
	$Diff_{AH}$	0.001	0.006	0.032*	0.019*	−0.020	−0.007	−0.003	0.001
	样本数	4		8		6		6	
$Diff_A -$ $Diff_{AH}$		−0.012	−0.024	−0.070**	−0.063**	−0.042**	−0.045**	−0.045***	−0.041**

注:*,**,*** 分别表示在 10%,5% 和 1% 水平上显著。

四、多元回归结果与分析

表 14-8 列示了全部样本各模型的多元回归分析结果。由表 14-8 可以看出,模型(1.1)和模型(1.2)中的控制变量 Rate 与各权益资本成本变量均显著正相关,说明无风险报酬率越高,企业权益资本成本越高,符合预期关系。在以 R_AVG 为被解释变量的模型(1.1)中,Reform 的系数 β_1 为 −0.026,且在 0.01 的水平显著,说明会计准则改革后 A 股公司的权益资本成本显著降低了 2.6%;以 R_AVG 为被解释变量的模型(1.2)中,Reform 与 AShare 交乘项的系数 b_1 为 −0.024,且在 0.01 的水平显著,说明与 AH 股公司相比,A 股公司在会计准则改革后权益资本成本仍显著降低 2.4%。分别根据 4 种模型计算出的权益资本成本的多元回归分析结果与 R_AVG 的结果保持一致,4 种权益资本成本变量的多元回归分析结果如表 14-9 所示。模型(1.1)和模型(1.2)的多元回归结果支持了假说 1。

表 14-8　多元回归分析结果

	R_AVG		Tobin's Q	
	模型 1.1	模型 1.2	模型 2.1	模型 2.2
$Reform * AShare$		−0.024*** (−3.42)		0.253** (2.08)
$AShare$		0.026 (0.34)		−0.197 (−0.62)
$Reform$	−0.026*** (−3.53)		0.737*** (19.05)	
$Size$	−0.015 (−1.16)	−0.010 (−0.73)	−0.302*** (−8.91)	0.098*** (2.66)
$Variability$	0.017 (0.10)	0.248 (1.04)		
$Leverage$	−0.019 (−0.47)	−0.006 (−0.16)	0.750*** (4.01)	1.135*** (6.15)
$Rate$	2.208*** (4.53)	2.481*** (4.92)		
$Bias$	0.465* (1.93)	0.317 (1.46)		
$Growth$			0.605*** (12.15)	0.588*** (12.28)
$IndustryQ$			0.696*** (23.34)	0.385*** (5.12)
是否包括截距	是	是	是	是
公司固定效应	是	是	是	是
年度固定效应	否	是	否	是
$Adj.\ R^2$	73.59%	78.13%	60.65%	66.80%
$F\text{-statistic}$	2.25***	2.28***	9.73***	12.88***
样本数	754	758	12,597	12,843

注：P 值的计算基于公司聚类的稳健标准误差(firm-clustering robust standard errors)。
*，**，*** 分别表示在 10%，5%和 1%水平上显著。

表 14-9　4 种权益资本成本变量的多元回归分析结果

	R_GLS		R_CT		R_GM		R_PEG	
	模型 1.1	模型 1.2	模型 1.1	模型 1.2	模型 1.1	模型 1.2	模型 1.1	模型 1.2
$Reform * AShare$		−0.013*** (−3.79)		−0.024*** (−2.67)		−0.030*** (−5.28)		−0.029*** (−5.65)
$AShare$		0.046 (1.32)		0.182* (1.73)		0.019 (0.36)		0.023 (0.93)
$Reform$	−0.016*** (−3.80)		−0.031*** (−2.57)		−0.031*** (−5.23)		−0.031*** (−5.58)	
$Size$	−0.005 (−0.85)	−0.002 (−0.85)	−0.024 (−1.42)	−0.008 (−0.43)	0.007 (0.97)	−0.001 (−0.42)	0.020*** (3.26)	0.005 (0.64)
$Variability$	−0.213 (−1.42)	−0.071 (−1.42)	−0.849 (−1.56)	−0.397 (−1.57)	−2.768*** (−4.87)	−0.991*** (−4.94)	−1.749*** (−4.94)	−0.686** (−4.90)
$Leverage$	−0.005 (−0.16)	0.001 (0.16)	0.009 (0.16)	0.004 (0.17)	0.011 (0.41)	0.010 (0.57)	0.031 (1.42)	0.024* (1.64)
$Rate$	1.443*** (5.29)	1.566*** (5.28)	0.658*** (4.43)	1.302*** (4.46)	3.849*** (8.34)	5.184*** (8.62)	1.899*** (4.59)	3.274*** (4.93)
$Bias$	0.079 (0.94)	0.001 (0.96)	0.158 (0.36)	0.063 (0.36)	−0.220 (−1.21)	−0.314 (−1.10)	0.110 (0.79)	0.022 (0.84)
是否包括截距	是	是	是	是	是	是	是	是
公司固定效应	是	是	是	是	是	是	是	是
年度固定效应	否	是	否	是	否	是	否	是
$Adj.\ R^2$	61.12%	61.57%	45.67%	45.90%	57.79%	57.42%	54.01%	53.76%
$F\text{-}statistic$	4.18***	4.41***	2.48***	2.55***	2.57***	2.95***	2.31***	2.69***
样本数	1 036	1 042	1 508	1 525	2 092	2 107	2 644	2 659

注:P 值的计算基于公司聚类的稳健标准误差(firm-clustering robust standard errors)。

*,**,*** 分别表示在 10%,5% 和 1% 水平上显著。

模型(2.1)和模型(2.2)中的控制变量 $Leverage$,$Growth$ 和 $IndustryQ$ 均与 Tobin's Q 显著正相关,该结果与 Daske 等(2008)的回归结果一致。在模型(2.1)中 $Reform$ 的系数 γ_1 为 0.737,且在 0.01 的水平显著,说明会计准则改革后 A 股公司的企业价值显著升高;在模型(2.2)中 $Reform$ 与 $AShare$ 交乘项的系数 c_1 为 0.253,且在 0.05

的水平显著,说明与 AH 股公司相比,A 股公司在会计准则改革后企业价值仍显著提高。模型(2.1)和模型(2.2)的多元回归结果支持了假说 2。

上述结果中,加入控制样本和未加入控制样本的模型回归结果均保持一致,均能验证相应的研究假说。这说明新会计准则体系实施后 A 股公司的权益资本成本显著降低,企业价值显著提高,会计准则改革给 A 股公司的资本市场效果带来了显著的正向变化。

五、稳健性检验

虽然我们在多元回归分析中以 AH 股公司为控制样本,并加入年度虚拟变量以控制年度固定效应,较好地控制了会计准则改革以外事件带来的影响。考虑到在研究期间仍然存在一些事件可能会对检验结果产生一定影响,我国 2008 年实行的税制改革,对上市公司名义所得税税率的影响分成 3 类:从 33％降低到 25％;保持 15％不变;从 2008—2012 年逐步从 15％调整到 25％,这可能会导致 AH 股公司与 A 股公司的税率分布不同而影响控制效果。我们仅仅选取 AH 股公司,对其在 A 股市场和 H 股市场的各资本市场指标进行了均值检验和中值检验以及多元回归分析,检验结果仍支持各假说。AH 股公司的均值检验和中值检验结果见表 14-10,多元回归分析结果如表 14-11 所示。

表 14-10　AH 股公司的均值检验和中值检验结果

样本	年份	R_AVG		Tobin'sQ	
		均值	中值	均值	中值
中国内地市场	2007	0.081	0.082	1.850	1.718
	2006	0.095	0.097	1.103	1.055
	$Diff_{CN}$	−0.014*	−0.016	0.747***	0.663***
	样本数	2		31	
中国香港市场	2007	0.079	0.079	1.265	0.855
	2006	0.087	0.087	1.078	0.847
	$Diff_{HK}$	−0.008	−0.008	0.188	0.007
	样本数	2		31	
$Diff_{CN}-Diff_{HK}$		−0.006	−0.007	0.559***	0.656***

（续表）

样本	年份	R_GM		R_PEG	
		均值	中值	均值	Median
中国内地市场	2007	0.122	0.121	0.125	0.124
	2006	0.197	0.180	0.177	0.154
	$Diff_{CN}$	−0.076***	−0.058***	−0.052***	−0.031***
	样本数	6		6	
中国香港市场	2007	0.109	0.107	0.106	0.105
	2006	0.128	0.114	0.109	0.105
	$Diff_{HK}$	−0.020	−0.007	−0.003	0.001
	样本数	6		6	
$Diff_{CN} − Diff_{HK}$		−0.056**	−0.051**	−0.049**	−0.031

表 14-11　AH 股公司的多元回归分析结果

	R_AVG	R_GLS	R_CT	R_GM	R_PEG	Tobin's Q
	模型(1.2)	模型(1.2)	模型(1.2)	模型(1.2)	模型(1.2)	模型(2.2)
$Reform *$ $AShare$	−0.017** (−2.39)	−0.013** (−2.32)	−0.019** (−2.61)	−0.024*** (−3.73)	−0.025** (−2.09)	0.168* (1.73)
$AShare$	0.420 (1.43)	0.274** (2.78)	0.061 (1.25)	0.081 (1.19)	0.073 (1.06)	−0.331 (−1.10)
$Size$	−0.079 (−1.50)	−0.041** (−2.55)	−0.009 (−0.25)	−0.012 (−0.96)	−0.008 (−1.63)	0.150*** (3.90)
$Variability$	0.426 (0.35)	−0.538 (−1.00)	−0.571 (−0.61)	−3.997 (−3.95)	−1.746* (−1.77)	
$Leverage$	0.047 (0.31)	0.078 (1.18)	0.141 (0.56)	0.008 (0.09)	0.010 (0.12)	0.572** (2.11)
$Rate$	4.324*** (2.89)	2.202*** (3.20)	1.452*** (3.90)	7.114*** (4.37)	4.548*** (2.82)	
$Bias$	1.467** (2.52)	0.327 (1.62)	0.260 (0.94)	0.054 (0.11)	0.361 (0.92)	
$Growth$						0.090 (0.88)
$IndustryQ$						0.131 (1.29)

	R_AVG	R_GLS	R_CT	R_GM	R_PEG	Tobin's Q
	模型(1.2)	模型(1.2)	模型(1.2)	模型(1.2)	模型(1.2)	模型(2.2)
是否包括截距	是	是	是	是	是	是
公司固定效应	是	是	是	是	是	是
年度固定效应	是	是	是	是	是	是
Adj. R^2	83.68%	94.37%	83.05%	53.16%	44.26%	82.54%
F-statistic	2.69***	8.95***	4.84***	2.24***	1.66**	31.20***
样本数	39	47	56	120	131	472

注：P值的计算基于公司聚类的稳健标准误差（firm-clustering robust standard errors）。
*，**，*** 分别表示在10%，5%和1%水平上显著。

仅仅选取 AH 股公司进行稳健性检验的原因在于：对于同时在 A 股和 H 股上市的同一家公司来说，它受到税制改革或其他类似事件的影响是相同的，两者资本市场指标产生差异的主要原因是在于采用会计准则的不同，由此所得到的结果，进一步消除了会计准则改革以外的事件所带来的影响，加强了研究结论的可靠性。

第四节 本 章 结 论

会计准则改革的经济后果是近年来会计准则制定者和使用者普遍关注的问题。本章从会计准则改革提高信息披露水平和会计信息可比性这两条主线进行理论分析，提出会计准则改革能够降低企业的权益资本成本进而提高企业价值的研究假说。在实证分析中以权益资本成本和企业价值为被解释变量，进行了单变量检验和多元回归分析，实证结果均支持所提出的研究假说。本章同时以 AH 股公司为控制样本，较好地控制了与中国会计准则改革无关的事件影响，加强了研究结论的可靠性。本章首次对会计准则改革能否降低企业的权益资本成本这一问题进行了深入研究，提供了较为全面的经验证据。所得到的研究结论显示我国会计准则改革能够降低企业权益资本成本，进而提高企业价值，印证了我国通过会计准则改革提高会计信息价值相关性、提高经济资源配置效率的主旨，同时也为中国会计准则与国际财务报告准则的实质趋同的作用提供了有力的佐证。

参 考 文 献

杜兴强,雷宇,朱国泓. 2009. 企业会计准则(2006)的市场反应:初步的经验证据[J]. 会计研究,(3):18-24.

高芳,傅仁辉. 2012. 会计准则改革、股票流动性与权益资本成本——来自中国 A 股上市公司的经验证据[J]. 中国管理科学,04:27-36.

刘玉廷,王鹏,薛杰. 2010. 企业会计准则实施的经济效果——基于上市公司 2009 年年度财务报告的分析[J]. 会计研究,(6):3-12.

毛新述,戴德明. 2009. 会计制度改革、盈余稳健性与盈余管理[J]. 会计研究,(12):38-46.

王军. 2007. 认真学习贯彻企业会计准则体系切实维护资本市场稳定持续发展[J]. 会计研究,(1):3-9.

肖林秀,庄少文. 2010. 2009 年度考核结果显示深市信息披露质量整体提升[N]. 证券日报,2010-06-17(A2).

曾颖,陆正飞. 2006. 信息披露质量与股权融资成本[J]. 经济研究,(6):69-79.

朱凯,赵旭颖,孙红. 2009. 会计准则改革、信息准确度与价值相关性——基于中国会计准则改革的经验证据[J]. 管理世界,(4):47-54.

中国证监会. 2011. http://www. csrc. gov. cn/pub/ newsite/bgt/xwdd/201107/t20110725_197933[EB/OL],2011-07-25.

AMIHUD Y, MENDELSON H. 1986. Asset pricing and the bid-ask spread[J]. Journal of Financial Economics,44(2):479-486.

ARMSTRONG C, BARTH M, JAGOLINZER A RIEDL E. 2010. Market reaction to the adoption of IFRS in Europe[J]. The Accounting Review, 85 (1): 31-61.

BALL R, ROBIN A, WU J. 2003. Incentives versus standards: Properties of accounting income in four East Asian countries[J]. Journal of Accounting and Economics, 36 (1-3): 235-270.

BOTOSAN C A, PLUMLEE M A. 2002. A re-examination of disclosure level and the expected cost of equity capital [J].

Journal of Accounting Research, 40(1):21-40.

CHORDIA T, ROLL R, SUBRAHMANYAM A. 2000. Co-movements in bid-ask spreads and market depth[J]. Financial Analysts Journal, 56(September/October):23-27.

CLAUS J, THOMAS J. 2001. Equity premia as low as three percent? Evidence from analysts' earnings forecasts for domestic and international stock markets[J]. Journal of Finance, 56(5): 1629-1666.

COLES J, LOEWENSTEIN U, SUAY J. 1995. On equilibrium pricing under parameter uncertainty[J]. Journal of Financial and Quantitative Analysis, 30(3): 347-364.

DASKE H, HAIL L, LEUZ C, VERDI R. 2008. Mandatory IFRS reporting around the world: Early evidence on the economic consequences[J]. Journal of Accounting Research, 46(5): 1085-1142.

DIAMOND D W, VERRECCHIA R E. 1991. Disclosure, liquidity, and the cost of capital [J]. Journal of Finance, 46 (4): 1325-1359.

DOIDGE C, KAROLYI G A STULZ R. 2004. Why are foreign firms listed in the U. S. Worth more? [J]. Journal of Financial Economics, 71(2): 205-238.

DYE R. 1990. Mandatory versus voluntary disclosures: The cases of financial and real externalities[J]. The Accounting Review, 65(1):1-24.

EASTON P D. 2004. P. E. ratios, PEG ratios, and estimating the implied expected rate of return on equity capital [J]. The Accounting Review, 79(1):73-95.

EWERT R, WAGENHOFER A. 2005. Economic effects of tightening accounting standards to restrict earnings management [J]. The Accounting Review, 80(4): 1101-1124.

GLOSTEN L R, MILGROM P R. 1985. Bid, ask and transaction prices in a specialist market with heterogeneously informed traders[J]. Journal of Financial Economics, 14(1):71-100.

GÂRLEANU N, PEDERSEN L H. 2004. Adverse selection and the required return [J]. Review of Financial Studies, 17 (3): 643-665.

GEBHARDT W R, LEE C, SWAMINATHAN B. 2001. Toward an implied cost of capital[J]. Journal of Accounting Research, 39 (1):135-176.

GODE D, MOHANRAM P. 2003. Inferring the cost of capital using the Ohlson-Juettner Model[J]. Review of Accounting Studies, 8(4):399-431.

HAIL L, LEUZ C. 2006. International differences in the cost of equity capital: Do legal institutions and securities regulation matter? [J] Journal of Accounting Research, 44(3): 485-531.

LAMBERT R, LEUZ C, VERRECCHIA R. 2007. Accounting information, disclosure, and the cost of capital[J]. Journal of Accounting Research, 45(2): 385-420.

LANG M, LINS K, MILLER D. 2004. Concentrated control, analyst following, and valuation: Do analysts matter most when investors are protected least? [J]. Journal of Accounting Research, 42(3): 589-623.

LEUZ C, VERRECCHIA R E. 2000. The economic consequences of increased disclosure [J]. Journal of Accounting Research, 38 (supplement): 91-124.

LI S. 2010. Does mandatory adoption of International Financial Reporting Standards in the European Union reduce the cost of equity capital? [J]. The Accounting Review, 85(2): 607-636.

TWEEDIE D. 2006. Prepared statement of Sir David Tweedie, Chairman of the International Accounting Standards Board before the Economic and Monetary Affairs Committee of the European Parliament [EB/OL]. www. iasplus. com/resource/ 0601tweedieeuspeech. pdf 2006-01-31. (3):18-24.

VERRECCHIA R E. 2001. Essays on disclosure [J]. Journal of

Accounting and Economics，32(1-3)：97-180.

本章附录:计算权益资本成本的4种模型

4种模型共同变量的定义:

P_t为第t年4月份最后一个交易日的收盘价。

BPS_t为第t年年初每股股东权益。

$FBPS_{t+i}$为第$t+i$年的预期未来每股股东权益,$FBPS_{t+i} = FBPS_{t+i-1} + FEPS_{t+i}(1-k_{t+i})$。

$FEPS_{t+i}$为第$t+i$年的预计每股盈余,我们取上年5月至当年4月所有分析师预测的平均数作为市场的预期值。

k_t为第t年的预计股利支付率,k_t=前3年平均股利支付率。如果k_t无法得到或者不在0到1之间,则用该年度行业平均股利支付率代替。

DPS_0为第$t-1$年支付的每股股利。

$FDPS_{t+i}$为第t年预计支付的每股股利,$FDPS_{t+i} = k_t \times FEPS_{t+i}$。

g为超额盈余的永续增长率,g=预期通货膨胀率,即下一年的通货膨胀率。

g_{st}为预计短期增长率,$g_{st}=FEPS_{t+2}/FEPS_{t+1}-1$。

g_{lt}为预计长期增长率,$g_{lt}=FEPS_{t+3}/FEPS_{t+2}-1$。

r_{GLS},r_{CT},r_{GM},r_{PEG}分别为根据4种模型计算出的隐含权益资本成本,它们必须大于0,否则设为缺失值。

为了计算权益资本成本,以下变量要求非缺失:P_t,$FEPS_{t+1}$,$FEPS_{t+2}$和$FEPS_{t+3}$。我们要求预期盈余和增长率必须为正。我们采用4月份的股价来匹配上一年的财务数据是因为中国证券监督管理委员会要求上市公司在4月底之前公布财务数据。

模型1：Gebhardt, Lee,和 Swaminathan (2001)

$$P_t = BPS_t + \frac{FROE_{t+1} - r_{GLS}}{(1+r_{GLS})} BPS_t + \frac{FROE_{t+2} - r_{GLS}}{(1+r_{GLS})^2} FBPS_{t+1} +$$

$$\frac{FROE_{t+3} - r_{GLS}}{(1+r_{GLS})^3} FBPS_{t+2} + TV$$

$$TV = \sum_{i=4}^{T-1} \frac{FROE_{t+i} - r_{GLS}}{(1+r_{GLS})^i} FBPS_{t+i-1} + \frac{FROE_{x+T} - r_{GLS}}{r_{GLS}(1+r_{GLS})^{T-1}} FBPS_{t+T-1}$$

其中,$FROE_{t+i}$为预期在第$t+i$年股东收益率,在第1~3年,$FROE_{t+i} = FEPS_{t+i}/FBPS_{t+i+1}$,第3年后,$FROE_{t+i} = FROE_{t+3}$股东收益率的行业中位数的线性渐进值,股东收益率的行业中位数根据前3年平均股东收益率计算;

T 为预期长度，$T=12$。

模型 2：Claus 和 Thomas (2001)

$$P_t = BPS_t + \sum_{i=1}^{5} \frac{ae_i}{(1+r_{CT})^i} + \frac{ae_5(1+g)}{(r_{CT}-g)(1+r_{CT})^5}$$

其中，ae_{t+i} 为超额收益，$ae_{t+i} = \text{FEPS}_{t+i} - r_{CT} \times \text{FBPS}_t$，对于第 3、第 4、第 5 年，如果 $FEPS_{t+i}$ 不存在，则 $FEPS_{t+i} = FEPS_{t+i}(1+g_{lt})$。

模型 3：Gode 和 Mohanram (2003)

$$r_{GM} = A + \sqrt{A^2 + \left(\frac{FEPS_{t+1}}{P_t}\right)(g_2 - g)}$$

其中，$A = 0.5\left(g + \frac{FDPS_{t+1}}{P_t}\right)$，$g_2$ 为预计增长率，$g_2 = (g_{st} + g_{lt})/2$；$FDPS_{t+1} = DPS_0$；该模型要求预期盈余正增长。

模型 4：Easton (2004)，也称作修正股价—盈余增长(PEG)比率模型

$$P_t = (FEPS_{t+2} + r_{PEG} \cdot FDPS_{t+1} - FEPS_{t+1})/r_{PEG}^2$$

其中，$FDPS_{t+1} = DPS_0$；该模型要求 $FEPS_{t+2} \geqslant FEPS_{t+1} > 0$。

第十五章　会计准则趋同的经济后果

——基于投资—现金流敏感性的[①]
经验证据

　　我国于 2006 年 2 月颁布了新会计准则,并于 2007 年 1 月 1 日起首先在上市公司中施行,再逐步推广到其他类型企业。我国新会计准则(CAS)与国际会计准则(IFRS)实现了实质趋同,会计准则的协调促进了会计实务的协调(曲晓辉和高芳,2006)。国外学者研究表明,实施国际会计准则将减少盈余管理,使损失确认更及时、财务报告提供更相关的会计信息(Barth,et al. ,2008)。在对资本市场的影响上,采用国际会计准则会使市场的流动性增强,资本成本降低,权益价值增加(Daske,et al. , 2008)。国内有学者认为,我国新会计准则实施后提高了会计信息的价值相关性(罗婷等,2008;王建新,2010)。会计准则的实施具有一定的经济后果(economic consequence),它对企业财务活动具有实质性影响的依据来自 Zeff(1978)的经济后果学说和 Watts 和 Zimmerman(1979)基于市场的会计准则供给与需求理论。高质量的会计信息,可以提高企业投资效率,降低过度投资或投资不足(Biddle and Hilary,2006)。对于内部型经济体或规模较小的公司,在实施国际财务报告准则后更显著地降低投资—现金流敏感性(Schleicher,et al. , 2010)。我国实施新会计准则已有 8 年多的时间,新会计准则在规范会计信息的确认、计量、披露和列报等方面有很大提高,但其实施后是否能降低企业的投资—现金流敏感性,已有的文献在这方面的研究较少。本章通过分析我国 A 股制造业上市公司 2003—2010 年的财务数据,试图检验实施新会计准则后是否比实施新会计准则前更显著地

　　① 汪健,卢太平. 新会计准则与投资—现金流敏感性——来自 A 股上市公司的经验证据[J]. 财贸研究, 2013(3):149-156.

277

降低上市公司投资—现金流敏感性。

第一节　文献综述与研究假说

现代企业的特征是所有权与经营权的分离,企业是一系列合同的联结(Jensen and Meckling,1976)。由于作为所有者的股东和作为经营者的经理人之间的利益并不完全一致,从而产生代理问题。在信息不对称条件下,容易产生逆向选择和道德风险。当企业拥有较多自由现金流时,经理人不是将自由现金流支付给股东而是将其投资于净现值为负但有利于扩大企业规模的项目,从而出现过度投资(Jensen,1986)。在信息不对称条件下,也可能存在投资不足。Myers 和 Majluf(1984)分析在信息不对称世界里,经理人不能将企业现有资产质量和未来投资机会传递给市场,外部的资金供给者会要求较高的资本溢价,这使得外部资金成本大于内部资金成本,因此信息不对称严重的公司面临的融资约束更大,企业难以用合理的资本成本从市场上筹集到足够资金进行投资,甚至不得不放弃一些原本有利可图的项目,因而即使拥有良好的投资机会,也可能导致实际投资低于信息完全对称时的最优投资,即存在投资不足。Berkovitch 和 Kim(1990)验证了企业因负债过高而导致的投资不足。

国外关于投资—现金流敏感性的研究可分为两大类:一类是考察投资对现金流是否敏感,尤其是在信息不对称严重的企业是否表现出更强的敏感性。另一类是通过各种方法验证信息不对称理论和自由现金流假说哪一个能更好地解释投资—现金流敏感性。这类文献以Fazzari 等(1988)为代表,这篇论文引起学术界研究投资—现金流敏感性问题有关学者的广泛关注。该文通过考察投资对现金流变化的敏感度来研究融资约束对企业投资的影响,利用反映融资约束水平的指标,如股利支付率、规模、年限、债务评级等,将企业进行分类,发现面临较大融资约束的企业投资—现金流敏感性更强,融资层级表现最明显。Kaplan 和 Zingales (1997)对该结论的一般性提出了挑战。他们根据公司年报中的各种定量和定性信息来确定企业融资约束程度,并依此对企业进行分类。与前述证据相反,他们发现融资约束较少的企业,其投资决策对现金流的敏感程度更大。Cleary(1999)的研究结论也支持Kaplan 和 Zingales (1997)的观点。

以上是从代理问题、融资约束角度来讨论企业投资行为和投资—现金流敏感性,立足于经济的、财务的视角。会计学术界则从会计信息质量角度(如盈余管理、相关性、及时性等)研究投资—现金流敏感性及投资效率,这方面的代表人物是 Biddle 和 Hilary(2006,2009)。在2006 年发表的论文中,作者检验了会计信息质量与企业层面资本投资效率的关系。实证表明,高质量的会计信息通过减少经理人与外部资金提供者之间的信息不对称增进了投资效率;这种效果在资本市场比较发达、股权融资为主导的国家(外向型经济体)比在债务融资为主导的国家(内部型经济体)更为显著。另一篇发表在 2009 年 JAE 的文章则是对前文研究内容的扩展,作者验证了高质量财务报告与减少过度投资或投资不足的关系,发现高质量财务报告具有降低那些阻碍投资效率的信息摩擦(information friction)作用。Schleicher 等(2010)检验欧盟国家在 2005 年强制采用 IFRS 后对投资—现金流敏感性的影响。发现在采用 IFRS 前,内部型经济体比外向型经济体具有更高的投资—现金流敏感度;在采用 IFRS 后,内部型经济体投资—现金流敏感性降低程度高于外向型经济体。另外,内部型经济体的小企业在 IFRS前存在最高的投资—现金流敏感性,而在采用 IFRS 后,投资对现金流的敏感性变得不再显著。

国内学术界关于投资—现金流敏感性的实证结论五花八门,至今仍然没有形成统一的认识和解释(屈文洲等,2011)。有学者从内部自由现金流的角度研究投资—现金流敏感性(冯巍,1999;杨华军和胡奕明,2007;支晓强和童盼,2007),也有从融资约束角度研究两者敏感性(辛清泉和林斌,2006;罗琦 等,2007;屈文洲等,2011)。按照这些理论解释,投资支出受企业现金流的影响,融资约束严重的公司表现出更高的投资—现金流敏感度。自由现金流假说更多地关注股东—经理之间的代理问题,而信息不对称假说更多地关注内部人和外部投资者之间的冲突(支晓强和童盼,2007)。

我国新会计准则在上市公司中实施时间已超过 6 年,新会计准则总体上提高了会计信息相关性,产生较好的经济后果。那么我国新会计准则的实施对于上市公司投资效率有影响吗? 是否降低了投资—现金流敏感性? 基于此,我们提出如下假说:

假说 1:保持其他条件不变,在实施新会计准则后,上市公司的投资—现金流敏感性出现下降趋势。

企业的规模与投资是内生决定的。规模大的上市公司大多数属于国有或国有控股企业,大型国有上市公司由于"所有人"缺位导致内部人控制的现象普遍存在,管理层级较多,代理问题比较突出。一方面,为了完成业绩,达到激励计划的目标,国有公司经理人更有动机进行过度投资。另一方面,我国属于投资拉动型经济增长方式,国家重大投资项目大多由国有企业完成。因此,国有大型企业相对于民营企业更容易出现过度投资,投资—现金流敏感性较高。新会计准则实施后提高了会计信息的价值相关性和可靠性,使小规模上市公司在获取银行贷款、发行公司债券等方面比此前有所改善,筹资渠道更多元化,融资条件更加便利,从而降低投资—现金流敏感性。因此,我们提出如下假说:

假说 2:保持其他条件不变,在实施新会计准则后,规模较小的公司投资—现金流敏感性降低程度大于规模较大的公司。

假说 3:保持其他条件不变,在实施新会计准则后,民营上市公司投资—现金流敏感性降低程度大于国有公司。

第二节　研究设计

为了检验假说 1,我们参考 Fazzari 等(1998)和 Hovakimian (2009)的研究设计,构建模型(1):

$$\frac{I_{it}}{TA_{it-1}} = \beta_0 + \beta_1 POST + \beta_2 \frac{CF_{i\,t}}{TA_{it-1}} + \beta_3 \frac{CF_{it}}{TA_{it-1}} * POST +$$

$$\beta_4 \frac{CF_{it-1}}{TA_{it-1}} + \beta_5 \frac{CF_{it-1}}{TA_{it-1}} * POST + \beta_6 SIZE_{it} +$$

$$\beta_7 LEV_{it} + \beta_8 PB_{it-1} + \sum year + \varepsilon_{it} \qquad\qquad 模型(1)$$

模型(1)中当年资本支出与年初总资产比值是被解释变量,当期和上期的经营现金流与年初总资产比值是解释变量,我们按新会计准则前后年份的不同设计 POST 哑变量,并与当期和上期的现金流进行交乘,以分析新会计准则实施前后对投资—现金流敏感性的影响。如果 POST 和现金流的交乘项系数显著为正,则说明投资—现金流敏感性强,反之亦然。模型中加入企业规模、财务杠杆、市净率[①]和年度等作为控制变量。各研究变量的定义见表 15-1。

表 15-1　研究变量定义

类型	变量名称	含义	计算方法
被解释变量	$\dfrac{I_{it}}{TA_{it-1}}$	企业当期资本支出	公司 i 在 t 年资本支出除以年初资产总额。资本支出等于经营租赁支付的现金加购建固定资产、无形资产和其他长期资产所支付的现金减去处置固定资产、无形资产和其他长期资产而收回的现金净额
解释变量	POST	哑变量	已实行新会计准则的年份为 1(从 2007 年起),其他年份为 0
	DSIZE	哑变量	表示企业规模。SIZE 大于中位数的赋值为 1,其他为 0
	PRIVATE	哑变量	表示企业性质。民营企业赋值为 1,其他为 0
	$\dfrac{CF_{it}}{TA_{it-1}}$	当期现金流	当期经营活动现金净流量除以年初资产总额
	$\dfrac{CF_{it-1}}{TA_{it-1}}$	上期现金流	上期经营活动现金净流量除以年初资产总额
控制变量	LEV_{it}	资产负债率	当期负债总额除以资产总额
	$SIZE_{it}$	公司规模	当期公司总资产的自然对数
	PB_{it-1}	市净率	上一年年末每股市价除以每股净资产,反映未来投资机会。
	Year	年度哑变量	研究期间共 8 年,设置 7 个年度哑变量。

　　根据假说,如果实行新会计准则后,财务报告提供更相关、更可靠的会计信息,企业融资更加便利,从而降低投资—现金流敏感性。因此我们预期 β_1, β_3, β_5 的系数为负。

　　为检验公司规模对新会计准则实施前后投资—现金流敏感性的影响(假说 2),我们将变量 SIZE 的值分别减去 SIZE 的中位数,构建公司规模哑变量 DSIZE,如果两者的差值大于零则 DSIZE 赋值为 1(代表样本中的大公司),否则为 0(代表小规模公司)。在模型(1)的基础上,构建模型(2)如下:

---

　　①　由于我国资本市场存在反托宾 Q 现象(连玉君和程建,2007),故本文在模型中未采用西方文献中常用的 MTB(托宾 Q)指标,改用 PB 作为企业成长能力的代理指标。本章在后面稳健性检验中,使用了托宾 Q 值作为模型的控制变量。

$$\frac{I_{it}}{TA_{it-1}} = \beta_0 + \beta_1 POST + \beta_2 Dsize + \beta_3 POST * Dsize + \beta_4 \frac{CF_{it}}{TA_{it-1}} +$$

$$\beta_5 \frac{CF_{it-1}}{TA_{it-1}} + \beta_6 LEV_{it} + \beta_7 PB_{it-1} + \sum year + \varepsilon_{it} \qquad 模型(2)$$

模型(2)中 $POST$ 表示执行新会计准则哑变量,$DSIZE$ 是大规模公司哑变量,两者的交乘项表示执行新会计准则后大规模公司的增量反应。我们预期 β_1 的系数为负,β_2 的系数为正,β_3 的系数需要经过实证检验确定。为简化模型设计,模型(2)中不再考虑现金流与哑变量的交乘项。

为检验不同产权性质的公司在实施新会计准则后投资—现金流敏感性的变动情况,我们将样本公司按产权性质不同分为民营企业和非民营企业,构建哑变量 $PRIVATE$,如果上市公司属于民营企业,则赋值为1,否则为0。基于模型(1),构建模型(3)如下:

$$\frac{I_{it}}{TA_{it-1}} = \beta_0 + \beta_1 POST + \beta_2 PRIVATE + \beta_3 POST * PRIVATE +$$

$$\beta_4 \frac{CF_{it}}{TA_{it-1}} + \beta_5 \frac{CF_{it-1}}{TA_{it-1}} + \beta_6 SIZE_{it} + \beta_7 LEV_{it} + \beta_8 PB_{it-1} +$$

$$\sum year + \varepsilon_{it} \qquad 模型(3)$$

根据假说3,民营企业在实施新会计准则后,投资—现金流敏感性下降趋势更明显,我们预期 β_3 的系数为负。

本章选取2003—2010年沪深两市A股制造业上市公司为研究对象。样本公司的财务数据均来自CSMAR中国上市公司财务报表数据库。样本的具体筛选规则和过程如下:因制造业公司是上市公司中的主体,且投资活跃,投资规模大,故我们选取沪深A股所属证监会行业门类中"制造业"的上市公司;为保证每个样本公司在新会计准则实施前后都有足够的样本量,剔除了2003年后上市的公司;剔除在此期间终止上市的公司;剔除ST、*ST的公司;剔除进行资产重组、业绩出现异常变动的公司;剔除数据不全的公司。针对模型的主要连续变量,为消除极端观测值的影响,对所有小于1%分位数(大于99%分位数)的变量进行winsorize处理。本文使用的最终样本包括511家上市公司,共4 071个观测值。本章采用STATA11.2进行数据处理和回归分析。

第三节 实证结果及分析

一、描述性统计

表 15-2 变量的描述性统计

变量	样本量	均值	中位数	最小值	最大值	标准差
$\dfrac{I_{it}}{TA_{it-1}}$	4 071	0.071 1	0.047 2	−0.055 0	0.428 0	0.079 8
$POST$	4 071	0.502 1	1.000 0	0.000 0	1.000 0	0.500 1
$PRIVATE$	4 071	0.238 3	0.000 0	0.000 0	1.000 0	0.426 1
$\dfrac{CF_{it}}{TA_{it-1}}$	4 071	0.068 6	0.059 7	−0.181 4	0.384 8	0.088 4
$\dfrac{CF_{it-1}}{TA_{it-1}}$	4 071	0.059 6	0.054 7	−0.149 5	0.278 8	0.072 3
$SIZE$	4 071	21.553 6	21.452 3	16.694 3	26.156 3	1.106 3
LEV	4 071	0.500 6	0.504 0	0.102 5	0.941 3	0.170 7
PB	4 068	3.843 4	2.665 5	0.565 5	21.000 0	3.494 9

如表 15-2 所示,制造业上市公司当年投资支出与年初资产总额比值的均值是 0.071 1,中位数是 0.047 2。当年营业现金净流量与年初资产总额比值的均值是 0.068 6,中位数是 0.059 7;上年营业现金净流量与年初资产总额比值均值是 0.059 6,中位数是 0.054 7,与前者数值相差不大,说明经营活动现金净流量具有持续性。企业规模的均值(中位数)分别是 21.553 6(21.452 3);样本公司的资产负债率均值是 50.06%,但最小值只有 10.25%,最大值超过 90%,说明不同公司之间负债水平相差较大。市净率的变动幅度最大,最小值少于 1,说明年末每股市价已跌破净资产;最大值达到每股净资产的 21 倍。

表 15-3 是新会计准则实施前后单变量比较检验。新会计准则实施前的资本支出水平均值是 0.075,实施后的均值是 0.067,在 1% 水平上显著低于实施前的支出水平。在本年经营现金流量水平上资本支出前后变化不显著,公司规模、资产负债率和市净率在准则实施后无论均值还是中位数,都比实施前有显著提高。

表 15-3　新会计准则实施前后单变量比较检验

变量	POST=0		POST=1		t 检验	Z 检验
	均值	中位数	均值	中位数		
$\dfrac{I_{it}}{TA_{it-1}}$	0.075	0.051	0.067	0.043	−3.337***	−3.569***
$\dfrac{CF_{it}}{TA_{it-1}}$	0.068	0.059	0.069	0.059	0.538	0.401
$\dfrac{CF_{it-1}}{TA_{it-1}}$	0.057	0.054	0.062	0.055	2.021**	1.162
$SIZE$	21.31	21.234	21.80	21.709	14.35***	13.882***
LEV	0.494	0.495	0.507	0.514	2.503**	3.167***
PB	2.623	2.003	5.056	3.885	23.68***	27.223***

注：*，**，***分别表示在 10%，5%，1%显著性水平下显著（双尾）。

二、Pearson 相关系数表

表 15-4　Pearson 相关系数表

变量	I_{it}/TA_{it-1}	CF_{it}/TA_{it-1}	CF_{it-1}/TA_{it-1}	$SIZE$	LEV	PB
I_{it}/TA_{it-1}	1					
CF_{it}/TA_{it-1}	0.251 1*	1				
CF_{it-1}/TA_{it-1}	0.219 3*	0.332 8*	1			
$SIZE$	0.263 8*	0.155 2*	0.171 9*	1		
LEV	−0.063 3*	0.101 4*	0.121 7*	0.186 9*	1	
PB	−0.060 3*	0.089 0*	0.073 2*	−0.180 1*	0.158 3*	1

注：*表示在 5%水平下显著。

　　如表 15-4 所示，资本支出与本年营业现金净流量、上年营业现金净流量、企业规模存在显著的正相关关系，与资产负债率、市净率存在显著负相关关系，但是系数较小。前后期的营业现金净流量之间相关系数较大。从相关系数中不难看出，各变量间的相关系数均不大于0.3，不存在明显的自相关关系，可以进行多元回归分析。

　　三、多元回归结果分析

　　本章的数据属于面板数据，使用最小二乘法进行多元回归分析，模型(1)的多元回归结果见表 15-5 所示。

表 15-5 模型(1)多元回归结果

变量	(1)	(2)
	Coef(t-stat)	Coef(t-stat)
$constant$	-0.832^{***} (-13.27)	-0.846^{***} (-13.01)
$POST$	-0.039^{***} (-9.15)	-0.036^{***} (-8.45)
CF_{it}/TA_{it-1}	0.123^{***} (8.96)	0.107^{***} (7.15)
$CF_{it}/TA_{it-1} \times POST$		0.022^{***} (2.96)
CF_{it-1}/TA_{it-1}	0.100^{***} (5.98)	0.150^{***} (7.35)
$CF_{it-1}/TA_{it-1} \times POST$		-0.077^{***} (-4.11)
$SIZE$	0.043^{***} (14.24)	0.043^{***} (13.91)
LEV	$-0.018(-1.49)$	$-0.013(-1.09)$
PB	0.003^{***} (5.56)	0.003^{***} (5.42)
N	4 068	4 068
F	34.28	31.48
$Year$	控制	控制
FE	控制	控制
$Adj. R^2$	0.104 0	0.110 6

注:括号内为 t 值，*，**，* * * 分别表示在10%，5%，1%显著性水平下显著(双尾)。

我们对模型(1)的多元回归分成两步:第一步(表15-5第2列)是模型对当年现金流量和上年现金流量进行回归。结果显示,POST系数显著为负($t=-9.15$),说明在实行新会计准则后,投资—现金流敏感性降低了。第二步(表15-5第3列)模型中加入当年现金流量和上年现金流量分别与 POST 的交乘项。POST系数显著(β_1)为负($t=-8.45$),POST 与本年现金流量交乘项回归系数(β_3)为正且显著,说明当年的投资—现金流敏感性并没有降低;POST 与上年现金流量交乘项的系数(β_5)显著为负($t=-4.11$)。总体上看,实施新会计准则后,投资—现金流敏感性呈现下降趋势,尤其在上年经营现金流量基础上下降更显著。因此我们不能拒绝假说1。

表 15-6　模型(2)(按公司规模)回归结果

变量	(3) Coef(t-stat)	(4) Coef(t-stat)	(5) DSIZE=0	(6) DSIZE=1
$constant$	0.063*** (18.56)	0.049*** (7.74)	0.061*** (11.59)	0.028*** (3.03)
$POST$	−0.028*** (−6.66)	−0.023*** (−4.99)	−0.028*** (−4.46)	−0.007(−0.89)
$DSIZE$	0.028*** (6.98)	0.030*** (6.60)		
$POST \times DSIZE$		−0.004(−0.97)		
CF_{it}/TA_{it-1}	0.124*** (8.90)	0.120*** (8.57)	0.160*** (8.87)	0.212*** (9.83)
CF_{it-1}/TA_{it-1}	0.097*** (5.75)	0.095*** (5.57)	0.149*** (7.07)	0.194*** (7.06)
LEV		0.021* (1.82)	0.018** (2.04)	0.082*** (6.91)
PB		0.001*** (2.69)	−0.001*** (−3.29)	−0.001* (−1.76)
N	4 068	4 068	2 034	2 034
F	23.59	19.16	24.95	23.24
FE	控制	控制	控制	控制
$Year$	控制	控制	控制	控制
$Adj. R^2$	0.062 3	0.065 7	0.114 7	0.107 4

注:括号内为 t 值, *, **, ***分别表示在10%,5%,1%水平下显著(双尾)。

表 15-6 回归分析控制了固定效应(FE)以及年度的影响。回归结果也表明,资本支出与企业规模、市净率显著正相关,说明上市公司资本支出受到公司规模和投资机会的影响。表 15-6 反映的是在控制规模因素后公司资本支出回归结果。回归(3)未考虑交乘项和控制变量的影响,结果显示 $POST$ 变量系数显著为负(t=−6.66),$DSIZE$ 系数显著为正(t=6.98)。在回归(4)中,加入交乘项和控制变量因素后,回归结果没有大的改变。$POST$ 和 $DSIZE$ 呈现出完全相反的变动趋势,$POST$ 系数是−0.023,$DSIZE$ 的系数是 0.030,且都在 1%水平下显著,两者的交乘项系数是−0.004,但不显著(t=−0.97)。为确定不同规模公司在实施新准则后投资—现金流敏感性的变化趋势,我们按公司规模大小分组进行回归分析,回归(5)是小规模公司的回归结果,$POST$ 系数为−0.028 且显著(t=−4.46),而回归(6)反映大公司 $POST$ 系数不显著(t=−0.89)。由此可以看出,在实施新会计准则后,小规模公司降低投资—现金流敏感性程度大于大公司,这与 Schleicher 等(2010)的研究结论一致。

表 15-7　　模型(3)(考虑公司产权性质)回归结果

变量	(7)	(8)
	Coef(t-stat)	Coef(t-stat)
constant	0.070*** (19.95)	−0.839*** (−13.38)
POST	−0.018*** (−4.24)	−0.038*** (−8.68)
PRIVATE	0.018** (2.08)	0.020** (2.37)
POST×PRIVATE	−0.008* (−1.73)	−0.008* (−1.65)
CF_{it}/TA_{it-1}	0.120*** (8.60)	0.123*** (8.94)
CF_{it-1}/TA_{it-1}	0.095*** (5.57)	0.100*** (5.96)
SIZE		0.043*** (14.30)
LEV		−0.018(−1.55)
PB		0.003*** (5.42)
N	4 071	4 068
F	17.30	29.88
Year	控制	控制
FE	控制	控制
Adj. R^2	0.050 9	0.105 6

注:括号内为 t 值,*,**,***分别表示在 10%,5%,1%水平下显著(双尾)。

　　表 15-7 是假说 3 对应模型的回归结果。模型中 *POST* 和 *PRIVATE* 交乘项回归系数反映的是新会计准则实施后民营企业投资—现金流敏感性的变动情况。结果显示,其系数是−0.008,在 10%显著性水平上显著,说明民营企业在新会计准则实施后投资—现金流敏感性呈增量的下降趋势。众所周知,民营企业与国有企业相比,规模普遍较小,此回归结果也与前面所验证的小规模公司在实施新会计准则后投资—现金流敏感性降低程度更大的结论相一致。

　　四、稳健性检验

　　为使本章的结论更稳健,我们主要做了如下稳健性测试:①不考虑年份固定效应的影响,对变量进行混合回归,回归系数及显著程度与前文基本相同;②我们测试了表 15-5 和表 15-6 中所有回归变量的 *VIF* 值,发现它们均低于 4.0,表明模型不存在严重的共线性问题;③控制变量改用托宾 Q 值替代 *PB*(市净率)指标,发现结果与前文没有大的变化,限于篇幅,我们未列出回归结果。

第四节 本 章 结 论

本章对中国制造业上市公司在新会计准则实施前后(2003—2010年)投资—现金流敏感性变动趋势进行了实证研究。结果表明,在实施新会计准则后,制造业上市公司的投资—现金流敏感性总体上呈现下降趋势,尤其是在上年经营现金流量的基础上,下降趋势更为显著,说明公司上年度财务报告的信息影响下年度的投资决策。进一步地,我们将样本按规模大小分成两组分别进行回归,结果显示小规模公司在实施新会计准则后,其投资—现金流敏感性降低程度要高于大规模公司。从不同产权性质的公司来看,民营企业在新会计准则实施后投资—现金流敏感性呈现更大程度的下降趋势。总体来说,我国实施新会计准则后会计信息质量在逐渐提高,从而降低了投资—现金流敏感性,回归结果是稳健的。

参 考 文 献

冯巍. 1999. 内部现金流和企业投资:来自我国股票市场上市公司财务报告的证据[J].经济科学,(1):51-57.

连玉君,程建. 2007. 投资—现金流敏感性:融资约束还是代理成本[J].财经研究,(2):37-46.

罗琦,肖文翀,夏新平. 2007. 融资约束抑或过度投资[J].中国工业经济,(9):103-110.

罗婷,薛健,张海燕. 2008. 解析新会计准则对会计信息价值相关性的影响[J].中国会计评论,(2):129-140.

曲晓辉,高芳. 2006. 我国会计准则国际协调效果量化研究评述[J].会计研究,(2):14-18.

屈文洲,谢雅璐,叶玉妹. 2011. 信息不对称、融资约束与投资—现金流敏感性:基于市场微观结构理论的实证研究[J].经济研究,(6):105-117.

王建新. 2010. 基于新会计准则的会计信息价值相关性分析[J].上海立信会计学院学报,(3):11-23.

辛清泉,林斌. 2006. 债务杠杆与企业投资:双重预算软约束视角[J].

财经研究,(7):73-83.

杨华军,胡奕明. 2007. 制度环境与自由现金流的过度投资[J]. 管理世界,(9):99-106.

支晓强,童盼. 2007. 管理层业绩报酬敏感度、内部现金流与企业投资行为:对自由现金流和信息不对称理论的一个检验[J]. 会计研究,(10):73-81.

BARTH M,LANDSMAN W,LANG M. 2008. International accounting standards and accounting quality [J]. Journal of Accounting Research,46(3):467-498.

BERKOVITCH E,KIM H. 1990. Financial contracting and leverage induced over-and under-investment incentives[J]. Journal of Finance,45(3):765-794.

BIDDLE G,HILARY G. 2006. Accounting quality and firm-level capital investment [J]. The Accounting Review,81(5):963-982.

BIDDLE G,HILARY G,VERDI R. 2009. How does financial reporting quality relate to investment efficiency[J]. Journal of Accounting and Economics,48(2):112-131.

CLEARY,S. 1999. The relationship between firm investment and financial status[J]. Journal of Finance,54(2):673-692.

DASKEH,LUZI H,CHRISTIAN L,et al. 2008. Mandatory IFRS reporting around the World:Early evidence on the economic consequences[J]. Journal of Accounting Research. 46(5):1085-1142.

FAZZARI S,HUBBARD G,PETERSEN B. 1988. Financing constraints and corporate investment[J]. Brookings Papers on Economic Activity,(1):141-195.

FAZZARI S,HUBBARD,G,PETERSEN,B. 2000. Investment-cash flow sensitivities are useful:a comment on Kaplan and Zingales[J]. Quarterly Journal of Economics,115(2):695-705.

HOVAKIMIAN A,HOVAKIMIAN G. 2009. Cash flow sensitivity of investment [J]. European Financial Management,15(1):

47-65.

HEALY P, PALEPU K. 2001. Information asymmetry, corporate disclosure and the capital markets: A review of the empirical disclosure literature [J]. Journal of Accounting and Economics, 31(3):405-440.

HUBBARD R. 1998. Capital-market imperfections and investment [J]. Journal of Economic Literature, 36(1):193-225.

JENSEN M. 1986. Agency costs of free cash flow, corporate finance, and takeovers[J]. American Economic Review, 76(2): 323-329.

KAPLAN S, ZINGALES L. 1997. Do investment-cash flow sensitivities provide useful measuresof financing constraints[J]. Quarterly Journal of Economics, 112(1):169-215.

MYERS S, MAJLUF N. 1984. Corporate financing and investment decisions when firms have information that investors do not have [J]. Journal of Financial Economics, 13(2):187-221.

SCHLEICHER T, TAHOUN A, WALKER M. 2010. IFRS adoption in Europe and investment-cash flow sensitivity: outsider vs. insider economies[J]. The International Journal of Accounting, 45(2): 143-168.

WATTS R, ZIMMERMAN J. 1979. The demand for and supply of accounting theories: the market for excuses[J]. The Accounting Review, 54(2): 273-305.

ZEFF S A. 1978. The rise of "Economic Consequences" [J]. The Journal of Accountancy, 12(1): 56-63.

第十六章 结论和研究展望

　　基于前面各章,本章概括本书取得的主要经验证据、形成的基本观点和存在的局限,并对后续可能的研究方向予以展望。

第一节 结 论

　　本书提出了会计趋同化和差异化的准则趋同的理论基础,并在对相关领域的研究进行梳理的基础上,从会计信息质量、公司行为以及经济后果角度对会计准则国际趋同效果进行了实证检验和全面评价。在评价会计准则国际趋同是否提高了会计信息质量这一基本效果时,本书从整体准则和具体准则两个层面予以考虑。整体准则对会计信息质量影响研究层面,本书分别从以价值相关性、盈余管理以及损失确认及时性等方面予以实证检验和评判。具体准则对会计信息质量影响研究层面,本书分别基于所得税准则、债务重组准则以及非货币资产交换准则分析了这些具体准则对会计信息质量的影响。在考察会计准则国际趋同对公司行为的影响时,基于公司研究与开发行为与会计准则执行密切相关却又充满争议,本书聚焦于该领域,分别对研发准则的执行动机、公司研发资本化选择动机以及研发支出的资源配置功能进行了实证检验。在评价会计准则国际趋同的经济后果时,本书又从境外投资、市场流动性、资本成本以及企业业绩四个方面进行了效果检验。

　　本书取得的主要经验证据及形成的基本观点如下:

　　关于会计趋同化及研究范式,我们认为,会计趋同化是一种趋势,是会计协调化发展的一个主观推进,会计趋同化表现在准则和实务两个层面。因此,早期关于会计在准则和实务方面的协调论述的关系同样适用于会计在准则和实务方面的趋同。与会计协调一样,会计趋同的最终目标也是财务会计信息的可比。形式趋同是实质趋同的基础和前提,通常可以提高实质趋同的程度。然而,高水平的形式趋同未必必

291

导致高水平的实质趋同。

关于我国三次重大的会计准则国际趋同效果,以价值相关性为会计信息质量的表征变量。我们认为,虽然 1998 年实施的《股份有限公司会计制度》未能起到有效提高会计信息质量的效果,但 2001 年实施的《企业会计制度》显著提高了会计盈余信息的价值相关性,2007 年实施的新会计准则也显著提高了会计盈余信息的决策有用性,这非常稳健地证实了随着会计制度改革不同阶段的推进,价值相关性有着一个同步的显著提高这一事实。但是,上述结论是基于价格模型,当采用报酬模型检验时,会计信息价值相关性存在降低—变革—提高—又降低—再变革的趋势。两种评价方法不同的结论说明还需进一步挖掘其他影响会计制度变革效果的影响因素,将之进行控制和剥离,以期对会计准则趋同效果作出更科学的评价。

关于 2006 年新会计准则体系与国际准则趋同在会计信息质量上的效果检验,我们以盈余管理和损失确认及时性作为会计信息质量的代理变量。我们发现,执行新会计准则后我国上市公司的盈余管理程度下降,具体表现为操控性应计利润减少,应计质量提高;以微利报告频率度量的特定目标盈余管理和以报告巨额亏损频率度量的"洗大澡"行为显著下降。新会计准则的原则导向并没有造成管理层机会主义的滥用,相反却提高了会计信息质量。新会计准则在与 IFRS 实现趋同的同时,结合我国转型经济背景制定的差异性规定,有效地抑制了上市公司的盈余管理行为。但是,受引入公允价值计量属性的影响,执行新会计准则后损失确认的及时性未得到提高。

关于所得税会计准则这一具体准则的国际趋同效果研究,基于盈余应计质量这一会计信息质量的表征变量,我们认为,IFRS 趋同下所得税会计准则在欧盟及中国上市公司的实施效果已经具有一定程度的等效性,但其财务报告质量还受到特定制度环境因素影响。基于国际财务报告准则(IFRS)趋同下所得税会计准则在欧盟及中国上市公司的第一年实施情况,我们研究发现欧盟及中国上市公司均在一定程度上有利用递延所得税资产确认来进行避免利润下滑的盈余管理行为。其中,中国上市公司递延所得税资产确认具有可操控应计利润之外的增量作用,欧盟上市公司则具有线下项目可操控应计项目之外的增量作用。但在避免亏损的盈余管理中,欧盟及中国上市公司递延所得税资产确认均未存在这种增量作用。进一步研究发现,中国上市公司递延所得税资产确认的盈余管理与市场监管动机相关,与债务契约、管理层薪酬激励无关。

关于所得税会计准则这一具体准则的国际趋同效果研究,基于价值相关性这一会计信息质量的表征变量。我们认为,无论是原采用应付税款法的公司还是原采用利润表债务法的公司,资产负债表债务法的实施对价值相关性均提供了增量信息,且原采用应付税款法的公司比原采用利润表债务法的公司其价值相关性增量更多;当年确认的递延所得税资产比当年确认的递延所得税负债价值相关性更强;所得税税率的变化削弱了递延所得税税项的价值相关性。

关于我国 2006 年新债务重组准则的国际趋同效果,基于会计盈余可持续性这一会计信息质量的替代变量,我们通过检验不同阶段债务重组准则下已发生债务重组的公司盈余的可持续性,来判断不同阶段的债务重组准则的相关规定是否具有不同的经济后果。研究发现,债务重组准则的国际趋同,在一定程度上降低了会计信息质量。我们认为,会计准则的国际趋同效果需要一定的制度或者执行环境的支撑,单纯的会计形式趋同并不必然导致会计的实质趋同,准则的有力执行以及良好的执行环境作用不容忽视。

关于非货币性资产交换准则国际趋同的效果,以关联方资产置换改善公司盈利行为为表征准则变迁效果的代理变量。我们认为,与 2000—2005 年中报期相比较,2006—2007 年中报期的公司资产置换财务绩效具有显著差异性,公司以关联方资产置换改善公司盈利行为有所缓解。同时,我们发现 2001 年限制公允价值计量属性运用的非货币性交易准则修订版显著提升了资产置换绩效持续性,而 2007 年重新引入公允价值计量属性的该准则实施则显著提高了公司资产置换价值相关性。

关于 R&D 准则执行行为的动机及其效果,我们认为,中国 R&D 会计准则国际趋同的实施取得了一定效果,具有增量的投资决策信息含量,但 R&D 的资本化确认受到公司盈余平滑动机和 CEO 资本市场财富报酬因素的显著影响。为此,我们建议应加强对准则执行的监督。

关于 R&D 资本化支出的动机和影响因素研究,我们发现:①薪酬契约对 R&D 资本化选择影响显著,而债务契约不能解释 R&D 政策选择行为。②规模与资本化 R&D 政策显著正相关,不符合政治成本假说,但盈利水平与资本化 R&D 政策显著负相关。③国有控股公司、机构投资者持股越多的公司以及被认定为高新技术企业和首发上市的公司管理层,通常选择资本化 R&D 政策来传递研发责任和研发实力信号,以获得政府和投资者的认可。④"四大"会计师事务所的高审计质量并未抑制公司管理层选用激进的资本化 R&D 政策。我们的研究结论表明,R&D 会计选择是一个综合、复杂的过程,会计准则的执行效果受制于制度环境。我国上市公司管理层选择资本化 R&D 会计政策既有提高和平滑利润的盈余管理动机,亦有向市场传递研发信号的动机。为更好实现新会计准则的政策效果,发挥 R&D 资本化政策的信号传递作用,应进一步规范上市公司 R&D 信息披露、发挥机构投资者和外部审计的监管作用。

关于资本化 R&D 支出行为的资源配置功能,我们发现,资本化 R&D 支出,即当期研发成功所形成的无形资产与年度财务报告披露日的股价显著正相关,并且与滞后一年的股票收益率显著正相关,在高新技术企业中表现尤为明显。对于资产化 R&D 支出余额的长短期市场反应则为负,但不显著。进一步发现资本化 R&D 支出对非高新技术企业当期和滞后一期的销售毛利率具有显著的提升作用,而对高新技术企业销售毛利率的显著提升作用在滞后一期才体现。我们取得的经验证据总体上表明资本化 R&D 支出是管理层向市场传递"私人信息"的真实信号,并为投资者捕获。资产化 R&D 支出与公司操控性应计水平呈显著正相关关系,表明资产化 R&D 支出加重了盈余管理,管理层存在提前确认 R&D 资产以调节盈余。资本化 R&D 支出和资产化 R&D 支出在本质上有所区别:资本化 R&D 支出主要起信号传递的作用,资产化 R&D 支出则扮演了盈余管理的角色。为了更好地发挥 R&D 资本化政策的信号传递作用,降低公司管理层利用准则空间进行盈余操纵,我们认为,监管层应进一步规范上市公司关于 R&D 信息的披露要求,如要求企业明确制定划分研究阶段和开发阶段的界限、明确披露在研项目的进展程度、披露本期 R&D 支出对损益和资产价值的影响等,提高 R&D 资本化政策下信息的可靠性和相关性。

关于会计准则国际趋同的经济后果,基于境外投资者投资和市场流动性角度,我们认为,准则趋同促进了境外投资者在中国资本市场的投资,但市场流动性的结果却是混合的,Amivest 流动性指标和换手率显示准则实施后市场流动性得到显著提高,但相对买卖差价的结论却恰恰相反。我们认为,市场流动性效果的差异可能是由于研究样本区间选择问题造成的,由于样本为 2006 年 10 月至 2007 年 2 月的月度数据,而这段时间恰好是股市由熊市转向牛市的转型期间,多数投资者在积极建仓而惜售,从而造成市场流动性效果不明确。

本书也检验了会计准则国际趋同对于资本成本和企业价值的影响。我们的检验结果揭示,我国会计准则国际趋同能够降低企业权益资本成本,进而提高企业价值,印证了我国通过会计准则改革提高会计信息价值相关性、提高经济资源配置效率的主旨,同时也为中国会计准则与国际财务报告准则的实质趋同的作用提供了有力的佐证。

此外,本书针对采用新会计准则背景下,检验上市公司提供的会计信息对于投资—现金流敏感性影响程度。我们发现,在实施新会计准则后,制造业上市公司的投资—现金流敏感性总体上呈现下降趋势,尤其是在上年经营现金流量的基础上,下降趋势更为显著,说明公司上年度财务报告的信息影响下年度的投资决策。

第二节 研究展望

经济全球化和国际资本市场的持续发展,迫切需要会计信息可比性的提高,会计全球趋同遂成为跨国上市和发行证券及其监管的必然要求。会计趋同首先是形式趋同,即准则层面的趋同,迄今全面采用国际财务报告准则和实现形式趋同的已有近 120 个国家和地区。虽然我们在会计准则趋同的效果评价上已经取得一定的证据,但是会计形式趋同能否带来实质趋同,即会计实务的一致和会计信息的可比?移植的国际财务报告准则(IFRS)及与之趋同的国家会计准则是否能够得到有效、一致的执行?特别是国际金融危机的爆发,引发了新一轮国家保护主义思潮,受到金融危机重创的国家,其企业在执行国际趋同的准则中极可能存在操纵行为,从而在一定程度上削减准则趋同的效果。这些都是准则趋同效果后续研究的重大课题。

今后的研究还要在准则趋同效果评价研究的基础上,进一步探求影响准则趋同效果的机制,应当对制度因素、非制度因素,尤其是制度因素、非制度因素间的互补或替代关系进行较为系统的分析,以更为深入地探究会计准则趋同效果研究的内核。基于不同的准则趋同效果，其影响因素的研究应分类进行。首先需要识别不同的动机，然后来研究不同动机条件下的效果。但是，在研究连接动机和效果时，需要尽可能地控制相关因素，以得出连接或者效果的"干净"结论。在动机识别与动机效果成功连接后，还需要进一步研究所建立的连接的影响机制，即在连接构建后的影响因素识别问题。

基于财务报告的目标，会计信息的作用主要体现在市场定价和契约缔结方面。鉴于此，会计准则趋同效果研究也可以从会计信息的定价功能以及其在契约缔结中的作用两个方面予以拓展，以更加深入地识别基于不同动机的准则趋同效果。

由于会计国际协调和趋同领域的研究方法还在发展之中，研究方法之间的竞争和矛盾以及研究方法运用过程中不可避免的主观偏好和详略选择可能会影响检验结果的客观性，本书也难以避免。此外，本书以经验研究为立论基础，不可避免地存在一切实证研究的固有缺陷。尽管我们的实证检验是建立在理论分析基础之上的，但由于经验结论可能是多种因素交互作用的结果，而我们又无法一一识别和控制这些因素，因此，本书的研究结论是否真正反映了或者在多大程度上反映了会计准则对会计信息质量以及资本成本、境外投资和市场流动等经济后果的影响，尚待后续研究印证和实践验证。

在今后的研究中，我们力求取得更深入的理论阐释和经验证据，客观地评价会计准则国际趋同的成效，为我国会计准则持续国际趋同的战略决策提供证据支持，为我国企业境外融资、加速境内外资本流动以及我国资本市场的国际化战略提供政策借鉴和经验依据。